JN059071

エリア・スタディーズ
205
ヒストリー
ハプスブルク家の歴史
を知るための
60
章
川成　洋（編著）
明石書店

はじめに

ハプスブルク家の起源は11世紀と言われている。彼らが定住していたのは、現在のドイツ、フランス、スイスの3か国が境を接するライン川上流の見晴らしのよい丘陵地域に建っていた「ハビヒツブルク城（鷹の城）」の近郊一帯であって、これが増改築されてやがて「ハプスブルク城」と呼ばれ、この地域を支配していた一族の名前の由来となった。したがって、1220年、もしくは1230年創建といわれるこの城こそ、ハプスブルク家の揺籃の地であり、活動の拠点地であった。現在も蔦の絡みついた高い城址の石垣や櫓（やぐら）などは、往時をしのぶよすがとなっている。この城の一帯に地歩を固めたハプスブルク家は、十字軍遠征で没落した豪族や騎士階級、嗣子がいなくて男子相続者の絶えた豪族などを自陣に吸収するという手段によって、あるいは政略結婚なども活用し、次第に勢力を涵養していき、神聖ローマ帝国の最末端部に位置する伯爵格の小領主となった。

ところで、当時のイングランドやフランスのように王位を一族で代々受け継ぐ世襲制が確立していたのとは異なり、神聖ローマ帝国皇帝の帝位は、3名の大司教（マインツ、ケルン、トリーア）と4名の世俗君主（ボヘミア王、ブランデンブルク辺境公、ザクセン大公、ライン宮中伯）が選帝侯となり、皇帝選挙の投票で決まる。7名の選帝侯の選挙でまず「ドイツ王」が「皇帝予定決定者」として選ばれ、司教都市アーヘンでドイツ王として即位し、次いでローマ教皇によってローマのサン・ピエトロ大寺院で戴冠され「皇帝」に即位するのが通例である。通例といえば、3名の神の僕(しもべ)たる大司教を嚆矢として、7名の選帝侯は、途轍もなく大掛かりな金権選挙となる皇帝選挙に際して、このときとばかりに、恥も外聞もかなぐり捨て貪欲さを遺憾なく発揮したのだった。

ところが、1250年ごろから、在位中の帝国君主に対して他の諸侯が擁立する「対立王」によって帝位が奪われる、あるいはその権威が脅かされるなどの事態が発生し、国情が安定しない「大空位時代」が続いたのだった。1273年、ローマ教皇グレゴリウス10世が、イェルサレム王位の継承権を得て地中海帝国の建設を進めるシチリア王シャルル・ダンジューに対抗できる勢力の創出、さらに強力な十字軍の遠征支援要請と大空位時代の終結、つまり正統なドイツ王の選出などを帝国に働きかけたのだった。そこでいよいよ皇帝選挙をする運びとなったが、さっそくシャルル・ダンジュー王が、甥のフランス王フィリップ3世を担ぎ出し、またボヘミア王オタカル2世も名乗りを上げたが即刻、この2人に対して教皇もドイツ選帝侯も拒絶反応を示した。といっても、彼らは手の内にしかるべき駒を抱えているわけではなかった。さほど権力欲もなく、財力や国力もとるに足らずで、君主の器ではない、つまり選帝侯たちにとってはいわば無害な田舎侍、という好都合な条件に見合った1218年生まれの55歳のルドルフ・フォン・ハプスブルク伯に白羽の矢が立った。はたせるかな、選挙の結果は満票だった。ルドルフはハプスブルク家で初めてドイツ王ルドルフ1世として即位したのである。これこそ、青天の霹靂だった。こんな重大な出来事をつゆとも知らず、司教都市バーゼルの町を包囲していたルドルフに、帝国の使者がようやく探し当てて厳かに選挙結果を告げると、「人を馬鹿にするにもほどがある。そのような戯れ言を口にすべきではない」と事も無げに諫めたという。この話は事実かどうか。こうした名門の創始者の経歴は辿れば辿るほど眉唾物になることがしばしば見受けられるからだ。たしかにルドルフの場合、自分がその候補者の1人になっていることをまったく知らなかったのであり、この選挙での本命中の本命と目されていたのは、オタカル2世だったのである。

1273年、ドイツ王ルドルフ1世がさっそく対決せねばならなかったのは、選帝侯の評決に欠席したあげく、自分こそがドイツ王と狙っていたオタカル2世であった。さらに彼はバルト海からアドリア海にかけて無謀にも大帝国の建国を画策していたのだった。ルドルフはオタカルの不法な領土掠奪を断罪し、その領土の返還を要求し、彼の帝国追放を宣言した。1276年、ルドルフは口八丁のオタカルが支配しているウィーンを攻撃した。するとオタカルはルドルフとの和解に応じ、ルドルフをドイツ王として承認し、不法に獲得した領土の返還に応じたのだった。ルドルフは彼の国外追放処分を解除し、ボヘミアとモラヴィアの支配を容認した。それでもオタカルは完全な恭順の意を示さなかったために、1278年8月、ウィーン北方のマルヒフェルトの戦いでオタカルを敗死させた。ルドルフはオタカルが支配していたオーストリア、シュタイアーマルク、クラインをはじめその他の領土を取り上げ、ハプスブルク家の発展を支える勢力基盤とした。1282年、ルドルフ1世は、これらの3つの領土を長男アルブレヒト、三男ルドルフ2世（次男は夭逝）に授与する。こうしてハプスブルク家はオーストリア一帯の支配を確実なものとする。当初は2人兄弟が共同統治していたが、1283年、長子単独相続の方が望ましいとする周囲の要請でアルブレヒトが単独統治することになった。

自分の獲得した基盤を強固なものとしたルドルフ1世が密かに望んだのは、キリスト教君主のうち最高位の称号である神聖ローマ帝国皇帝であった。この夢のような野望の達成は、貧乏なハプスブルク家が他の追随を許さない最大の王家になる千載一遇のチャンスであった。しかし、こんな身の程知らずの野望を秘めているとは考えてもいない教皇や諸侯からの問答無用といった強烈な反発を恐れて断念したのだった。こうした慎み深い姿勢は彼のキリスト教の敬虔さと相まって王国の住民に知られるようになった。おそらく6月7日の聖体行列であろう、側近を従え馬に跨っていたルドルフ1世が、ホステア（聖体を入れた銀製の容器）を両手で恭しく抱えて歩いている神父に遭遇し、静かに十字を切って神父に自分の馬を差し出した何種類もの「御絵」を教会で見たことがある。こうしたエピソードがあまねく語り継がれ、やがてハプスブルク家がイスラーム帝国やプロテスタント勢力との厳しい宗教戦争に際して「カトリックの絶対的な守護者」の役割をゆるぎないものにさせたのだろう。

ルドルフ1世の死（１２９１年）後、総領息子のアルブレヒトが即刻父王の後継者となるのを忌避され、ナッサウ家の新王アドルフがドイツ王に選ばれたのだった。ルドルフの予想外の強権的な姿勢に警戒し、総領息子もまたしかりと選帝侯たちが考えたからだった。ところが、アドルフの王権強化政策はルドルフ1世以上に凄まじく、選帝侯たちの人選がまったくのお門違いだったことが判明したのだ。といっても、怯懦を絵に描いたような選帝侯たちは傍若無人なアドルフに対抗するすべがまったくなく、ついに父王譲りの武断派だったアルブレヒトの登場となった。１２９８年7月、ゲルハイムの戦いで、アルブレヒトはアドルフを打ち負かし、敗死させる。これでようやく１２９８年になって総領息子がドイツ王アルブレヒト1世として即位することになる。

すでに述べたように、アルブレヒトの弟ルドルフ2世は１２８３年以来、父王ルドルフ1世の領地を相続していない。一方、アルブレヒトはすでに自分の三男に版図を分割相続させていた。自分の従兄弟が領土を相続し、自分はまったくその恩恵をいただいていないことに不満なルドルフ2世の息子ヨハンは何回も伯父のアルブレヒトに領地の割譲を懇願するが、にべもなく拒否される。そして、1308年5月、20歳のヨハンは4人の手下を従えて、スイスの山中で伯父アルブレヒトを暗殺する。これは、ハプスブルク史で「暗黒の日」と言われている。このような内輪揉めの挙句の非道徳な尊属殺人などを犯すとは、国王家にはまったくふさわしくない家系であるという最悪な評価がつけられたのだった。そうでなくても、群雄割拠の真っ只中、貧困と脆弱の二重苦を背負ったハプスブルク家の出立は前途多難であり、アルブレヒト1世の後にドイツ王に推薦されたのは、なんとフリードリヒ3世（1415～1493）の1440年であった。その彼が1452年に、ハプスブルク家で初めて神聖ローマ帝国皇帝として戴冠される（在位1452～1493）。ルドルフ1世が死去して（1291年）から実に150年余り、ドイツ王位はハプスブルク家以外の人の頭上に戴冠されていたのである。

フリードリヒ3世以降およそ500年間、ハプスブルク家が皇帝位をほぼ独占するようになる。具体的には、イングランドとフランス、それにローマ教皇庁領だけがその例外であったといっても過言ではないだろう。ハプスブルク家はヨーロッパの激動する政治的、ならびに社会的状況にも、またヨーロッパ文明の発展にも、その基底部において絶えず関わりを続けてきた。その影響する領域は全ヨーロッパに及んだ。

繰り返しになるだろうが、ハプスブルク家は、第一次世界大戦の終結時の1918年11月までの約700年間にわたって子々孫々、脈々と君主国家を継承してきたが、その間、ハプスブルク家が歴史上逼塞（ひっそく）する時期もあった。したがって、国名も、ハプスブルク帝国、ハプスブルク君主国、ハプスブルク大公国、ハプスブルク伯爵国と様々に呼ばれていたが、「ハプスブルク」という家名は不動であった。つまり家名は国名となっていたのだった。

ちなみに、19世紀から20世紀にかけて、「地球の地上の4分の1」を自国の領土であると豪語し、20世紀の2回の世界大戦に勝利した大英帝国は、エグバート王（在位802～839）を開祖とするウェセックス家から、現在のチャールズ王のウィンザー家まで、都合14王家が交代している。また20世紀において軍事に関しては信じられないほど低劣であるが、卓越した外交的辣腕を振るって生き伸びたフランスは、ピピン短軀王（在位751～768）を開祖とするカロリング家からボナパルト家＝第2帝政（1870）まで、都合13王家が交代している。こうしてみると、ヨーロッパ2大列強といえども、意外と脆弱かつ短命な王家であった。それ以外のヨーロッパの国々は、地勢的にも陸続きだったためにたえず戦争や紛争が発生し、王家は一言でいえば、泡沫王家に過ぎなかったといえよう。

20世紀ヨーロッパに数多の王家が存在したが、再度強調するが、国名にその国を統治している王家の家名が堂々と使われていたのは、ハプスブルク家だけである。それゆえ、「ハプスブルク家」という家名を本書の書名にしたのだった。このユニークな王家を紐解いてみるのはおもしろいはずで、どうかこの「未知な国（テラ・インコグニタ）」の中に分け入ってみてほしいと思う。

川成　洋

ハプスブルク家の歴史を知るための60章

目次

第Ⅲ部　カトリックとプロテスタントの熾烈な対立

第Ⅳ部　16〜17世紀のオーストリア・ハプスブルク家

第Ⅴ部　18世紀のオーストリア・ハプスブルク家

第Ⅵ部　19世紀のオーストリア・ハプスブルク家

第Ⅶ部　20世紀のオーストリア・ハプスブルク家

第Ⅰ部

揺籃期のハプスブルク家、貧乏伯爵から神聖ローマ皇帝即位まで

1 神聖ローマ帝国
――ドイツ誕生と分裂

神聖ローマ帝国発足

962年2月2日、東フランク王オットー1世がローマのサン・ピエトロ大聖堂で教皇ヨハネス12世の司式により神聖ローマ帝国皇帝（在位962～973）に即位した。神聖ローマ帝国（962～1806）の発足である。もっともこの国号が定着するのは13世紀半ばすぎての話である。当時は帝国の国号など必要なかった。なぜならヨーロッパにおいて帝国とはすべからく古代ローマ帝国の後継国家であったからである。否、そうあらねばならなかった。

旧約聖書の『ダニエル書』は次のように予言している。世界は4つの世界帝国が交代して現れ、第4の帝国が滅んだとき終末を迎える、と。中世ヨーロッパに広く知れわたった四世界帝国論である。それではその4つの帝国とはどこか？　古代キリスト教最大の教父アウグスティヌス（354～430）はそれをアッシリア、ペルシャ、ギリシャ（＝アレクサンダー大王の世界帝国とその後継国家）、ローマと読み解いている。

しかし、ローマ帝国は395年に東ローマ帝国と西ローマ帝国に分かれ、東ローマ帝国（ビザンツ帝国、395～1453）は別として、西ローマ帝国は476年に滅んでいる。それでも世界は終末と

ならず、人々が「最後の審判」の前に立たされることはない。なぜなのか？
それは古代ローマ帝国がカール大帝（在位800～814）のフランク大帝国を経て、神聖ローマ帝国に脈々と受け継がれているからである。
これが聖書に書かれていることを歴史的事実とみなす普遍史の解答である。そして中世ヨーロッパでは普遍史こそが唯一無二の歴史であった。

12世紀のステンドグラス（ストラスブール、ノートルダム大聖堂）に描かれたオットー1世
Wikimedia Commons

帝国が背負う十字架

さて、帝国というからには必ずやインターナショナルでなければならない。だからこそ神聖ローマ帝国は東フランク王国（後のドイツ王国）とイタリア王国の集合体として発足し、11世紀初頭にはブルグント王国（スイス西部とフランスの南東部）も併合したのである。まさに世界帝国志向である。しかし、それならばその世界帝国の皇帝位を1民族が、ましてや1家門が独占していいわけはないということになる。

16世紀、ハプスブルク家による皇帝位独占状態のときにフランス王フランソワ1世（在位1515～1547）がハプスブルク家のスペイン国王カルロス1世（在位1516～1556）を向こうに回して皇帝選挙に立候補したのも、あるいは17世紀、ルイ14世太陽王（在位1643～1715）がバロック大帝レーオポルト1世（ドイツ王および皇帝、在位1658～1705）に対抗してひそかに皇帝位を狙ったのもこの理屈からであった。

ヨーロッパ・キリスト教世界では、帝国とはこんな十字架を背負うのである。

そしてこの世界帝国への志向がボディブローのように神聖ローマ帝国の主体である東フランク王国の体力を奪ってきた。

ドイツ王国の源流

ところで東フランク王国とは、カール大帝が樹立したフランク大帝国が9世紀半ばに分裂して生まれた後継部分王国の1つである。

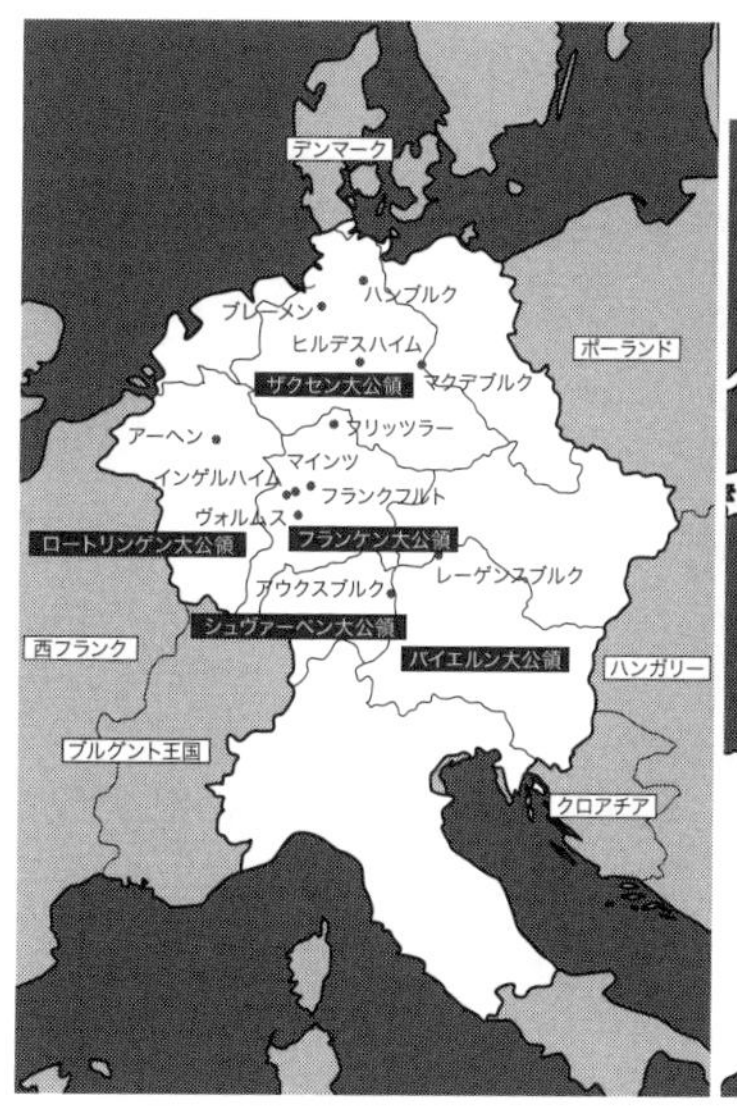

オットー大帝最盛期の東フランク王国の版図（972年）
菊池良生『ドイツ誕生――神聖ローマ帝国初代皇帝オットー1世』（講談社現代新書、2022）p. 9の図をもとに作成

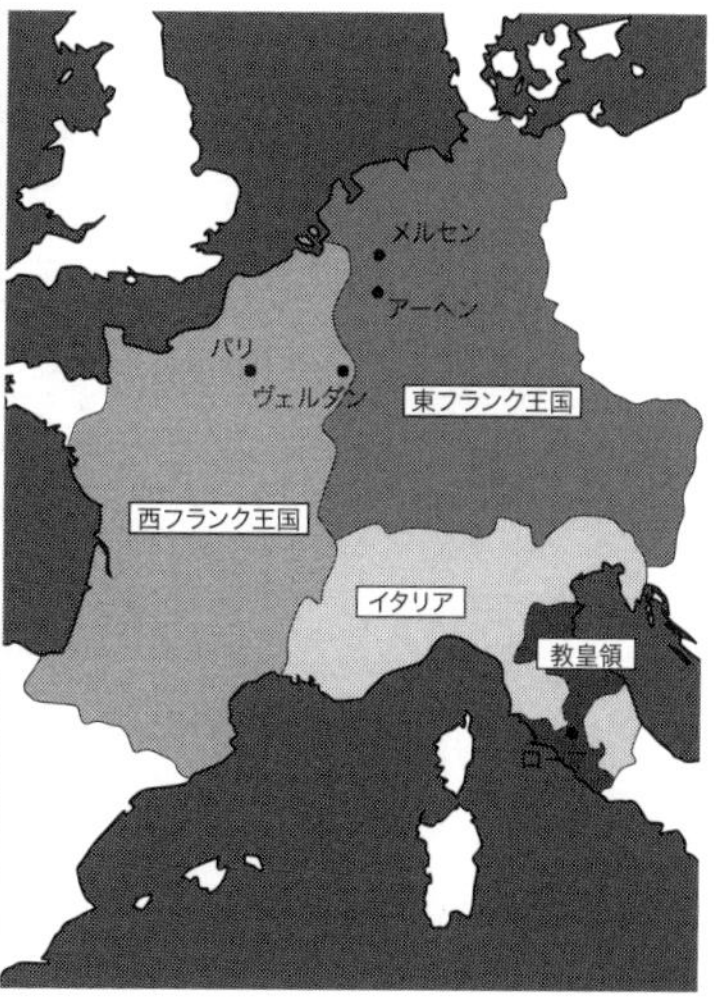

東西フランク王国
岩﨑周一『ハプスブルク帝国』（講談社現代新書、2017）p. 16の図をもとに作成

この東フランク王国の領域が、現在のドイツ、オーストリアにほぼ重なる。それゆえ東フランク王国はやがてドイツ王国の源流となっていく。そしてドイツ王国は神聖ローマ帝国と同一視されていく。だがオットー1世が皇帝に即位した頃はドイツという国はもとより、そもそもドイツという言葉すら存在していなかった。ザクセン朝の開祖ハインリッヒ1世（在位919～936）の死後、父王の東フランクを継いだオットー1世の領土は、ザクセン大公領、フランケン大公領、バイエルン大公領、ロートリンゲン大公領、シュヴァーベン大公領などで構成されていた。

オットー1世は他の後継部分王国である西フランク（フランス）、中部フランク（イタリア）に経済的にも文化的にも遅れていた東フランクをまとめ上げ、西ヨーロッパ・キリスト教世界で圧倒的プレゼンスを獲得した。そ

神聖ローマ帝国の帝冠
Bede735c / Wikimedia Commons

して彼は世界帝国を樹立するために3次、合計10年以上にわたるイタリア遠征を繰り返した。これはオットー2世（共治帝967～983、在位967～983）、3世（在位983～1003）と、さらには歴代皇帝に受け継がれる。彼らはイタリア遠征を果たし、ローマで神聖ローマ帝国皇帝に即位するのだ。さて、遠征とはとりもなおさず侵攻である。

襲われる側はたまったものではない。なにしろアルプスの北の文化果つるところからわけのわからない言葉を話す連中が大挙してやってきて好き勝手をするのだ。そんな東フランク人の言葉はカール大帝以来、「民衆の言葉」と呼ばれてきた。そしてこの言語呼称が、それを喋る人々をさすことになる。中世イタリア人は東フランク人を侮蔑を籠めて「民衆野郎」と呼んだのだ。こうして「ドイツ人」という言葉が生まれる。

つまりオットー大帝以来の歴代皇帝のイタリア遠征は東フランク人をまとめて「ドイツ人」と呼ぶ他者からの呼称を生み出したのだ。東フランクといってもいくつかの部族からなる緩やかな連合体に過ぎなかった。東フランクとしての一体感はとてつもなく薄かった。だが彼らはイタリア人からの

ハビヒツブルク城
後にハプスブルク城と呼ばれるようになり、ハプスブルク家の家名の由来となった。

「ドイツ人」という他称語に自分たちのアイデンティティーを見出す。そして彼らは自分たちのことを「ドイツ人」と自称することになる。この自称用法は三佐川亮裕の『ドイツ——その起源と前史』によると11世紀初頭以降のことである。

要するにオットーの帝国樹立というインターナショナルな行動は、結果的にはドイツ人のドイツ人意識を醸成するナショナルな展開となったのである。その意味で、神聖ローマ帝国成立はドイツ誕生といっていいかもしれない。

ドイツのまとまりと分裂

しかし強烈な副作用ももたらした。

千山万岳のアルプスを越えてのイタリア遠征には莫大な金がかかる。この軍資金はどこから出るのか？　ちょっとやそっとの褒賞では、諸侯はおいそれと皇帝に従軍しない。カロリング朝時代（751～911）にはイタリア遠征に従軍した諸侯は褒賞としてイタリアでしかるべきポストと領地をもらった。だがオットーの時代には、イタリアにはもう分けるパイがない。そこで諸侯は東フランクの自分たちの領地の支配権の強化を見返りとして手に入れる。関税権、裁判権、市場権等々の、本来なら国王の収入源である国王大権を掠ぎ取るのである。帝国ではこれらの収益特権は、11世紀末になるとほとんどが諸侯の手にわたってしまった。これは王権の空洞化で、ドイツ特有のグロテスクなまでの分裂を生み出した。だからナショナリズム華やかりし19世紀のさる史家は962年2月2日のオットー大帝の皇帝即位を「ドイツ史の暗黒の日」と断罪している。

つまりオットーのイタリア遠征と神聖ローマ帝国成立は、ドイツにまとまりと分裂を同時に促したのである。歴史の皮肉である。

（菊池良生）

2 ルドルフ・フォン・ハプスブルク
――偉大な俗物

劇的な戴冠式

こんなエピソードがある。

それは貧乏伯爵ルドルフ・フォン・ハプスブルクが図らずもドイツ王に選出され、カール大帝所縁（ゆかり）のアーヘン大聖堂で行われた戴冠式（1273年10月24日）のときである。

何かの手違いか戴冠式には不可欠な王笏がルドルフの手元にはなかった。参列していた諸侯は固唾を飲んだ。ルドルフはやおら、傍らにあった十字架をつかみ、「この世をお救いになる神の象徴が王笏となる！」と、張りのある声で決然と宣した。一瞬、静寂が走る。次に、「国王万歳！」の叫びがうねりとなって大聖堂にこだました。なかには「新王は英邁（えいまい）であられる！」と涙するものもいた。諸侯は「皇帝のいない恐ろしい時代」（シラー）が終わったことをしみじみと感得した。

しかしなんという人たらしであろうか。ハプスブルク家の最初のドイツ王であるルドルフ1世（在位1273～1291）は、この種のエピソードに事欠かない。だいたい王朝の創始者は、ニヒルでアンニュイが漂うラスト・エンペラーとは真逆な「偉大な俗物」と相場が決まっているものだ。それにしても、このエピソードも日頃、俗に徹しなければできない芸当である。

ともあれ、こうして痩せて長身、顔の色は青白く、引き締まった顎、特徴的な鷲鼻、身なりが常に質素で、信義に厚い55歳のドイツ王が誕生したのである。

貧乏伯爵に立った白羽の矢

ところでその頃のドイツは、ドイツ王がローマで皇帝に戴冠することを習わしとする約260年間のオットー朝、ザリエル朝、シュタウフェン朝の3世襲王朝時代（「ドイツ皇帝時代」）が終わり、「大空位時代」が続いていた。日本の南北朝時代と同じ対立王時代である。内戦が続くなか、彼ら対立王たちは大軍を率いてイタリアに遠征し、ローマで教皇により皇帝戴冠を受ける余裕などまったくといってなかった。だから彼らはドイツ王どまりで、皇帝ではなかった。「皇帝のいない恐ろしい時代」というわけだ。

そんななか、諸侯は中央の公権力の不在をいいことに私闘に明け暮れる。治安は乱れに乱れる。さすがにこれではならじ、とドイツ諸侯の軍事力を頼りとするローマ教皇は新王選出を訴える。有力諸侯も共倒れを恐れ、選出にかかる。

諸侯は強力な王権の出現は望まない。ドイツの空中分解が防げればいい。そこそこの人物で充分である。公爵クラスに人がいなければ伯爵でもいい。こうしてスイスのアールガウという痩せた土地を領する「貧乏伯爵」ルドルフに白羽の矢が立ったのだ。

ボヘミア王オタカル2世との決戦

ところがこの人選に異を唱える者がいた。彼は新王による封土授与式でもある戴冠式に顔を出さない。ボヘミア王オタカル2世だ。ところでボヘミア王国はドイツ王国主体の神聖ローマ帝国の一部であった。そしてボヘミアはスイスと違い当時のヨーロッパの先進地域で、税収もたっぷりある。おまけにオタカルはこのころ、ウィーンを抱えるオーストリアも領していた。彼が「金持ち王」といわれた所以(ゆえん)である。彼は自分こそドイツ王にふさわしいと、ルドルフへの臣従を拒否したのである。

ルドルフ・フォン・ハプスブルク
ピーテル・ファン・ソンペル作、1640年ごろ、エングレーヴィング　Wikimedia Commons

むろんルドルフはこれを看過できない。オタカルに、余の前に現れ膝を屈して忠誠を誓わなければ帝国追放に処す、と通告する。しかしオタカルは召喚に応じない。武力による決着しかない。ところが諸侯の大部分はお手並み拝見と高みの見物を決め込む。ルドルフ対オタカル。断然オタカルが有利にみえた。

最終決戦の舞台は1278年8月26日、ウィーン北東40キロメートルのマルヒフェルトであった。両軍は拮抗する。この膠着状態を破ったのはルドルフの奇策である。彼は60騎からなる伏兵を忍ばせていた。これはまさにコペルニクス的転回であった。満を持していた60騎は、体力の消耗の激しいオタカル軍の側面を突いた。不意を突かれたオタカル軍は総崩れとなる。総大将オタカル自身もその混乱のさなかに落命した。

貧乏伯爵ルドルフは勝った！

慎重でしたたかなリアリスト

問題はその後である。彼は一気呵成（いっきかせい）に畳みかけるのではなく、慎重にことを進めた。つまり名実ともにドイツ王になったルドルフはマルヒフェルトの奇策は二度は通用しない、ということを十分にわきまえていたのである。これは彼のその後の政策に現れる。

思えば962年2月2日、ドイツ王オットー1世（在位962～973）がローマのサン・ピエトロ大聖堂で皇帝に即位して以来、歴代ドイツ王は皇帝となり、かつての古代ローマ帝国を再興するという空虚な夢に取りつかれてきた。

それから300年。リアリストであるルドルフはこの夢を捨てた。イタリア遠征よりも家領拡大である。まずは王領地を固めることが先である。そしてそれがひいては王国の安定につながるのだ。しかし焦ってはならない。拙速は慎むべきである。

ルドルフはオタカルの嫡男ヴァーツラフに本領地ボヘミアを安堵する。そうしておいてオタカルのもう1つの遺領オーストリア公領をハプスブルク家のものとした。しかもそれはマルヒフェルトの大勝利から実に6年たっての話である。

それもそうである、この頃、オーストリアの在地貴族にとってハプスブルク家はあくまでもよそ者にすぎなかったのだ。それが後年、ハプスブルク家イコールオーストリア家と認知されるようになったのは、ルドルフ・フォン・ハプスブルクの慎重かつしたたかな政策のおかげであった。ルドルフ、恐るべし！　といったところか。

しかし本当に恐れたのは、どうせ傀儡（かいらい）にすぎない、代わりはいくらでもいる、と高を括っていた当時の有力諸侯である。彼らはとんでもない奴を王に選んだ、と臍（ほぞ）をかんだ。こうして１２９１年にルドルフが享年73歳でこの世を去ると、諸侯はハプスブルク家による王位の世襲を嫌って、父以上の切れ者であると噂の高い嫡男アルブレヒト１世を新王に選ぶことを避けたのである。

（菊池良生）

ルドルフ1世の墓石（シュパイアー大聖堂）
Haselburg-müller/Wikimedia Commons, CC BY-SA 3.0

3 アルブレヒト1世
――ハプスブルク家の暗黒の日

ケーニヒスフェルデン修道院

スイス第一の都市チューリヒから電車に約30分揺られるとブルック駅に着く。そこからバスで10分ぐらいのハプスブルク・ドルフプラッツというバス停で降り、坂道を4～5分登るとハビヒツブルク城が見えてくる。「大鷹の城」を意味するこの城こそがハプスブルク家発祥の地である。しかしその割には簡単な案内板があるだけで閑散としている。城の1階はごく普通のレストランで、とても史跡には相応しくない。どうやら地元の人は「ハプスブルク家発祥の地」を使って町興しをする気はさらさらないようである。ウィーンとはえらい違いだ。スイス人のハプスブルク嫌いがはしなくも表れたところか。

このハプスブルク嫌いに一役買ったのがシラーの戯曲『ウィリアム・テル』である。奸計でテルを追い詰める悪代官ゲスラーは典型的な虎の威を借りるタイプで、実にいやな奴だ。そして彼が頼る虎とは、ウィーンでオーストリアを統治するアルブレヒト1世である。

さて、拍子抜けして古城を後にしてブルック駅に戻ると、駅の反対側には広大な緑地帯が広がっている。そしてその一角にひっそりと建っているのがケーニヒスフェルデン修道院だ。実はこの修道院

ケーニヒスフェルデン修道院
Marco Chiesa/ Wikimedia Commons, CC BY-SA 2.0

は、アルブレヒト1世の妃エリーザベトが非業の死を遂げた夫の鎮魂のために建立したものである。どういうことか?

アルブレヒトは父ルドルフ1世の死後、父の王位を継ぐことができなかった。ルドルフ以上にしたたかなアルブレヒトにより王権が強化されるのを、諸侯が恐れたからである。諸侯が代わりに選んだのは弱小のナッサウ家のアドルフである。ところがこれがとんだ食わせ物で先王ルドルフ以上に強引に家領拡大を続ける。諸侯は彼の廃位を決める。むろんアドルフはおめおめと引き下がる気はない。戦いが必至である。諸侯はアルブレヒトの軍事力を頼りにする。こうして1298年7月2日、アルブレヒトはゲルハルムの戦いでアドルフを戦死に追いやった。アルブレヒトは晴れてドイツ王(在位1298~1308)となる。

アルブレヒトの政治手腕

噂通りの政治手腕だった。一例を見てみよう。

父ルドルフは「金持ち王」オタカル2世との決戦を前にウィーンを味方につけるべく、同市を帝国都市に格上げし、市参事会の立法権、市場監督権、裁判権等々と大幅な自治権を与えた。しかしヨーロッパでも有数の交易都市であるウィーンは莫大な税収が見込まれる。父からオーストリア統治を任されたアルブレヒトはこれに目をつける。父の死後、ハプスブルク家の当主となったアルブレヒトは、1296年にウィーンで起きた暴動を口実に、同市を帝国都市から領邦都市に格下げし、新しい都市法を定める。以来、ウィーンは約700年にわたってついに完全な自治権を得ることなく、ハプスブルク家の城下町に留まることになる。

その手際は実に鮮やかであった。こうした強権的手法は1298年にドイツ王となっても随所に発揮される。それゆえ王権は盤石となる。

おまけにアルブレヒトは6男5女の子福者であった。つまり政略結婚の手駒に事欠かない、というわけだ。例えば次女のアグネスはハンガリー王に嫁ぎ、父の意向を汲んでまるで駐劄（ちゅうさつ）大使よろしくロビー活動をしている。結局、彼女は結婚わずか5年で寡婦となり、子供がいなかったのでウィーンに戻るが、その豊富な経験を活かし宮廷で一種の政治サークルを主宰し多くの後進を育てている。アグネスはアルブレヒトにとって頼もしいばかりの娘であった。ほかにもアルブレヒトの子供たちはおおむね優秀であった。

これでハプスブルク家は安泰である。ハプスブルク家によるドイツ王位の世襲化も夢ではない。

アルブレヒトの暗殺

しかしそうはならなかった。ハプスブルク家はやがて「暗黒の日」を迎えるのである。

アルブレヒトは父ルドルフ１世の存命中、父と同名の弟ルドルフ２世とともにオーストリアの統治を任された。だが共同統治は何かと厄介で、アルブレヒトの単独支配に切り替わることになった。むろんルドルフ２世にはその代償の領地と財産を約束された。ところが彼はその約束が果たされる前に早世してしまった。

さてルドルフ２世にはヨハンという忘れ形見がいた。彼は元服を過ぎると、伯父のアルブレヒトにかの約束の履行を迫る。アルブレヒトは領地の細分化を嫌ってこれに応じない。ヨハンの不満は募る。とりわけ彼は叔父の三男である自分と同じ年頃の従弟のレーオポルトがすでに領地を与えられているのが許せなかった。シラーは『ウィリアム・テル』のなかでヨハンのこの辺の心情を巧みに創作しているが、実際にその通りであったのだろう。

ヨハンは叛乱を決意する。叛乱といっても領地を持たぬ彼には軍勢がない。手段は暗殺しかない。かくして１３０８年５月１日、ヨハンはスイスのロイス川を渉ろうとしていた伯父を４人の家の子郎党とともに襲い、死に至らしめた。最初の一太刀はヨハン自身が浴びせた、と言われている。

諸侯はすぐさまルクセンブルク家のハインリヒ７世を次の王に選んだ。ハインリヒは反ハプスブルク陣営の急先鋒であった。彼は結果的には自分に王位を授けてくれたことになるヨハンをかくまった。そのためヨハンは、アルブレヒトの妃エリーザベトと２人の娘アンナとアグネスの身の毛もよだつ追及から逃れることができたのである。

ところで、このアルブレヒト暗殺は、鎌倉幕府三代将軍実朝が甥の公暁に殺された事件と似ている。このような「肉親殺し」を引き起こす一族からは「王の霊威」は急速に遠ざかる。事実、ハプスブルク家はその後、アルブレヒトの次男フリードリヒ美王がヴィッテルスバハ家の皇帝ルートヴィヒ4世の対立王となるが、それもあだ花に終わり、長い雌伏の時を迎えることになるのである。（菊池良生）

アルブレヒト1世の暗殺
15世紀の書物の挿絵
Wikimedia Commons

4 カール4世の金印勅書
——神聖ローマ帝国の新たな礎

ボヘミア王国とルクセンブルク朝

ハプスブルク家がオーストリアの新たな統治者として支配体制を固めるべく腐心していた頃、その北にあるボヘミア（チェコ）王国でも、王朝の交代が起こった。ボヘミアは9世紀末にヴルタヴァ（モルダウ）河畔のプラハを中心に登場し、支配者プシェミスル家のもとで勢力を拡大してきたスラヴ人の国である。11世紀には神聖ローマ帝国の一部として組み込まれ、ボヘミア王は皇帝の家臣という立場にあったが、隣のモラヴィア、シレジア、ラウジッツなどにも勢力を広げ、13世紀後半からはドイツ王選挙の投票権を持つ選帝侯にも名を連ねていた。13世紀にはプシェミスル・オタカル2世（在位1253～1278）がオーストリア大公領やその周辺地域まで支配して強大な勢力を誇ったが、最後はハプスブルク家のルドルフ1世と戦って戦場で倒れ、国内は一時期大混乱に陥った。その子ヴァーツラフ2世は急速に勢力を回復させ、ハプスブルク家とも良好な関係を築いて、ポーランドやハンガリー方面へも進出を図った。しかし次の王ヴァーツラフ3世が1306年にわずか17歳で暗殺されたために、400年以上ボヘミアを治めてきたプシェミスル家の男系はあっけなく断絶する。

この後、数年の混乱の後、1310年にボヘミアの高位聖職者・貴族・市民の代表が王位継承者に

タンガーミュンデ（ドイツ）にあるカール4世の像
Zairon/public domain, Wikimedia Commons

選んだのは、ルクセンブルク出身のドイツ王ハインリヒ7世の息子ヨハンであった。ルクセンブルク伯領はドイツ王国の西端にある小さな国であったが、ハインリヒはフランス王家と近しい関係にあることも見込まれて、国王として国の舵取りを委ねられていたのである。ボヘミア王ヴァーツラフ3世の妹エリシュカと結婚してボヘミア王となったヨハンは、ボヘミア貴族との信頼関係を築くことには何とか成功したが、この国になじむことはできず、ドイツ各地やパリ、アヴィニョン教皇庁などを外交使節のように訪ねてまわる生涯を送った。１３１３年に死去した父の跡を継いでドイツ王になる願いは果たせなかったが、長年の努力が最後に実を結び、ヨハンの長男カールが１３４６年7月に5名の選帝侯の票を得てドイツ王に選ばれた。そして翌月、ヨハンはフランス北部のクレシーでフランス王の陣営に加わってイングランド王との決戦に臨み、戦場で生涯を終えた。

ドイツ王権のゆらぎ

父王ヨハンの死去によってボヘミア王の位（在位1346～1378）も継承したカールは、生まれ故郷のプラハを本拠に統治を始めた。ドイツ王カール4世としての最大の課題は、揺らぎかけたドイツ王権、そして神聖ローマ皇帝権を再び安定させることであった。ドイツでは13世紀後半に選帝侯による国王選挙が定着して以来、1代ごとに別の家門から王が選ばれるといういわゆる跳躍選挙が繰り返され、安定した王権確立の妨げになっていた。また、選帝侯の団体が分裂し、同時に2人の王が選ばれるという事態も生じていた。

さらに深刻なのは、1309年にアヴィニョンに移った教皇庁が、ドイツ王選挙に深く介入し始めたことである。特に教皇ヨハネス22世（在位1316～1334）は、教皇はドイツ王に神聖ローマ皇帝の冠を授けるだけでなく、ドイツ王選挙の結果を認可する権利さえ持つと主張していた。これではドイツ王は教皇庁の意向に従うだけの存在になってしまう。カール4世の前任者であるヴィッテルスバハ家のルートヴィヒ4世は、ドイツ王の地位を確立させるべく努力を重ねたが、教皇庁との長年の紛争のために政治的な混乱を招いてしまった。この点、幼少期にフランス王の宮廷で養育を受け、教皇クレメンス6世（在位1342～1352）とも知己の間柄にあるカール4世には、有利な人脈を生かして事態を打開することが期待されたのである。

「金印勅書」の完成

パリをモデルにしてプラハを宮廷所在地にふさわしい都市へと改造し、ボヘミア王の支配権がおよ

ヴルタヴァ川を隔てて望むプラハ城
城の起源は9世紀にさかのぼるが、長年にわたり、歴代の国王たちによって大幅に改築・整備された。（筆者撮影）

ぶ範囲を明確にするなど、本拠における足固めを入念に行った末、カール4世は１３５５年にローマへ遠征して教皇代理の手から神聖ローマ帝国の帝冠を授けられた。そしてただちに、神聖ローマ帝国の基本的国制を定める法典の作成作業にとりかかった。その結果、まず１３５６年1月10日にニュルンベルクの帝国議会で23か条が公布され、さらに同年12月25日にメッツの帝国議会で8か条が加えられて、全31か条からなる法典が完成した。皇帝としての金の印章が付されていることから、「金印勅書」と呼ばれている。

この法典では、まず「帝国の支柱」と位置づけられる7名の選帝侯、すなわちマインツ大司教、ケルン大司教、トリーア大司教の３名の聖界諸侯、そしてボヘミア王、ライン宮中伯、ザクセン大公、ブランデンブルク辺境伯の４名の世俗諸侯の権利と地位を詳細に定めている。選帝侯は一般の諸侯よりも高い地位におかれ、それぞれの領国内において、貨幣鋳造権、城塞建設権、鉱山採掘権、ユダヤ人保護権など、国王に匹敵するレガリア（高権）

を持つとされ、世俗の選帝侯領の分割相続は禁止された。また世俗の選帝侯領を支配する家系が複数の系統に分かれている場合、どの系統が選帝侯の権利を有するかも明確に定められた。そして7名のうち過半数すなわち4名の票によって当選者が決まると定められ、分裂選挙を防止することになった。

具体的な選挙の実施方法や関連する儀礼についても明確な規定が設けられている。帝国都市のうち、フランクフルト・アム・マインがドイツ王選挙の場所に、アーヘンがドイツ王戴冠式の場所に指定され、即位した王はニュルンベルクで最初に宮廷会議を開催することになった。また、選出された者はただちに選帝侯のすべての特権を確認する、と定められ、間接的な表現ながら、教皇はドイツ王選挙の流れから排除された。

また、カール自身が治めるボヘミア王国については特に規定が設けられている。王家が断絶した場合には王国住民が次の王を選ぶことができ、またボヘミア王は国内において他の選帝侯よりもさらに高次の裁判権を持つことになった。こうしたボヘミアに関する特例は、この国を帝国の中枢部として位置づけ、ボヘミア王がドイツ王および皇帝を兼ねて将来的にも帝国を統治していくというねらいを明確に示している。

「金印勅書」がもたらしたもの

この「金印勅書」の規定の多くは、当時すでに行われていた慣習を明文化したものである。しかし選帝侯を中心とした帝国の体制が正式に定められたことの意義は大きい。かつて、「金印勅書」はドイツの政治的分裂を容認・固定化することで、統一国家ドイツの成立を近代にいたるまで妨げたと評価されることもあった。しかし選帝侯の地位が安定することにより、これ以降、ドイツ王選挙に関して大きな混乱が生じる危険性は少なくなった。その結果、特定の家門による長期間の王位継承に道が開かれ、以降数百年間、諸侯国の連合体としての神聖ローマ帝国が制度的には安定したことを見逃すべきではない。そしてこの「金印勅書」は１８０６年の神聖ローマ帝国消滅まで、わずかな変更を加えつつその効力を維持した。

カール4世の娘カタリーナを妻とするハプスブルク家のルドルフ4世は、「金印勅書」がオーストリア大公に選帝侯の地位を認めなかったことに不満であった。対抗手段としてルドルフはウィーンに大学を創設するなど国内の基盤整備に努めたほか、「大特許状」と呼ばれる一連の公文書を偽造した。そこには、かつての神聖ローマ皇帝たちがオーストリアの君主に対して、選帝侯とほぼ同様の特権や、王のものと類似の印章を用いる権利などを与えていたことが記されていた。

カール4世はもちろんこれらの主張を認めなかった。しかしハプスブルク家はすでに婚姻政策によってボヘミア王家と深く結ばれていたこともあり、結果としては「金印勅書」の恩恵に浴することになった。１４３７年にカール4世の次男ジギスムントが男子の後継者を残さずに死去した翌年、選帝侯たちはその娘婿のアルブレヒトをドイツ王に選び（ドイツ王としてはアルブレヒト2世）、それ以降、ドイツ王位は事実上、ハプスブルク家によって世襲化された。また、１５２６年にボヘミア王位も獲得することにより、ハプスブルク家は選帝侯の地位も確保することになったのである。（薩摩秀登）

5 ルドルフ4世と大特許状
――偽書快走

奇跡の子

ドイツ王アルブレヒト1世（在位1298～1308）は6男5女の子福者であり、ハプスブルク家はこのまま盤石かと思えた。ところがアルブレヒトが暗殺された「暗黒の日」以降、どういうわけか彼の息子たちとその嫡子が次々とこの世を去り、気がつくと残っているのは四男アルブレヒト2世ぐらいとなった。しかも彼は60歳手前になっても未だ子供ができないでいる。ハプスブルク家断絶の危機がささやかれる。しかし1339年、待望の男の子が生まれた。奇跡の子ルドルフ4世である。

ルドルフは19歳で家督を継ぐ。兄弟で領地を分け合い分割統治をするのが当時の習わしだが、このとき彼の2人の弟は元服前で、彼が単独支配者となる。かくして約2万平方キロメートルというドイツ随一の版図を誇るハプスブルク家の運命が、19歳の若造の双肩にかかることになったのだ。

カール4世のもくろみ

さて、当時の皇帝はルクセンブルク家のカール4世（在位1346～1378）である。当初、彼はヴィッテルスバハ家の皇帝ルートヴィヒ4世の対立王であった。ルートヴィヒの急死で一人皇帝となったが、彼は内戦の危機をいやというほど味わったのである。そこで彼は考えた。ドイツが「大空位時代」（1254～1273）以降、世襲王政から選挙王政になったにもかかわらず、肝心のその選挙規定が成文化されていない。だから対立王がしばしば現れ国内が乱れるのだ、と。

そこでカール4世は全31条からなる皇帝選挙規定と帝国議会規定を定めた「金印勅書」を発布した。骨子は皇帝を選ぶ侯爵である選帝侯を7人と定め、多数決原理を導入する。これに従わぬものは選帝侯位を剝奪する。その代わり選帝侯には大幅な特権を与える、というものだ。諸侯はこれを受け入れ、帝国はその後、1806年の消滅まで二度と一天両帝は起きなかった。

7選帝侯領は、マインツ、ケルン、トリーアの3大司教領とプファルツ、ザクセン、ブランデンブルク、ボヘミアである。カール4世のルクセンブルク家はそのうちボヘミアを所持し、後にはブランデンブルクも領することになる。これは単純過半数4票に限りなく近い数字だ。ルクセンブルク家の帝位独占はなったも同然である。これがカール4世の狙いであった。だがカールにはもう1つ目算があった。それは7選帝侯にヴィッテルスバハ家とハプスブルク家を加えずに両家を帝国の中枢から排除することであった。ヴィッテルスバハ家はルートヴィヒ4世の死後、内紛に明け暮れ、せっかく領していたブランデンブルクをルクセンブルク家に売り飛ばす体たらくだから無視してもよい。問題はハプスブルク家である。

文書には文書を！

案の定、ハプスブルク家の若き当主ルドルフ4世（在位1358～1365）は猛然と反発した。実は彼はカール4世の娘婿である。ルドルフ4世は舅殿の「金印勅書」に対して過去5人の皇帝がハプスブルク家に与えた5通の特許状、すなわち「大特許状」を提出した。「文書には文書を！」というわけだ。

「大特許状」には恐ろしいことが書かれていた。曰く、ハプスブルク家は昔より各皇帝から選帝侯より位が上の大公位を拝命している、それゆえ、帝国議会の席次も選帝侯より上である云々、と。

カール4世はびっくりした。大公という官名は当時は帝国には存在しない。これは明らかに官名詐称である。彼は「大特許状」の真贋鑑定を当代随一の碩学フランチェスコ・ペトラルカ（イタリアの桂冠詩人、古典学者、１３０４～１３７４）に依頼する。むろん放射性炭素年代分析法などあるわけはない。第一、ルドルフがカールに差し出したのはオリジナルは門外不出といって、写しであったのだ。

　当時の鑑定は文書の形式、語彙、言い回し等々を精査して行う。だからこそ古文書学の権威ペトラルカの

ルドルフ4世の肖像
作者不詳、1360 ～ 1365　Wikimedia Commons

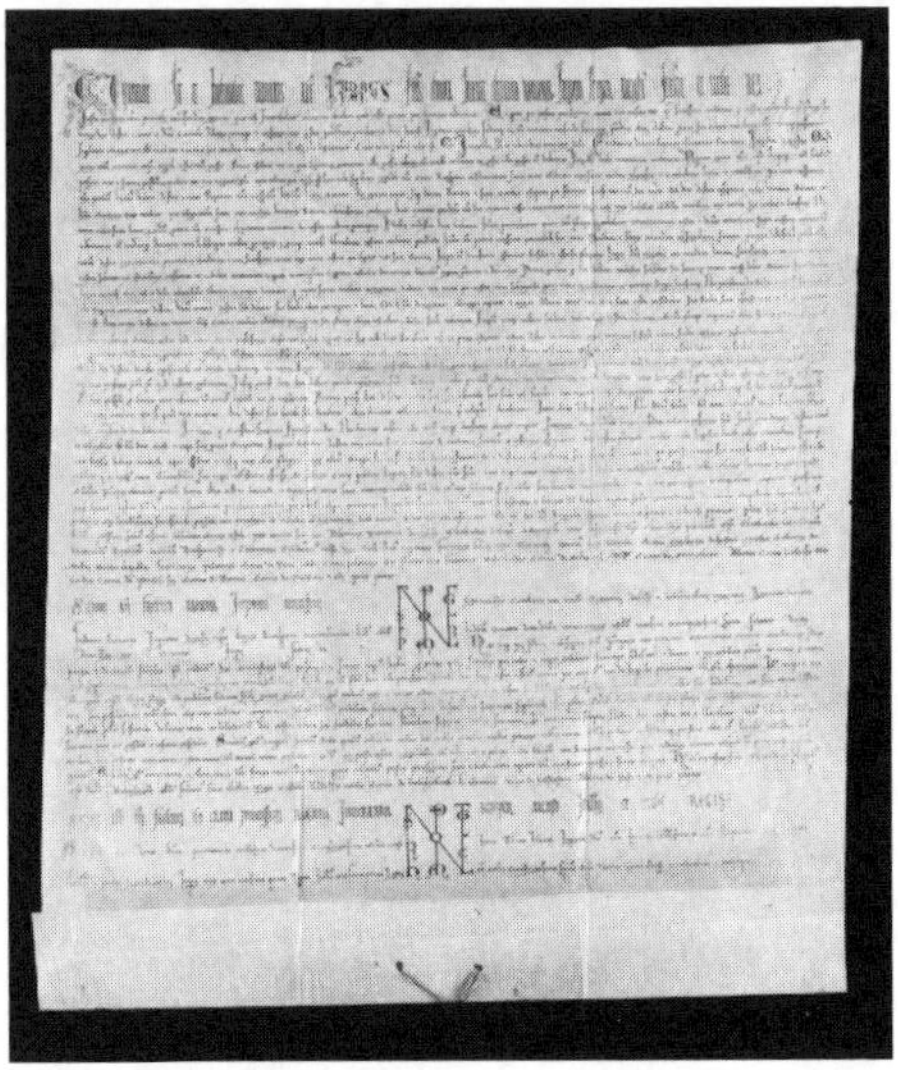

皇帝フリードリヒ2世を詐称した大特許状
ウィーン美術史博物館所蔵

出番なのである。彼は特許状を念入りに査読した。だが途中でばかばかしくなる。そして依頼人の皇帝に「陛下、この御仁（ルドルフ）はうつけ者でございます！」と訴えた。

5通の特許状は本物と見紛うばかりによくできていた。ルドルフの宰相ヨハン・リビはパリ大学、ボローニャ大学で学位を取得した当代随一の教養人であった。おそらく彼こそが「大特許状」の作者だったのだろう。しかしルドルフはここで余計なことをしでかした。5通の特許状に添えて傍証として2通の手紙を差し出したのである。そしてその2通の手紙とはなんとカエサルとネロのそれであったのだ。なんでハプスブルクの「ハ」もなかった古代ローマの為政者がここに出てくるのだ！　ばかばかしい！　ペトラルカが呆れたのも無理はない。

しかし、日頃、婿殿の才気煥発を知る舅殿は違った。もともとカール4世はペトラルカの入れ知恵で、よしんば特許状が本物であったとしても、「対等なるものは対等なるものの支配を受けず」という法諺に則り、当代の皇帝は前代の皇帝の約定に従う義務はないということで、ルドルフの主張を門前払いにしようとしたのだ。

ところが明らかに真っ赤な偽書とわかる2通の手紙！ 皇帝を愚弄するにもほどがある！ カールとしてはルドルフを帝国追放に処さなければならない。もちろんルドルフはそれに従う気はない。ルドルフは帝国随一の軍事力を持っている。受けて立つ気満々である。ルドルフが差し出したでたらめな2通の手紙にはこんな彼の裂帛（れっぱく）の気合が込められていたのだ。

ルドルフの急逝

皇帝カール4世は「金印勅書」でもって帝国の平和を確立しようとした。ところがこの勅書をきっかけに内戦の危機が再び忍び寄る。そこで稀代のリアリスト皇帝カールは糾明を一時棚上げし、様子を見ることにした。するとなんとその数年後、ルドルフは26歳で急逝する。帝国は事なきを得た。「ルドルフがもう少し長生きしていればハプスブルク家は天に飛翔するか、奈落の底につき落とされていただろう」とある年代記作者は書いている。まったくその通りである。

ところでルドルフが「大特許状」ででっち上げた大公位はこの約百年後、ハプスブルク家の皇帝フリードリヒ3世（在位1440～1493）により、帝国法でハプスブルク家一門だけに許された正式な称号となる。まさに偽書快走である。

（菊池良生）

フリードリヒ3世
――波乱に満ちた半世紀の統治

ドイツ王への選出

1415年9月12日にエルンスト鉄公の長男として後の皇帝フリードリヒ3世（ドイツ王在位1440～1493、皇帝在位1452～1493）がインスブルックに生まれたとき、神聖ローマ帝国はルクセンブルク家のジギスムント（在位1411～1437）が統治していた。ジギスムントはドイツ王とハンガリー王を兼ねており、後にはボヘミア王位も獲得した。これに対してハプスブルク家の版図は、ほぼ今日のオーストリアに限定されていた。しかもハプスブルク家自体がアルブレヒト系とレーオポルト系に分かれており、前者のアルブレヒト5世、後者のエルンスト鉄公とその弟フリードリヒ4世の3人によって、領土は分割されていた。

ジギスムントには男子の継承者がいなかったため、その娘婿であったアルブレヒト5世（ドイツ王在位1438～1439）は、義父の死後その広大な支配領域を受け継ぎ、1438年には100年以上もハプスブルク家を離れていたドイツ王位も獲得した（ドイツ王としてはアルブレヒト2世）。しかしアルブレヒトは翌年死去し、翌1440年に妃エリーザベトが男子ラディスラウスを出産した。同年、フリードリヒ3世は期待通りに選帝侯たちによってドイツ王に選出された。フリードリヒはラディスラウスを保護下に置き、さらにハンガリーの王冠を手元に置いて、アルブレヒト系ハプスブルク家の支配領域の確保に力を注いだ。

困難なハンガリー情勢

しかしこれは途方もない難題となった。ウィーンをはじめとするオーストリアの人々は、「シュタイアーマルク人」フリードリヒ3世には好意的でなかった。しかも弟のアルブレヒト6世が領土の一部を要求し、ウィーン市民の反抗をあおって、フリードリヒをしばしば窮地に陥れた。敵対する各勢力が雇った傭兵軍団が各地で狼藉を働き、治安を乱しているのも悩みの種であった。そしてこの頃、バルカン半島全域を支配下に収めたオスマン帝国は、さらにハンガリー方面へ進出しようとしており、オーストリアにもその影響は及び始めていた。

皇帝フリードリヒ3世の肖像
ハンス・ブルクマイアー画、15世紀末～16世紀初頭
Wikimedia Commons

アーヘンにおけるフリードリヒ3世のドイツ国王戴冠が1442年ま

で遅れたのは、こうした問題に忙殺されていたからである。１４６3年に弟アルブレヒト6世が急死したので、フリードリヒは領土を統合できたが、紛争で荒廃した国土の復興は容易ではなかった。

成長してフリードリヒ3世の後見を離れたラディスラウスは、１４５3年にボヘミア王に選ばれたものの、１４５7年にプラハで17歳で死去し、アルブレヒト系ハプスブルク家は断絶する。フス派戦争（プラハ大学における教会改革運動を発端として、ボヘミアと神聖ローマ帝国やローマ教会との間に生じた戦争。１４１９～１４３６年）以来の宗教問題で揺れるボヘミアでは、翌１４５８年イジーというフス派貴族が王に選ばれ、この国はハプスブルク家の支配から外れることになった。

ハンガリーでは１４４０年に、ヤゲウォ家のヴワディスワフ3世が、大多数の貴族の支持を得て王に選ばれた。ヴワディスワフ3世が１４４４年にオスマン帝国との戦いで戦死すると、議会はハプスブルク家のラディスラウスを王に選出した。しかしラディスラウスが１４５7年に死去したため、翌年、議会はフニャディ家のマーチャーシュという貴族を王に選び（在位１４５８～１４９０）、ハンガリーもまたハプスブルク家の支配から外れることになった。フリードリヒ3世はマーチャーシュによるハンガリー統治を事実上承認し、１４６3年には王冠も引き渡したが、将来的にハプスブルク家がこの国を統治するという期待は最後まで捨てなかった。

2度のローマ遠征とブルゴーニュ継承問題

こうした問題にかかわる一方で、フリードリヒ3世は１４５1年にローマへ遠征し、翌１４５2年3月19日にローマで皇帝戴冠を果たした。結局は、これがローマにおける最後の皇帝戴冠となった。

教皇エウゲニウス4世はフリードリヒ3世とポルトガル王女エレオノーレの結婚を認め、ロンバルディア王位（中世初期のランゴバルド王権に由来する王位。皇帝による北部イタリア支配の根拠となった）も承認したが、スフォルツァ家による妨害のためミラノでの戴冠式は挙行できなかった。しかもこの後オーストリアで叛乱が生じ、帰還した皇帝は一時ウィーナー・ノイシュタットの宮殿に幽閉される羽目となった。

１４６８年から１４６９年にかけて、皇帝は2度目のローマ遠征を行った。その成果としてウィーンとウィーナー・ノイシュタットの2つの司教座設置が決められたが、ウィーン司教座設置はパッサウ司教座の反対のために遅れることになった。

１４７７年には、皇帝がヤゲウォ家によるボヘミア統治を認めたことが原因で、ハンガリーとの関係が急激に悪化した。１４８５年にはウィーンが、１４８７年にはウィーナー・ノイシュタットがハンガリー王マーチャーシュによって占領され、皇帝はまたもや窮地に陥ったが、１４９０年にマーチャーシュが死去すると、まもなく領土を奪回することに成功した。

統治の終盤に入った皇帝にとって、最大の懸案はブルゴーニュ公国の継承問題であった。この公国はフランス王国の一部だが、伝統的にフランス王の傍系が統治しており自立性が高く、しかもこの時代にはフランドル地方も支配下に収めて、経済的・文化的に高度に繁栄していた。しかし突進公というあだ名で知られたブルゴーニュ公シャルルは１４７７年にスイス誓約同盟との戦いで戦死し、一人娘のマリーが残された。皇帝は皇太子のマクシミリアンとマリーを婚約させ、マクシミリアンはただちにヘントに急行して、１４７７年、2人は結婚したが、これがもとで、同じくブルゴーニュ支配をねらうフランス王ルイ11世（在位１４６１～１４８３）との長期の戦争となった。最終的に１４９３年のサンリスの和約によってブルゴーニュ公の支配域は分割され、ハプスブルク家はネーデルラントを確保した。

領土の統合と継承

この間１４８６年にマクシミリアンはドイツ王に選出され（マクシミリアン1世、ドイツ王在位１４８６～１５１９、皇帝在位１５０８～１５１９）、ハプスブルク家による歴代の王位継承に大きく道を開いた。また、１４９０年には長年ティロルを治めてきたジギスムント（フリードリヒ4世の子）が皇帝の説得により退位し、マクシミリアンにその地位を譲った。

こうして皇帝フリードリヒ3世は、１４９３年8月19日にリンツでその生涯を終えたとき、オーストリア全土の支配権とドイツ王位を息子マクシミリアンに引き継がせることができた。52年間というドイツ王としての最長在位年数を記録し、あらゆる政敵よりも長く生き延びるという幸運に恵まれたのだ、と皮肉まじりに言われることも多い。それも事実には違いないが、皇帝のねばり強い努力が将来の一家の興隆の基礎をつくったこともまた確かであろう。さらにフリードリヒ3世は、かつてルドルフ4世が偽作した「大特許状」をドイツ王および皇帝として正式に承認したので、「エルツヘルツォーク（大公）」という称号を含めたオーストリアの特権も、帝国法上確定することになった。

フリードリヒ3世は、ＡＥＩＯＵという謎めいた文字列を好んで用いたことでも知られる。「地上のあらゆる国はオーストリアに従属する」「オーストリアは全世界を支配する」などいくつもの解釈が可能だが、特定の意味を込めたものではなく、一種の象徴記号としてあちこちに刻ませたのだと思われる。

（薩摩秀登）

クレムス（オーストリア）旧市街入口にあるシュタイナー門（上）と、そこに刻まれたAEIOUの文字（下）

7 マクシミリアン1世
――伝統の帝国理念と現実のはざまを生きた皇帝

後の皇帝マクシミリアン1世（在位1508～1519、ドイツ王在位1486～1519）は、1459年3月22日にウィーナー・ノイシュタットで、皇帝フリードリヒ3世とポルトガル王女エレオノーレの子として生まれた。領土としてのオーストリアに加えてドイツ王位を父から受け継ぎ、ハプスブルク家の繁栄を導いた皇帝として知られる。果敢な行動で伝統の帝国理念を追い求め、後世には「最後の騎士」とも呼ばれたが、その生涯は起伏に満ちていた。すでに3歳のとき、叛乱を起こした市民たちによって、ほとんど食料も尽きた城館に両親とともに閉じ込められたことがある。統治者となってからの約40年間に実施した軍事遠征は25回におよんだ。

フランスとの争いと皇帝即位

1477年には父王の計画通りに、ブルゴーニュ公シャルル（突進公）の娘で唯一の継承者であるマリーと結婚したが、フランス王ルイ11世もまたこの国に関心を示していたため、戦争となった。マクシミリアンとマリーには、フィリップとマルガレーテの2人の子が生まれたが、マリーが1482年に落馬事故で死去したため、マクシミリアンはフィリップの摂政という立場でブルゴーニュを統治した。フランスとの戦争は長期化し、この間、1488年にマクシミリアンはネーデルラントのブルッヘで14週間にわたって市民に監禁された。ブルゴーニュの問題に専念していたマクシミリアンは、ハンガリー王マーチャーシュとの和解のために下オーストリアを割譲することまで考えていたが、これは父帝フリードリヒ3世によって押しとどめられた。

皇帝マクシミリアン1世
アルブレヒト・デューラー画、ウィーン美術史美術館所蔵
Wikimedia Commons

1493年にサンリスの和約が結ばれ、ブルゴーニュはフランス王の支配下に入ったが、ハプスブルク家はネーデルラントを領有することになった。北方ルネサンスの中心であり、経済的・文化的な繁栄の頂点にあったこの地域は、その後1世紀近く、ハプスブルク家の重要な権力基盤となる。同じ年にマクシミリアンはミラノのスフォルツァ家のビアンカ・マリアと結婚した。2人の間に子供は生まれなかったが、イタリアへの影

響力を拡大することができた。

同じく1493年、父帝フリードリヒ3世が死去し、すでに1486年に選帝侯によってドイツ王に選ばれていたマクシミリアンは、オーストリアの支配権をも受け継いだ。皇帝になることも事実上決まっていたが、ヴェネツィアの妨害によりローマでの戴冠式が挙行できなかったため、1508年にトレントで「選出された皇帝」を宣言した。フランス王に皇帝の位を奪われるのを阻止する意図があったが、これ以降、ローマでの皇帝戴冠という中世以来の伝統は途絶えた。

1494年、今度はフランス王シャルル8世がイタリアに侵入し、同じくイタリアでの勢力拡大をめざしていたハプスブルク家と再び戦端が開かれた。マクシミリアンは大した成果をあげることができず、イタリア北部はほぼフランスの勢力下に入った。また1499年には、スイス誓約同盟が神聖ローマ帝国からの事実上の離脱を果たした。

イタリア支配の意味

イタリア支配は中世以来の神聖ローマ皇帝の最重要課題の1つである。そしてマクシミリアンの時代には、オスマン帝国に対する十字軍遠征計画という新たな意味が加わっていた。皇帝は、バルカン半島を拠点にヨーロッパ中央部への進出の構えを見せる「トルコ人の帝国」の勢力をくじき、1453年に消滅した東ローマ帝国（ビザンツ帝国）を復興させて自らが東西の帝国に君臨するという遠大な構想を抱いていたといわれる。そのためにはイタリアをぜひ確保する必要があった。そして何よりも、イタリアの支配権がフランスに奪われるのを黙って見ていることは考えられなかった。

しかし帝国諸侯たちにとっては、中世の帝国理念などは遠い昔の話である。イタリア支配のために彼らの協力を仰ぐことはまず期待できなかったし、もちろん十字軍遠征など夢のまた夢であった。皇帝としての構想が現実離れしていることは、マクシミリアン自身がよく知っていたであろう。

婚姻政策と幸運な偶然

王家の勢力拡大には、家門政策の方がはるかに有効であった。1496年にマクシミリアンの長男フィリップ美公がスペイン王女フアナと、翌年娘マルガレーテがスペイン王太子フアンと「たすき掛け」結婚をした。この後、フアンをはじめスペイン王家一族が次々と死去したため、ハプスブルク家によるスペイン統治の可能性が思いがけず開けてきた。フィリップも1506年に死去したが、フアナとの間に生まれた長男カルロスが、1516年に祖父にあたる国王フェルナンド2世の跡を継いでスペイン王カルロス1世として即位宣言することになる。

この頃ヨーロッパ東部では、ポーランド・リトアニア系のヤゲウォ家が全盛期を迎えており、ヴワディスワフ（ハンガリー語でウラースロー）2世がボヘミアとハンガリーの王を兼ねていた。1515年、ヴワディスワフの娘アナ、そしてマクシミリアンの孫娘のマリアとヴワディスワフの息子ラヨシュの「たすき掛け」結婚が成立した。1526年にラヨシュがモハーチにおけるオスマン帝国との決戦で倒れた後、フェルディナントはこの2つの王国を継承することになる。

これら一連のできごとは「ハプスブルク家の婚姻政策のめざましい成果」として語り継がれてきた。

しかし入念な婚姻政策を展開したのはどこの王家も同じである。この時期にハプスブルク家の勢力が一気に拡大したのは、相手方の王家の断絶という偶然が重なったからにほかならない。また、カルロス1世の弟フェルディナント1世は、ボヘミアやハンガリーの貴族など特権身分の人々によって国王に選出されたにすぎず、次の代の継承権まで認められたわけではない。こうした広大な領土を確保するため、ハプスブルク家はその後も幾多の闘争を繰り広げなければならなかった。「ハプスブルク家

ウィーンでの「たすき掛け」結婚
左からマクシミリアン1世、その孫娘マリア、ヴワディスワフ2世の息子ラヨシュ、ヴワディスワフ2世、その娘アナ、ジグムント1世（ヴワディスワフ2世の弟、ポーランド王）。
アルブレヒト・デューラー、木版画
Wikimedia Commons

は婚姻政策によって大帝国を築いた」という説明は多大な誤解を招くといわねばならない。

なお、1511年頃に皇帝マクシミリアン1世は、帝位を孫のカルロス1世に譲って自分は教皇になるという計画を密かに抱いたといわれている。聖職者でもないマクシミリアンが、誇大妄想にとりつかれたかと考えたくなるが、1534年にイングランド国王ヘンリー8世が自ら国家教会の首長となったことを想起すれば、当時そういった構想もまったくありえない話ではなかったのかもしれない。

帝国の統治体制の整備

西欧諸国にならい、皇帝を中心とした帝国統治体制を整備するのも重要課題であった。1495年のヴォルムスの帝国議会は、皇帝側と、自立を維持しようとする帝国諸身分（貴族・高位聖職者・市民）とのかけ引きの場となったが、その成果として、治安悪化の原因であるフェーデ（私闘）を全面禁止する「永久ラント平和令」が発布され、これは徐々に効果を発揮した。その他、最高法院としての帝室裁判所の創設、帝国管区（クライス）制度の導入、一般帝国税の導入、帝国統治院の設置、帝国議会制度の整備なども決定された。すでに諸侯国や都市の連合体となっている帝国において、これらは必ずしも当初の目的を果たせなかったが、その後の安定した体制作りに貢献したことは確かである。

1519年6月、カルロス1世は念願かなってドイツ王（カール5世）に選出されたが、マクシミリアン1世はこれを見届けることなく、1月12日にお気に入りの狩猟場があったリンツ郊外のヴェルスで生涯を閉じた。


（薩摩秀登）

コラム 1

ブルゴーニュ公国

14世紀半ばに、ブルゴーニュ公領を支配していた家系（カペー＝ブルゴーニュ家）が途絶えると、フランス王ジャン2世（在位1350～1364）が自身の四男フィリップ（フィリップ豪胆公）にブルゴーニュ公領を与えた。ここから始まるブルゴーニュ公家（ヴァロワ＝ブルゴーニュ家）は4代にわたり、結婚政策などを通じてネーデルラント（現在のベネルクスに相当）にも領土を拡大し、ヨーロッパの一大勢力となった。

ブルゴーニュ公の「国家」

中世英仏の百年戦争（1337～1453）期にこのブルゴーニュ公家は重要な役割を果たしている。神経疾患をかかえたフランス王シャルル6世が政治を行えなくなると、叔父にあたるフィリップ豪胆公とその息子の2代目のジャン無畏公がフランスで実権を握るようになり、その勢力はブルゴーニュ派と呼ばれる。そうしたなか、ジャン無畏公はアルマニャック派に暗殺された。3代目フィリップ善良公はイングランド王と同盟を組み、フランス王太子（後のフランス王シャルル7世）とは対立する立場となるが、最終的に、フラ

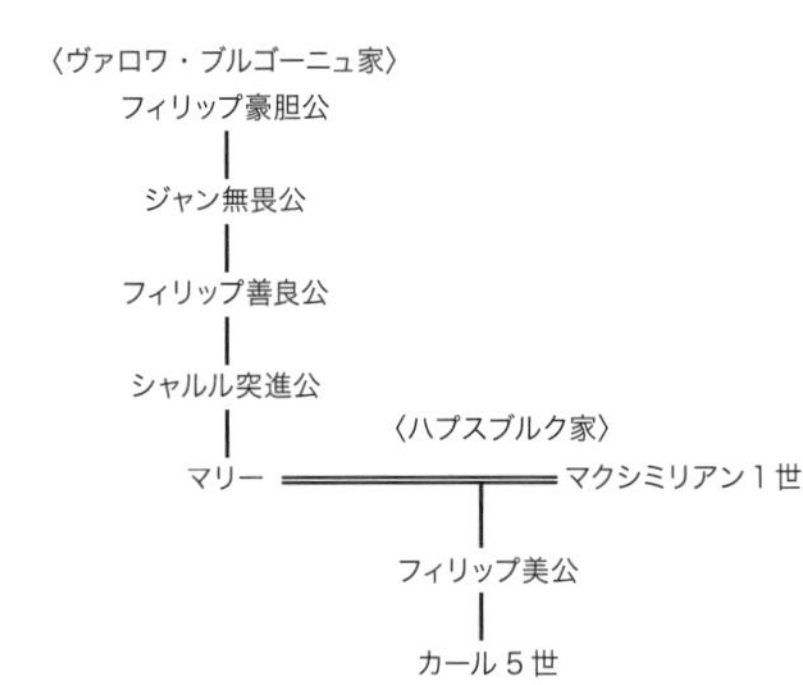

ブルゴーニュ公家の家系図

ンスでの影響よりも自身の領域統治を重視し、１４３５年のアラス条約でシャルル７世と和解した。

こうして、フィリップ善良公とその息子の４代目シャルル突進公は、フランス東部のブルゴーニュ地方と、ネーデルラントを中心とした地域がつながるほどに領土を拡大させ、その領域の国家的統合を進める。とはいえ、ブルゴーニュ公のもとにおかれた所領は、半分がフランス王国に属し、半分が神聖ローマ帝国に属しており、さまざまな所領の寄せ集めでしかなかった。しかし、ブルゴーニュ公は、優れた宮廷組織や政治機構を整備し、自身の領域を１つの「国家」のように統治することを試みた。そのため、ブルゴーニュ公の支配領域は総じて「ブルゴーニュ公国」や「ブルゴーニュ国家」と呼ばれる。実際に、シャルル突進公はこの領域を王国にすべく、神聖ローマ皇帝に王国設立を訴えている。

また、フィリップ善良公以降、公の活動の中心となったのがネーデルラントである。なかでもフランドル地方は海上交易・陸上交易の要所に位置し、商業で栄えた多くの都市を有していた。そうした豊かな経済を背景に、都市では文化も栄え、ファン・アイク兄弟に代表されるような数多くの芸術作品やフランドル楽派と呼ばれる音楽が生み出された。ブルゴーニュ公も文化や芸術家を庇護し、華やかな宮廷文化を築いた。ブルゴーニュ公と都市とで開催する祝祭や入市式は、地元の人や外国人にも大きなインパクトを与えた。各種の豪華なイベントの演出を通して、ブルゴーニュ公はプロパガンダを行い、精神的にもその地の君主となろうとしたのである。

ハプスブルク家への継承

１４７７年にシャルル突進公はナンシーの戦いで死去し、名前の由来であるブルゴーニュ公領をフランスに奪われるが、ネーデルラントを中心とした所領は一人娘のマリーに残された。マリーはその所領を維持するため、ハプスブルク家の嫡男

フランドル都市ブルッヘ（ブリュージュ）の風景（筆者撮影）

マクシミリアン（後の皇帝マクシミリアン1世）と結婚した。2人の間にはフィリップ美公（カスティーリャ王フェリペ1世）が生まれ、そして、フィリップの長子が後の神聖ローマ帝国皇帝カール5世（スペイン王カルロス1世）である。カールはブルゴーニュ公家の伝統を継承したネーデルラントの宮廷で生まれ育ったが、スペインを継承するため、ネーデルラントを離れることになった。その後、ネーデルラントは八十年戦争（オランダ独立戦争、1568～1648）により、南北に分かれ、南部（おおよそベルギーとルクセンブルク）がハプスブルクの支配下に残った。その後も、ハプスブルクの君主は、ブルゴーニュ公領は保持していないにもかかわらず、南ネーデルラントの支配者として「ブルゴーニュ公」を名乗り続けた。

中世の終わりに華やかな宮廷文化を築いたブルゴーニュ公の伝統は、金羊毛騎士団をはじめとして、ハプスブルク家によって受け継がれることになったのである。

（加来奈奈）

コラム 2

マクシミリアン1世がもたらしたハプスブルク家の「ブランド」——金羊毛騎士団

誉れ高き金羊毛騎士団

「どこかで見たことがあるような……」。ウィーンの王宮の一角にある宝物館を訪れ、金羊毛騎士団関連の展示を見たとき、黄金の羊に目を奪われた。あとから思い出したことだが、某アパレルメーカーのロゴがこの羊だったために見覚えがあったのだ。騎士団の深紅のビロードの祭服には豪華な刺繍が施され、祭服の胸には黄金の羊が吊り下げられた首飾りがかけられている。神聖ローマ皇帝マクシミリアン1世やカール6世（在位1711～1740）の肖像画にも、その胸元にはこの羊が輝いていた。金羊毛騎士にはこの首飾りの常時着用が義務づけられていたのだ。

金羊毛騎士団（Der Orden vom Goldenen Vlies）は、1430年にブルゴーニュ公国の3代目当主フィリップ善良公によって創設された。創設当初、騎士団の名称でありシンボルである「金羊毛」は、ギリシャ神話のイアソンの伝説が由来であるとされていた。しかし、キリスト教信仰の擁護を掲げる騎士団において異教の伝説に基づいているということが問題視され、のちに旧約聖書の英雄ギデオンの羊毛も由来とされた。ホイジンガは『中世の秋』に「騎士団の設立は流行」であったと記しているが、金羊毛騎士団は他を圧する存在であった。その名声は煌（きら）びやかな宮廷文化を持つブルゴーニュ公国の繁栄とともにヨーロッパを席捲していった。そうして金羊毛騎士団はブルゴーニュ公国の政治的、文化的装置としての機能を果たすことになる。金羊毛騎士団長である善良公は、ブルゴーニュ公国が支配する領地に金羊毛騎士を注意深く配置し、規約によって支配を盤石なものにしようとした。

金羊毛騎士団の騎士の祭服と首章
（筆者撮影）

騎士団の政治的・文化的機能

ブルゴーニュ家の守護聖人である聖アンドレの祝日に催される金羊毛騎士団の総会は、一般民衆も目にすることのできる一大イベントであった。この機会に金羊毛騎士たちは自らの名誉を誇示することができたのである。さらに騎士たちはさまざまな特権を享受し、その特権は租税の免除にまで及んでいた。

フィリップ善良公の死後、団長職はブルゴーニュ公が世襲で就くという規約に従って、息子のシャルル突進公へとその職務が受け継がれた。突進公の時代には公国外の王侯も騎士に叙任されており、外交政策の一環として騎士団が利用されていたことがうかがわれる。１４７７年に突進公が落命し、オーストリアの貧しい皇帝の息子であるマクシミリアン（のちのマクシミリアン1世）が突進公の娘マリーと結婚する。ブルゴーニュ公となった彼は1478年に第3代騎士団長に任命された。これによってハプスブルク家はブルゴーニュ公国とともにその文化的資産である金羊毛騎士団を手に入れたことになる。よそ者とみなされていたマクシミリアンも騎士団の政治的機能を活用した。ドイツ系の騎士を叙任することで、自身の地位を固めようとしたのであった。

マクシミリアン1世の息子フィリップ美公も1484年に騎士団長に就任した。彼はハプスブルク家が展開した結婚政策によってスペイン王女フアナと結婚した。1500年、彼らの間に誕生したカルロス（後のスペイン王カルロス1世、神聖ローマ皇帝カール5世）も誕生の翌年に騎士に叙

マクシミリアン1世
金羊毛騎士団の首章をつけている。
作者不詳（アルブレヒト・デューラー派）、1504年以降
Wikimedia Commons

任され、1506年には騎士団長に就任した。カール5世下のハプスブルクにおいても金羊毛騎士団は政治的役割を担う。「陽の沈むことなき大帝国」と言われていたハプスブルク家の、ヨーロッパと新大陸を結ぶ「かすがい」として機能することになったのである。

今日まで続くブランドの価値

後にスペイン継承戦争（1701〜1714）によってスペインがブルボン家の支配となり、金羊毛騎士団はスペイン系とオーストリア系に分裂した。両系統ともに現在まで存続するが、功労勲章の性格を強めたスペイン系とは異なり、オーストリア系はブルゴーニュの伝統を守り、首尾一貫して上級貴族たちの閉鎖的なエリート集団であり続け、若干の例外を除きカトリック教徒のみが叙任されてきた。ハプスブルク家の「ブランド」としての金羊毛騎士団の価値はそこにこそある。

ウィーンのマリア・テレージア広場に設置されたマリア・テレージア像、その足元を囲む重臣たちの胸にも騎士団の象徴である金羊毛を見つけることができる。

読者のみなさんがヨーロッパの王侯貴族の肖像画を目にする折には、ぜひ胸に黄金の羊の首飾りがかけられているかをチェックしていただきたい。

（早津光子）

第II部

スペイン・ハプスブルク家の生成とその終焉

8 カトリック両王とレコンキスタ
――8世紀も続いた壮大な宗教戦争

ローマ教皇から「西の十字軍」と祝別されたレコンキスタ（キリスト教徒による国土再征服戦争）に勝利したカスティーリャ王国女王イサベル1世（在位1474～1504）、アラゴン連合王国国王フェルナンド2世（在位1479～1516）夫妻は、1496年12月、「カトリック両王」という褒詞を教皇アレクサンデル6世（在位1492～1503）から授かる。それにしても、レコンキスタは実にほぼ8世紀も続いた戦争だった。

イスラーム・スペインの誕生

711年、スペインの西ゴート王国は内紛に内乱が続き、不安定な国の状況であり、イベリア半島侵入を目論む他民族にとって好都合な状態であった。北アフリカのセウタから、ターリク・ブン・ズィヤードに率いられた約7千人のイスラーム勢力がスペイン南端部に侵入開始した。彼らが上陸した岩は「ターリクの丘」（アラビア語でジャバル・アル・ターリク。英語で「ジブラルタル」）と名付けられた。その翌年、ターリクにイベリア侵攻を命じた西マグリブ総督ムーサー・ブン・ヌサイルも1万8千人ものイスラーム勢力を率いてスペイン南部に侵入し、トレド近郊でターリク陣営と合流し、713年、

イサベルとフェルナンド
作者不詳、15世紀、油彩　Wikimedia Commons

西ゴート王国の首都トレドを占領する。716年までに、北部をのぞく、イベリア半島のほぼ全域をイスラーム勢力の支配下に収めた。彼らが獲得した領土を、ダマスカス・カリフに従属するアミール（総督）領の、「アンダルス」と命名する。イスラーム・スペインの誕生である。

717年にコルドバを首都と定めたイスラーム勢力は、その後ピレネーを越えて、南ガリアに進軍する。しかしこの遠征軍は半島で経験した無敵というわけにいかなかった。何回か軍事的挫折を嘗めるが、732年、トゥール・ポワティエの戦いで、フランクのカール・マルテル軍に撃退され、これでイスラーム軍が撤退する。しかし、サラゴサ（上辺地）、トレド（中辺地）、メリダ（下辺地）の3都市を要塞化し、これ以降、キリスト教徒圏へ侵攻する際に最前線基地として活用する。

ウマイヤ朝カリフの誕生と滅亡

ダマスカスで14代続いたウマイヤ朝の生き残りのアブド・ラフマーンが北アフリカで雌伏5年、かつてのウマイヤ朝の旧家臣やシリア軍将兵などを糾合して、756年、コルドバ総督一派を放逐し、自ら後ウマイヤ朝アブド・ラフマーン1世として、アミール就任を宣言する。この後ウマイヤ朝の絶頂期は929年、アブド・ラフマーン3世（在位912〜961）は自らを「カリフ」であると、アンダルスを「ウマイヤ朝カリフ国」と宣言する。それにしても、カリフの陣営もカリフの地位をめぐって内紛が続き、結局、1031年まで続いたコルドバ・カリフ制は廃止を余儀なくされ、後ウマイヤ朝も滅亡した。その後、40近くの群小諸王（タイファ）の分立による群雄割拠体制が続く。こうしたイスラーム側の状況はキリスト教側の版図拡大強化に利することになる。さらにキリスト教国王たちはタイファの国王たちを臣従させ、毎年「バーリア」（軍事貢納金）の支払いを命じ、その見返りにタイファに安寧を保障したのだった。さらにバーリアは毎年増額され、タイファは平和、安寧であっても、出費が重くかさむようになっていった。バーリアは強要する側の軍備の増強に費やされることになった。これでは、タイファからすれば、まさに踏んだり蹴ったりであった。

ナスル朝グラナダ王国の誕生

1231年、これらタイファの一国の国王が、武装蜂起をして、ハエン、グアディクスを占領し、ムハンマド1世（在位1232〜1272）として即位した。1235年、あの有名なアルハンブラ宮殿を擁するグラナダを首府とする、ナスル朝グラナダ王国の誕生である。1246年、ナスル朝発祥の地ハエンがカスティーリャ王国軍に包囲され、その奪還が不可能と判断したムハンマドはハエンの割譲とバーリアの支払いを申し出て、カスティーリャ王国への臣従を条件に講和協定を結び、グラナダ王国の安泰を図った。こうして北からの勢力に対して和戦両様の態勢で臨み、北アフリカの友邦とはキリスト教徒軍と干戈を交える場合に、兵士、食料、兵器類などの確保のために今まで以上の緊密な関係を構築し、グラナダ王国は生き延びようとしたのだった。

レコンキスタの発動とサンティアゴ伝説の誕生

ところで、711年からイスラーム勢力に一度も占領されなかったキリスト教陣営は、半島北部一帯、カンタブリア山岳地帯であった。この地域に避難したスペイン人たちは、718年、西ゴート王国の末裔と僭称するペラヨを国王に選び、西ゴート王国の継承国家としてアストゥリアス王国を建国する。その後722年頃、ペラヨ軍はカンタブリア山脈北側のコバドンガでイスラーム軍と初めて対戦した。300人余りのペラヨ軍は侵攻してくるイスラームの大軍を待ち伏せて撃退したという。コバドンガはキリスト教徒の「レコンキスタ」の発祥の地とされている。よくある建国神話である。

伝承であるが、814年、北西部のガリシア地方で、聖ヤコブの墓が見つかったという。イリア司教区内で毎夜不思議な光が輝き、ときたま天使が現われるという報告を受けたテオドミーロ司教は自ら現地に赴き、草深いところに埋まっている大理石の聖ヤコブの墓を見つけた。その話を聞いたアストゥリアス＝レオン王国の国王アルフォンソ2世（在位792〜842）はただちに聖ヤコブの名にちなんだサンティアゴ教会を献堂し、司教区をイリアからコンポステーラに移した。やがて、聖ヤコブがキリスト教徒陣営の守護神として崇められるが、キリスト教徒軍がイスラーム軍に向かって出撃するとき、「サンティヤゴ！」と鬨の声を上げたという。さらに「サンティヤゴ・マタモーロス（モーロ人殺しの聖ヤコブ)」という膺懲本位の言葉が生まれた。余談になるが、後に、サンティアゴ・デ・コンポステーラは、ローマ、エルサレムと並び、カトリックの3大巡礼地の1つとなり、現在でもヨーロッパ全域にサンティアゴ巡礼路が拡がっている。

キリスト教諸国軍の大転機とレコンキスタの終了

1212年、カスティーリャ王アルフォンソ8世（在位1158～1214）の率いるカスティーリャ、アラゴン、ナバラの連合軍は、ハエン北部のラス・ナバス・デ・トロサの戦いでイスラーム軍と激突し、大勝した。10万人のイスラーム軍兵士を敗死させたという。この決定的勝利によって、キリスト教軍はアンダルシアを流れる母なるグアダルキビール川への接近ルートを確保する。いよいよアンダルシアへの本格的な侵攻である。

それにしても、対イスラーム軍の戦いの最中に、王位継承問題、国境紛争、貴族間の権力闘争といったおなじみの事件が端緒となり、離合集散を重ねるキリスト教諸国軍にとって大転機となる慶事が行われた。この頃のキリスト教国は、覇権を確実なものにしているカスティーリャ王国、地中海一帯に勢力を拡大していたアラゴン連合王国、フランスとアラゴンに挟まれたナバラ王国の3カ国であったが、1469年、18歳のカスティーリャ王国イサベル王女と17歳のアラゴン連合王国フェルナンド王太子が結婚したのだ。さらに1474年のイサベル1世の即位、1479年のフェルナンド2世の登位により、カスティーリャ王国（人口約450万人、領土39万平方キロメートル）とアラゴン連合王国（人口約90万人、領土11万平方キロメートル）の同君連合国家がついに実現する。これによって、2人の

グラナダの降伏
フランシスコ・プラディーリャ・オルティス画、1831、油彩、キャンバス
Wikimedia Commons

国王による共同統治が始まる。だが、両国の連合といっても、国力は途方もなくアンバランスであり、当面のレコンキスタに際して、カスティーリャ王国は主力部隊を派遣し、アラゴン連合王国の使命は、グラナダ遠征軍のための軍資金の醵出、ナバラ王国やアラゴン連合王国に軍事侵攻の構えを見せているフランスに対する牽制、それに地中海の安全のための警備、などであった。

レコンキスタの現実の最終的決戦は、１４８１年にカスティーリャ軍のグラナダ包囲作戦が発動されるまで待たねばならなかった。10年間の包囲を受け、敗北を覚悟したボアルディル王はグラナダを開城する諸条件に合意し、１４９２年1月２日、イサベル女王とフェルナンド王にアルハンブラ宮殿の鍵を恭しく手渡し「神の覚えめでたい方がた、これはパラダイスの鍵です」と述べたという。これで、グラナダ・ナスル朝は22代、２６０年の幕を下ろすことになり、8世紀にわたるレコンキスタが終了したのである。

（川成　洋）

コラム3

カトリック両王が求めるカトリック王国

レコンキスタという大事業を達成したイサベル女王とフェルナンド王のカトリック両王が次に関わらねばならなかったのが、この戦争の遠因の1つとなった宗教的統一である。

イスラーム教徒の改宗

まず、イスラーム教徒問題。1492年1月2日のグラナダ陥落に先立って、イスラーム側と両王との間で交わされた「グラナダ降伏協定」によって、イスラームの信仰の自由、イスラーム法および諸慣習の尊重、キリスト教への強制改宗の禁止などが保障されていた。彼らは「ムデハル」（キリスト教支配下のイスラーム教徒、残留者）と呼ばれた。両王はグラナダ大司教エルナンド・デ・タラベラに同地域のムデハルの改宗を委ねた。タラベラは、アラビア語を用いてキリスト教的慈愛による温和な改宗方針で臨んだ。例えば、通常幼児から学び始める問答形式の『公教要理』などの暗唱を中心とするキリスト教の教育と説教によって、そして信心深いキリスト教徒の素朴な日常生活に直に接することによっておのずと感化され改宗するに違いないという穏やかな方針だったが、両王が期待する成果を上げられなかった。

1499年10月に赴任したイサベル女王の告解の秘蹟の聴罪師だった枢機卿フランシスコ・ヒメネス・デ・シスネロスは降伏協定を無視し、イスラームの教義や法を深く理解しているムデハルの有力知識人に対するキリスト教への強制改宗、モスクのキリスト教会への改築、コーランの焚書など強硬手段で臨んだ。これに対してムデハルが反発し、1499年12月にアルバイシン地区、翌年1月にアルプハーラスで暴動を起こした。さらに1501年7月に、ロンダで叛乱を起こした。こうしたムデハルの直接的な抗議行動を降伏協定違反と判断した両王は、翌1502年2月、キリスト教に改宗するか、国外退去かを迫るイスラーム教徒追放令を公布した。そのため、多くのムデハルはキリスト教に改宗し、彼らは「モリスコ」（キリスト教に改宗したイスラーム教徒）と呼ばれた。

ユダヤ教徒の改宗

次に、ユダヤ人問題。グラナダ陥落の3か月後の1492年3月31日、両王は、7月末日を最終期限とする国外追放令を公布する。この追放令を起草したのは、1483年に就任した初代異端審問所総監、ドミニコ会士トマス・デ・トルケマーダであった。実はトルケマーダも「コンベルソ」（キリスト教に改宗したユダヤ人）の家系だったといわれている。イサベル女王は内心、コンベルソの国外追放でなくて、彼らのキリスト教社会への完全な同化を望んでいた。この両王の国外追放法令の後を追うように、1497年にポルトガル、1498年にナバラ、1500年にプロヴァンスなどでユダヤ人追放令が相次いで発令された。

カスティーリャの反ユダヤ主義運動の嚆矢として、次のセビーリャ事件が挙げられる。1391年、セビーリャの助祭長フェラン・マルティネスの反ユダヤ説教が「ポグロム」（ユダヤ人虐殺事件）を引き起こし、それがカスティーリャ王国や隣国、さらに全国規模に拡がり、民衆を主体とするスペイン最初の大規模な反ユダヤ運動になり、

トマス・デ・トルケマーダ
Wikimedia Commons

主要都市のユダヤ人共同体は壊滅的な打撃を受け、多数のユダヤ人が「コンベルソ」になった。つまり大量改宗であった。

　コンベルソは総じて堅実であり、やがて教養ある都市ブルジョワジー層を形成し、主要な商業や金融業、さらに手工業などに積極的に従事し、富や社会的地位を確実に築いていた。こういうコンベルソに紛れ込む偽りのコンベルソがいた。彼らは「マラーノ」（隠れユダヤ人）といわれたが、外部から見るかぎり両者の区別はつかない。それで、コンベルソと隠れユダヤ人との間で棲み分けをするようになり、彼らを区別するための究極的な機構として、両王は教皇シクストゥス4世（在位１４７１～１４８１）の認可を得て、１４８０年にセビーリャで初めて残虐な異端審問所を創設する。その後異端審問所がカステーリャ王国では、コルドバ、トレド、サラマンカ、バリャドリード、ブルゴス、クエンカ、アラゴン連合王国ではサラゴーサ、バルセロナ、ナバラ王国ではパンプローナなどで設置される。

（川成　洋）

9 カトリック両王の政略結婚作戦

——その予期せぬ展開

カトリック両王は、レコンキスタ後の国家統一と王権強化のためにも、対外政策を確実なものにしなければならなかった。

隣国ポルトガルとの対外関係

まずイベリア半島の隣国ポルトガルは、スペインのレコンキスタ期の真っ只中の1143年にカスティーリャ王国から分離独立して、ブルゴーニュ朝ポルトガル王国を建国した。さらにポルトガルはすでに1249年にレコンキスタを完了し、ほぼ現在の国境を形成し、スペイン（カスティーリャ）軍がいまだ到達していないアンダルス西部をすでに占領していた。またスペインのキリスト教諸国軍陣営において、遺憾ながら、王位継承戦争、相互に国境線の侵犯などの争議、貴族間の権力闘争などが多発して、対イスラーム教徒軍に対する戦列が揃わないばかりか、いわば内戦状態になることもあった。このような紛争にポルトガルが背後から積極的に関与することもあった。

カトリック両王の対外政策は、言わずもがな、自分たちの5人の子どもを十全に活用する。つまり政略結婚である。この作戦の立役者は、イタリア・ルネサンス期の政治思想家マキャベリが名著『君主論』（１５１３）の中で「名声と栄光においてキリスト教強国の第一の王」と絶讃した「アラゴンの狐」こと、フェルナンド2世だった。

フェルナンド2世が目論んでいたのは、ポルトガルとの統一、さらにはポルトガルの併合であった。レコンキスタが完遂する前であるが、１４７９年、両王がポルトガルと結んだアルカソヴァス条約の一環として、長女イサベルとポルトガル王太子アフォンソの婚約が成立し、１４９０年、イサベルをアフォンソに嫁がせるが、結婚1年後に王太子が落馬して亡くなる。１４９７年、すでにアフリカ、アジア、新大陸にまたがる一大海洋帝国を築いたポルトガル王マヌエル1世（在位１４９５～１５２１）と再婚させる。イサベルは待ちに待った王太子ミゲルを出産するが、産褥死する。彼女が残したミゲルは、カスティーリャ、アラゴン連合王国、そしてポルトガルの3国の王位継承予定者であり、至福をもたらす王太子であったが、わずか2歳で命を落としてしまう。

１５００年、両王は三女マリアをマヌエル1世の後妻として嫁がせる。マリアとマヌエルの間に生まれたイサベルは１５２６年、スペイン王カルロス1世（在位１５１６～１５５６）と結婚し、フェリペ2世の母となった。後にポルトガルの国王が嫡子を残さずアフリカで戦死したために、その後継国王をめぐって、フェリペ2世がポルトガル王位継承を主張する根拠は、母イサベルのポルトガル王位継承権に由来するものであった。結局、ポルトガルの併合は、フェリペ2世の治世の１５８０年に実現し、彼はフェリペ1世としてポルトガル王に即位する。

ナバラ王国の併合

イベリア半島で、レコンキスタ期をキリスト教国軍として戦ったもう1つの国、ナバラ（バスク語名で「ナファロア」という）王国に関しても、ポルトガルと同様、両王は、やはり併合を考えていた。それまでのナバラ王国は、10世紀初頭、国王サンチョ・ガルセース1世（在位905〜926）によりピレネー山脈の南北にまたがる新たな王国として成立する。11世紀初頭、国王サンチョ・ガルセース3世（在位1000〜1035）のナバラ王国は、イベリア半島のキリスト教諸国の「覇権国家」となるほど広大な領土を支配していた。この時代のナバラ王国は、西ヨーロッパ・キリスト教世界とイベリア半島を結ぶ商業路・巡礼路となっていたために、ヨーロッパの新しい息吹をイベリア半島のキリスト教諸国に伝えた。

カトリック両王と聖母
作者不明、1486頃、混合技法、木、プラド美術館所蔵
Wikimedia Commons

小国ナバラ王国の顛末

サンチョ・ガルセース3世の死後、4人の王子たちに、ナバラ（第1子）、カスティーリャ（第2子）、リバゴル

サ（第3子）、アラゴン（庶子、最年長）をそれぞれ分割相続することになった。よくあるように、こうした分割相続はうまく行かなかった。まもなく兄弟間で相互の領土拡張のための国境紛争、国境戦争が始まったからだ。その後、13世紀から15世紀にかけて、フランスのシャンパーニュ、エブルー、フォワの3伯家が順次ナバラ王国の王位を継承した。カトリック両王はナバラ国内のカスティーリャ勢力を保護し、フランスと直接的には対立を避けながら慎重に婚姻作戦を展開した。次女フアナとナバラ王フランシスコとの結婚は、1483年のフランシスコの死去によって頓挫し、両王の王太子フアンとフランシスコの妹で彼の後継として即位したナバラ女王カタリーナ（在位1483～1512）との結婚も、フランスのルイ12世（在位1498～1515）の干渉によって実現不可能となった。

カタリーナ女王は1484年、アルブン伯ジャンと結婚し、1492年からナバラ王国の共同統治を開始する。1506年8月、カタリーナ女王はトゥデーラ条約を結んでカスティーリャ国王フェリペ1世（在位1506）に接近を図った。カスティーリャに来て国政を担当したフェリペ1世と、カスティーリャをスペイン人の王族に任せたいと目論んでいた義父フェルナンド2世とは、まさに犬猿の仲であった。フェリペ1世の死後はカタリーナ女王は皇帝マクシミリアン1世の摂政政治を支持するなど、アラゴン王国のフェルナンド2世との関係は一段と悪化していた。1512年1月、フェルナンド2世はナバラを占領し、同年8月、ナバラ国王を宣言する。ピレネー山脈の南側がカスティーリャに併合される。残りのピレネー山脈の北側は、1589年、ブルボン家アンリ・ド・ナバールがアンリ4世（在位1589～1610）としてフランス王に即位すると、フランスに併合される。

カトリック両王の婚姻作戦の発動

こうして見ると、両王には、長男ファン、次女ファナ、四女カタリーナ・デ・アラゴンが残っている。この3人の王太子や王女の波乱万丈な生涯については、別項目でそれぞれ紹介されているが、両王がどのようにして3人の結婚までに漕ぎつけることができたのか、述べておきたい。

15世紀末のヨーロッパ国際政治においては、神聖ローマ帝国の帝位を独占するようなハプスブルク家と、百年戦争（１３３９～１４５３）でイングランドに勝利したフランスのヴァロウ家が拮抗していた。さらに１４７４年、フランス軍が突如ナポリをフランス領にしようと目論んでイタリア半島に侵攻し、ナポリを支配していたアラゴン連合王国はこれを阻止しなくてはならなかった。ヨーロッパの第一級の覇権国フランスを共通の敵として何とか打倒せんとするカトリック両王、イングランドのチューダー王朝の開祖ヘンリー7世、神聖ローマ帝国皇帝マクシミリアン1世の3者は、１４９０年9月、オーキング条約を締結して反フランス神聖同盟を確認した。

それにしても、カトリック両王の政略結婚作戦は素早かった。１４８９年、両王はヘンリー７世とメディーナ・デル・カンポ協約を締結する。フランスに略奪された領土ギュイエンスの奪回を支援してもらい、またイングランドの王太子アーサーと四女カタリーナ・デ・アラゴンとの婚約を成立させた。１５０１年11月、アーサーとカタリーナとが結婚する。翌年4月、アーサーが風邪をこじらせて急死する。イングランドとの婚姻外交を重視する両王は、１５０３年、あらためてカタリーナとアーサーの弟ヘンリーとの婚約を決める。１５０９年、ヘンリー７世の死後、次男ヘンリーがヘンリー8世として即位し、カタリーナと結婚する。

（阿久根利具）

コラム
4

ファナ・ラ・ロカとフェリペ1世

ファナは、カトリック両王の次女として、1479年、トレドで生まれる。実は、ファナは、王位継承者になった（1498）ころから「ファナ・ラ・ロカ（狂女王ファナ）」と言われた。おそらくそれよりも若いときから躁鬱傾向があり、それが次第に昂じて不可解な行動をとることがしばしばあったからだろう。

ファナの至福な新婚生活と実家の相次ぐ不幸

カトリック両王の婚姻作戦、それも神聖ローマ帝国マクシミリアン1世家とのたすき掛け婚姻作戦の一環として、ファナは1496年、ハプスブルク家の王位継承者フィリップ大公に嫁ぐ。「美公」と呼ばれていたハンサムなフィリップに初めて出会った瞬間から惚れ込んでしまったファナにとって、至福な新婚生活であったろう。嫁ぎ先で1498年に長女エレオノール、また1500年に待望の長男カルロス、その翌年にイサベルが生まれた。

このような多幸で充実していた時期に、カスティーリャの実家では、フィリップの妹マルガレーテ王女と結婚した王太子ファン（ファナの兄）の突然死（1497）、ポルトガルの国王マヌエル1世に嫁いだイサベル（ファナの姉）の産褥死（1498）、その子ミゲル王子の死去、と不幸が相次いで起こった。姉イサベルの逝去のため、ファナがカスティーリャの王位継承者となった。とりわけ夫フィリップの行動に関してときたま精神が不安定になってしまうファナを心配して、母王イサベルはこの王位継承問題を速やかに解決するために、ファナの早期スペイン帰国を促した。

家族と別れて過ごす日々

この頃には、フアナの精神状態が相当悪化し子育てもままならず、まだ幼い長女と長男を嫁ぎ先にいるマルガレーテ（亡き兄フアンの妃で、フアンの急逝による衝撃からか、数か月後に流産し、フランドルに戻っていた）に預け、１５０２年、フィリップ大公夫妻はスペインに到着する。フアナがイサベル1世の後継者であることを宣言するためであった。その翌年の１５０３年3月、アルカラ・デ・エナーレスで次男フェルナンド（ドイツ名フェルディナント）を産む。実は、次男が誕生する3か月前の年末にフィリップ大公がフランドルに帰国してしまう。その後15か月間、夫と離れて過ごすことになる。恋しい夫のもとに戻りたくて仕方のないフアナと、自分の娘に女王として処世術を伝授したいと考えているイサベル女王との間に何回か激しい衝突が起こり、結局、イサベルが折れて、フアナの帰国を許す。

フランドルに帰国して宮廷に戻ると、大公と宮廷の女性たちとの間に何やら怪しい雰囲気が漂い、嫉妬心が働いたためかフアナは彼女たちを冷たくあしらう。女性問題が絶えない大公の心は、次第にフアナから離れていく。

フアナ夫妻のカスティーリャ統治の実態

やがて、１５０４年11月、母王イサベルが逝去する。フアナは母の死去の知らせを聞いても、カスティーリャに戻らなかった。イサベルの遺言によると、父王フェルナンド2世はあくまでもアラゴン連合王国の国王であり、カスティーリャ王国の摂政であった。それゆえ、すでにカスティーリャ女王を宣言したフアナに早期帰国を促したのだった。１５０６年4月フアナ夫妻はスペインに戻り、バリャドリードで開催された議会で、フアナはカスティーリャ女王として正式に承認される。しかし、フィリップ大公は自分が単なるフアナの夫としてしか認められないのが不満であり、フアナは気が触れていて統治能力がないので、自分こそカスティーリャ王フェリペ1世としてカスティーリャを統治すると断固として主張する。このことに関して、フェリペ1世と義父にあたるフェルナンド2世の間に厳しい対立が生じ、フェルナンドはスペイン生まれの孫フェルナンド（フアナの次男、後にドイツ名フェルディナントと称する）を連れてアラゴン連合王国に引きこもる。結局、大公夫妻は共同統治というところに落ち着く。だが、同年9月25日、エンリケ提督所有のブルゴスの城の中で、球技の後に冷水を飲み、突然高熱を出し、男盛りの28歳のフェリペ1世は急死する。この時フアナは26歳、7人目の子を宿していた。夫の急死がきっかけとなって、フアナはいっそう精神状態がおかしくなってしまう。フェリペ1世の遺体はブルゴス近郊のカルトゥジオ修道院の墓地に埋葬される。ところがフアナは遺体を掘り起こし、馬車に積み込み、母王が眠るグラナダの王室霊廟堂に再埋葬するために、カスティーリャの大地を横断するが、その間、毎夜、遺体が盗まれていないかどうかを確認するために棺を開けて確認したという。これこそ誰が見ても彼女を「フアナ・ラ・ロカ」と呼んだであろう。父王フェルナンドは孫を連れてマドリードに戻り、再びカスティーリャ王国の摂政として統治するが、１５０9年1月フアナの異常な狂気はすでに手に負えなくなったと判断し、トルデシーリアス城に強制的に幽閉してしまう。実は、フェルナンド2世はカスティーリャ王国をオーストリア・ハプスブルク家に任せるよりは、手塩にかけて育て上げてきた孫フェルナンドをカスティーリャ国王にしたいと考えていた。

フアナとカルロス母子の共同統治

１５１６年1月、フェルナンド2世はフアナの長男カルロスをカスティーリャとアラゴン両国の統治者に指名して亡くなる。カルロスがブリュッセルで国王の即位を宣言する。翌１５１７年9月姉エレオノールとともに、スペインに赴く。初めてのスペインであった。同年11月、母フアナが幽閉されているトルデシーリアス城で、幼い時に別れた母子が対面する。1518年2月、カスティーリャ議会、ついでバリャドリード議会で、

フアナ・ラ・ロカ
ガブリエル・マウレタ・アラシル画、1858年頃、プラド美術館
Wikimedia Commons

カルロス1世の国王即位は正式に承認される。翌1519年1月、祖父マクシミリアン1世の逝去により、同年6月カルロスが神聖ローマ帝国皇帝（カール5世）に指名される。

1555年4月12日、76歳で亡くなる。フアナは実に46年間の幽閉生活の末に、哀れにも晩年の彼女は、自分の垂れ流した排泄物にまみれ意識が混濁した生活だったという。

同年10月、母思いのカール5世も皇帝と国王の退位を決意したのである。それにしても、カトリック両王の子どもで唯一両王より長生きしたのはフアナだけであったが、彼女の2人の息子は自国の国王、および神聖ローマ帝国皇帝となり、4人の娘はそれぞれヨーロッパの列強の王妃に収まった。これこそ、カトリック両王が求めていた婚姻作戦の輝かしい成果であったろう。もちろん、フアナは両王の婚姻作戦の犠牲者であったことは否めないが。

（川成　洋）

10 カタリーナ・デ・アラゴン
──イングランドを大きく変えた国王の結婚問題

私がケンブリッジで暮らしていた1977年、ケンブリッジから少し北にある静謐な町ピーターバラの大聖堂をたまたま訪れた。大聖堂の入り口の左側に赤と黄色のスペイン国旗のかかっている小聖堂があった。そこで、現代画家が描いたと思われる「風に髪をなびかせている、いわゆるきちっとした従来の肖像画とは異なる生き生きと微笑む若い女性」の絵に出会った。多分、そこは、カタリーナ・デ・アラゴンの小聖堂であり、そう、私が見た絵のモデルは、若き日のカタリーナ・デ・アラゴン。

カタリーナは、スペインで8世紀にわたる対イスラーム教徒軍との国土再征服戦争（レコンキスタ）に勝利し、スペインの統一を達成し、教皇アレクサンデル6世（在位1492～1503）から「カトリック両王」という褒詞を授かったイサベル1世とフェルナンド2世夫妻の5番目の末娘として、1485年に生まれる。

カタリーナ王女とアーサー王太子の結婚

カタリーナがアルカラ・デ・エナーレスで誕生した1485年は、ヘンリー7世が、シェクスピアの史劇『リチャード3世』の中で散々虚仮にされているヨーク朝国王のリチャード3世（在位14

83〜1485）を破り、チューダー朝の開祖となった記念すべき年である。その後、イングランド王ヘンリー7世は、フランスを牽制するために、スペインとの同盟を摸索した。その最大の成果は、アーサー王太子にカタリーナ王女を妃として迎えることができたことであった。1501年5月、スペインのグラナダを出発したカタリーナ王女一行は、8月中旬、ラ・コルーニャを出帆し、名だたる荒海のさまざまな激流に翻弄され、10月、ようやくイングランドのプリマス港に到着する。レコンキスタの勝利とコロンブスのアメリカ到着によって、豊かな可能性を秘めていたスペイン王女の輿入れである。プリマスからロンドンへの途中、一行を迎えるイングランド王室側の責任者は、アーサーの弟ヘンリー王子であった。11歳のヘンリー王子、17歳のカタリーナ王女、2人にとって実に運命的な邂逅であった。

1501年11月14日、アーサー王太子とカタリーナ王女はセントポール大聖堂で華燭の典を挙げる。当時、王家の長男は「プリンス・オブ・ウェールズ」と名乗り、2人は結婚後直ちにウェールズへ赴く。それにしても、ウェールズの気候が厳しかったためか、各地で長期にわたって催される結婚祝賀宴による疲労のためか、翌年4月2日、アーサーは流行性感冒であえなく亡くなる。当然若き未亡人カタリーナの処遇をめぐって悶着が起こる。舅のヘンリー7世は、カタリーナの20万エスタードという膨大な持参金を返還したくなかった。翌1503年11月、彼の王妃エリザベスが亡くなり、独身となった彼自身がカタリーナと結婚しようと言い出す始末。当然、両王はそんな縁組に大反対であり、娘とヘンリー王太子（後の国王ヘンリー8世）との結婚を望んだ。結局、ヘンリー7世はそれに同意し、ヘンリーとカタリーナは、1503年に婚約する。翌年、母王イサベル1世が亡くなる。男勝りの女

カタリーナ・デ・アラゴン
作者不詳、16世紀、油彩および金箔
Wikimedia Commons

王亡き後のカスティーリャ王国が凋落し始めるのは、時間の問題だった。

「キャサリン・オブ・アラゴン」の功績

１５０９年、ヘンリー７世が死去する。イングランド国民は即位した若きヘンリー8世（在位１５０９～１５４７）に祖国の将来を託した。同年6月、ヘンリーとカタリーナは、ロンドンのフランシスコ修道院でひっそりと結婚式を挙げる。これを契機に、彼女の正式名がイングランド式に「キャサリン・オブ・アラゴン」となった。キャサリン23歳、ヘンリー17歳であった。

１５１０年1月、女子を出産するが死産。翌１５１１年1月、待ちに待った男子の出産、だが52日間の生命であった。

１５１３年4月、スコットランドを支援するフランスと干戈を交えるために、ヘンリーは自らイングランド軍の陣頭指揮をとり、フランスに侵攻する。ヘンリーは出陣に際して、キャサリンを執政と最高指揮官に任命した。この頃の2人には、相思相愛の関係が続いていた。だが戦争のために、王室の金庫から金銀財宝が消えていった。その間、キャサリンはまたもや流産する。翌1514年12月、男子を産んだが、数時間後に死亡する。

1516年メアリーを出産。ヘンリー25歳、キャサリン31歳であった。1517～1518年、ロンドンに疫病が発生、蔓延し、国王一家はロンドンを離れ、キャサリンは各地の教会を訪れたり、慈善事業に参加する。さらに彼女が教えた黒糸刺繍は、後に各地方で特産品のレースとして発展した。1518年11月、女子を出産するが、数時間後に亡くなる。当時、農地を羊牧地に転換する「囲い込み運動」が流行り、農作地から追放された小作人が浮浪者となって、いたる所

ヘンリー8世
作者・制作時期不詳、油彩、ナショナルポートレートギャラリー所蔵　Wikimedia Commons

ヘンリー8世とキャサリンの戴冠式
作者不詳、16世紀、木版　Wikimedia Commons

にあふれていた。これこそ、キャサリンの出番であった。彼女のキリスト教的博愛救済活動は、後にエリザベス1世の「貧民救済法」へと継承されたのだった。また結婚前にアルカラ・デ・エナーレス大学で勉強したキャサリンは、初等教育改革、女子教育施設やオクスフォード大学やケンブリッジ大学への援助、王立医学校の創設など、イングランドの教育界にもたらした功績は膨大であった。

イングランド国教会の創設

それにしても、ヘンリーは国内外の厳しい現実への対処にはどうしても男子の後継者が必要と考えていた。キャサリンはそのようなことを断固許さず、娘メアリーが女性の王位継承者たる「プリンセス・オブ・ウェールズ」であると主張する。あくまでも男子の後継者を切望するヘンリーはキャサリンと離婚する。その後、ヘンリーは5人の女性と結婚、ないし愛人関係を結ぶ。しかし、国民はキャサリンを支持する。1534年、ヘンリーは側近のトマス・クロムウエルと謀って「国王至上法」を公布し、それに基づいて、国内の教会をローマ教皇から独立させ、自らその首長となり、教皇に代わり、教会法、教会裁判所、聖職者の叙任、教会の財政、教義などを管理した。つまり、イングランド国教会を創設したのである。さらに、当時の800を超える修道院はイングランド全土の4分の1ともいわれる広大な土地を所有していたが、これらの修道院はカトリックであり、腐敗の温床であると解散させ、その財産を没収し、国王のものとした。これに対して、教皇はずばりヘンリーを破門する。

キャサリンは北へ北へと移転させられ、1534年5月中旬、遂に北のハンデントンシャーのキルボルトン城に移された。ここでは、王の許可なくしては、誰もキャサリンに謁見できなかった。孤独な生活よりも、南国生まれのキャサリンにとって北イングランドの気候は厳しかったであろう。

1536年1月7日、キルボルトン城で、キャサリンは50歳の生涯を閉じる。心臓に黒い大きな腫瘍があったことから、毒殺説がささやかれたものの、遺体はピーターバラ大聖堂に葬られたのである。

（山口晴美）

コラム 5

スペイン異端審問のビッグデータ

あらゆる情報を網羅しようという意気込み

私はスペインの異端審問について、かれこれ30年近く研究している。最初のころは、異端審問によって迫害された者たちへの共感が強かった。とりわけコンベルソ（ユダヤ系改宗者）や、ベアータと呼ばれる宗教女性に関心を持ち、マドリードの国立歴史文書館で彼（彼女）らに関する審問記録を読み漁っていた。

しかしその後、あるプロジェクトに加わったことがきっかけで、異端審問の文書管理について調査することになった。この分野に関する研究がほとんどなかったため、文書館で片っ端から関連文書を請求してみた。するとすぐにも、異端審問の書記官たちがさまざまなタイプのインデックスを作成することによって、膨大な文書の管理をしていたことがわかった。彼らが作成したインデックスを読むと、異端者に関するありとあらゆる情報を網羅しようとする意気込みが伝わってきた。

審問記録ばかり読んでいたときにはあまり意識していなかったのだが、調査が進むにつれて、私がそれまで読んできた審問記録は、膨大な文書群の一部でしかないことにあらためて気づかされた。スペインの異端審問は、マドリードの中央法廷を頂点とする真の意味での官僚組織である。帝国の

異端審問所の紋章
Di (they-them)/ CC BY-SA 4.0, Wikimedia Commons

スペイン異端審問の異端判決宣告式
Wellcome Images/ Wikimedia Commons, CC BY-SA 4.0

ほぼ全土に管轄権を持ち、管区ごとに地方法廷があり、さらにその下には末端の役人がいて、管区中に監視網を構築していた。このように組織規模が大きくなると、スタッフを管理するための書類や、中央への報告書など、組織統治のための文書が必要であった。だから異端審問関連文書の大半は、組織統治のための文書だったのである。

必要な情報にアクセスできる巨大データベース

この膨大な量の文書群は、現代におけるビッグデータになぞらえることができよう。このビッグデータには、異端者だけでなく、その親族や祖先に関する情報も整理された状態で蓄積されている。異端審問所に勤めるスタッフに関しても、採用の際に作成された詳細な調査書が索引付きで残されている。中央と地方管区の間でやりとりされた書簡は、管区ごとに時系列で整理されている。

16世紀後半にフェリペ2世の命令によって行政文書を集積することになったシマンカス文書館の文書群は、その膨大さにおいて、異端審問の文書群にひけをとらない。しかしシマンカス文書館では、ヨーロッパ中世における王立文書館のほとんどがそうだったように、一度所蔵してしまうと、そこから目的の文書を見つけ出すことは困難であった。シマンカス文書館のビッグデータは活用されずに死蔵されたのである。

それに対してスペインの異端審問の文書群は、単に保管するだけではなく、その中から犯人捜査に必要な情報を探し出すために活用された。異端審問は、他の刑事裁判と同様に、証拠を積み重ねて被疑者の犯罪を立証する裁判である。そのため、文書庫に蓄積された膨大なデータの中から被疑者に関する情報を素早く引き出せるようにしておく必要があった。

写真や戸籍のなかった近世においては、ある人物を特定したり探し出したりすることは困難だった。しかし異端審問にはそれができた。異端審問の文書庫付きの書記官が、異端者や被疑者に関する情報をアルファベット順の索引をつけて整理していたからである。それでも目的の情報が見つからなかった場合、スペイン帝国各地に約20ある異端審問法廷に対して、文書探索の依頼をすることもできた。このように、法廷どうしが文書探索を依頼し合うことによって、スペイン帝国各地の文書庫は、あたかも巨大なデータベースであるかのように機能していたのである。

（坂本　宏）

11 カルロス1世(カール5世)

――スペイン・ハプスブルク家の創始者

誕生と同時に「陽の沈むことなき大帝国」を継承

カルロスは、1500年、フランドルの古都ガン(ヘント)に生まれる。父は神聖ローマ帝国皇帝マクシミリアン1世の長男フェリペ大公(後のフェリペ1世)、母はスペイン・カトリック両王の次女ファナ王女であった。カルロスは、両家の祖父母から膨大な遺産を継承する。父方のマクシミリアン1世から神聖ローマ帝国、マリー王妃からブルゴーニュ公国、母方のカトリック両王からスペイン王国とアメリカなどを受け継ぎ、それらを合わせると、まさに「陽の沈むことなき大帝国」である。それにしても、彼の家庭は不幸の連続であった。

信じられないことに、母ファナの兄ファン王太子は、結婚式から半年後に結婚祝賀会の席で倒れ、数日後に死去する。19歳であった(1497)。またファナの姉イサベルは、産褥死する(1498)。兄と姉の急逝によって、カスティーリャの王位継承権がファナに転がり込んだ。しかもファナはそのころ精神的に不安定になり、その後、誰が見ても幼い2人の子育ては無理だと判断するほどひどい状態だったので、2人を義姉マルガレーテ(亡き実兄ファンの妃)に預けてファナはフェリペ大公とともにスペインへ赴いた。イサベル1世の後継者として宣言するためであった。ところが1506年9月、カルロスが6歳のとき、28歳の父フェリペ大公（フェリペ1世）はスペインで急死する。以前から精神のバランスを失い気味だった母フアナも夫の急死を受けていっそう躁鬱状態が進み、スペインに留まることにした。

1515年1月、15歳の誕生日のほんの少し前になるが、カルロスの成人式がブリュッセルで行われる。これで、亡き父フェリペ大公の後継者としてブルゴーニュ公爵に即位する。翌1516年1月、祖父フェルナンド2世が死去し、同年3月、祖父の遺言と周囲の廷臣たちの進言を受け入れ、カルロスは、ブリュッセルでカスティーリャとアラゴン連合王国の国王カルロス1世として即位することを宣言する。これで、2つの王国が1人の国王に統治されることになる。カルロス1世は、神聖ローマ帝国皇帝マクシミリアン1世の孫にあたり、オーストリア・ハプスブルク家の血を引くことになるので、スペイン・ハプスブルク家の創始者ということになる。

17歳でカスティーリャとアラゴン連合王国の国王に即位

1517年9月、祖父が死去して1年半以上も経ってしまったが、実は、17歳の少年王カルロス1世が外国の干渉を受けずにカスティーリャ王国とアラゴン連合王国を統治するためには、列強中の列強であるフランスやイングランドの了解がどうしても必要であった。ようやく両国からの正式の了解が得たカルロスは、ポルトガル王に嫁ぐ姉エレオノールとともに数百人の臣下を従え、40隻編制の艦隊でスペインへ向かった。2人とも初めてのスペインであった。

艦隊は思いもよらない悪天候に翻弄されてようやくアストゥリアスに上陸し、そこから2人が直行

カール5世の肖像
ランベルト・sストリス画、1548、油彩
Wikimedia Commons

したのは母ファナが祖父王フェルナンド2世によって幽閉されているトルデシーリアス城であった。2人がファナと別れたのは、まだ物心がつかないごく幼いころであった。今や、カルロスが17歳、姉が19歳。いわば初対面ともいうべき3人の親子の間でどのような会話が交わされたのであろうか。幽閉中のファナの日常的な世話をしていたのは、フェリペ大公の死の直後（1506）に生まれた10歳くらいの末娘カタリーナであった。彼女は狂気に駆られた母の世話をかいがいしくしながら、自室に1人で暮らしていた。カルロスと姉はとても心を痛め、カタリーナを散歩や買い物に誘い城の外につれ出すが、ファナが彼女の不在に気づき大騒ぎを引き起こしたのだった。カタリーナがこうした地獄のごとき生活から解放されたのは、1525年、18歳でポルトガル王太子に輿入れするためにリスボンへ旅立ったときであろう。

カルロスはバリャドリードで、たった1人の3歳下の弟フェルナンドと会う。この2人はファナの重い精神病のために、フランドルとスペインで別々に育てられたのだった。今や、2つの国の王であると宣言した兄カルロス1世と会い、すでに後見人の祖父フェルナンド2世が亡くなっていた（1516）ので、フェルナンドは14年間過ごしたスペインを後にしなくてはならなかった。初めての兄弟の邂逅が、2人の別離の場面となったのだ。

1518年2月、カスティーリャ議会、ついでアラゴン議会がカルロス1世の即位を承認するにあたって、5つの前提条件が提示された。カルロスに蝟集しているフランドルの寵臣たちをカスティーリャ王国の高官に任命しないこと、カルロスがカスティーリャ語を習得すること、母フアナを女王と認めること、王の後継者が見つかるまで弟フェルナンドをスペインから出国させないこと、金銀・宝石類を国外に持ち出さないこと、などであった。両議会はいろいろと紛糾したが、ようやく承認するに至った。

19歳で神聖ローマ帝国皇帝に選出

1519年1月、マクシミリアン1世が死去する。同年6月、7名の選帝侯による新皇帝選挙がなされる。19歳のカルロス1世が満票で選ばれる。凄まじい金権選挙。ちなみにハプスブルク家のカルロス陣営は85万1918グルデンの選挙資金を確保した。ハプスブルク家の金庫番といわれたヤーコブ・フッガーは、54万3583グルデンを提供した。贖宥状（アブラスブリーフ）（免罪符）で大儲けした豪商フッガー家が全面的に支援したのである。これでカルロスは「ドイツ王」に選出され、翌1520年、司教都市アーヘンで「（皇帝として選ばれた）ドイツ王」の戴冠式、そして1530年、ボローニャで行われる戴冠式でローマ教皇によって戴冠され、晴れて神聖ローマ帝国皇帝カール5世となるのである。

カール5世の無担保債券を燃やすアントン・フッガー
カール・ベッカー画、1869、油彩　Wikimedia Commons

対フランス戦と対イスラーム戦

対外問題としては、第一に不倶戴天の強敵である、フランス。この国を囲い込むために、スペイン王国とハプスブルク家がたすき掛け婚姻作戦を敢行したのであり、また1519年の皇帝選挙でカルロス1世の最大のライバルはフランソワ1世（在位1515～1547）であった。さらにスペインだけに限れば、フランスはレコンキスタ期に、手薄になりがちなナバラ王国を侵略し、アラゴン領イタリアに侵攻するといった油断のできない狡賢い隣国であった。1525年2月、両国軍はミラノの近郊パヴィアで干戈を交え、最前線で指揮を執っていたフランソワ1世を捕縛し、捕虜としてマドリードで拘留した。

第2の敵はイスラーム。1529年9月27日、オスマン・トルコのスレイマン大帝は「聖戦（ジハード）」を宣言し、輜重（しちょう）隊10万を含めた15万の将兵でウィーンを包囲した。オスマン軍は冬になる前に攻め落とそうと、ぬかるみでは大砲の迅速な運搬は不可能と判断し、大砲を装備せずに、速攻態勢を発動したのだ。だが、10月14日、初雪が降ったのだ。その日の夕方、スレイマンは撤退を決めた。15日から2日間で撤退を完了した。戦わずして、カール皇帝軍はウィーンを守った。

カトリックによるヨーロッパ全域の宗教的統一への願望

第3の敵は、言わずもがな、1517年のルターの宗教改革を推進するプロテスタント勢力。カール5世は、相続した膨大な遺産、さらに新規に獲得した領土、さらにヨーロッパ全域をカトリックだけで統治しようとプロテスタントを異端と断罪し、それを粉砕するために、東奔西走し、戦陣の先頭に立つことを厭わなかった。だが、カールの3歳下の実弟フェルディナントが皇帝名代として、1555年9月、「アウクスブルグ宗教和議」を締結する。これには「領主の宗教、その領地で行われる」という原則が定められた。キリスト教会の統一と再建というカールの念願が微塵に打ち壊された。

神聖ローマ帝国皇帝としてはまことに稀有な生前退位

カールは、許容しがたい事態の進展に身を引くより方法がなかった。それに、彼が心から愛していた母フアナが1555年4月12日に死去したこともあり、同年10月25日、ブリュッセルの王宮で、歴史上稀有な生前の退位式を挙行した。さながら修道士のような漆黒の長衣を羽織り、黒のベレー帽を被ったカール5世が静かに退位宣言を行い、実弟が神聖ローマ帝国皇帝、長男がスペイン国王を継ぐことになった。退位後の終の棲家はユステのヒエロニムス会修道院の敷地の中に造られた。トレド大司教から終油の秘蹟を授かり、1558年9月21日、静かに息を引き取った。

（阿久根利具）

コラム 6

パヴィアの戦い ──邪悪な戦争

中世の多国籍軍

パヴィアはイタリア北部、ミラノの南30キロメートルに位置する古都である。774年にはカール大帝がランゴバルド王としてこの地で戴冠している。ここは、中世イタリア王国の首都であった。

その中世が終わりを迎える頃の1525年、ヨーロッパのそれまでのある種、牧歌的な戦いが殲滅(せんめつ)戦に変質する戦いがあった。「パヴィアの戦い」である。

それはイタリアの権益をめぐるハプスブルク家とフランス王家の激突であった。

皇帝カール5世の皇帝軍は総勢2万弱。総帥はブルボン公爵。いうまでもなくやがてフランス王家となるブルボン家の統領である。ナショナリズムとは縁遠い当時は王朝戦争がほとんどで、将の国籍は関係ない。そもそも国籍なるものはあったのか? ちなみにこの時カール5世はスペインのマドリードにいた。なぜなら彼は皇帝であると同時にスペイン王カルロス1世であったからである。それゆえ、皇帝軍にはペスカーラ将軍が率いるスペイン軍もいたのだ。

対するフランス軍は2万余でヴァロア家の傑物フランソワ1世自ら指揮を執っていた。親征である。フランス軍にはイングランドのリチャード・サフォーク伯が率いる「黒部隊」が加わっている。つまり両軍とも今で言う多国籍軍であったのだ。

スイスとドイツの傭兵部隊の明暗

こうして将の出自がまちまちならば兵に至ってはなおさらである。そもそも彼ら兵には出自など関係ない。なぜなら両軍とも兵の大半は傭兵隊員であったからである。すなわち皇帝軍の主力はフ

捕らわれたフランソワ1世
1528 ～ 1531、タペストリー　Bernard Van Orley/Wikimedia Commons, CC BY-SA 3.0

ルンツベルクを筆頭とする歴戦の傭兵隊長が指揮するドイツ傭兵部隊（ランツクネヒト）である。フランス軍ではスイス各州の州政府が管理するスイス傭兵部隊が主力をなしていた。

スイス傭兵部隊は逸早く長槍を主武器とする歩兵密集方陣を駆使し、この1世紀というものヨーロッパの至る所の戦場の主役であった。その分彼らは自分たちの戦法に絶対の自信を持っていた。

一方、ランツクネヒトはスイス傭兵部隊のいわば弟分で、彼らはスイス傭兵部隊の見よう見まねで実戦力を養ってきた。それだけに彼らは戦術に柔軟である。これがスイス傭兵部隊とランツクネヒトの明暗を分けた。

すなわちランツクネヒトは当時の新しい武器である火縄銃に躊躇なく飛びついたのだ。彼らが揃えた１５００挺の火縄銃隊は槍方陣の側面援助の役割を脱し、はっきりと戦いの主役に躍り出たのである。

フランス軍のスイス傭兵部隊はあっという間に

崩れた。落ち武者狩りは屍山血河の惨状となる。スイス傭兵部隊の多くはパヴィア近くのティーノ川に追い詰められ、冷たい川の水に呑まれ、ごぼごぼと断末魔の声を上げながら命を落とした。フルンツベルクの従軍書記官ライスナーはこの戦いを「邪悪な戦争」と呼んだ。

邪悪な戦争はさらに続く

そして特筆すべきことはフランス王フランソワ1世が生け捕りにされ、カール5世のいるマドリードに護送されたことである。そこでフランソワはマドリード条約を突きつけられた。両者の戦いは勝負あったかに見えた。するといつものように振り子の原理が働き、ローマ教皇の援助でフランスが盛り返し、ハプスブルク家とフランス王家のヨーロッパ中を巻き込む「邪悪な戦争」はさらにいっそう続くことになるのである。

（菊池良生）

コラム
7

サッコ・ディ・ローマ（ローマ掠奪）

　1525年2月14日の「パヴィアの戦い」で完勝したカール5世の皇帝軍の軍事的威力を恐れた、メディチ家出身の教皇クレメンス7世（在位1523〜1534）までも、1526年1月に縲絏（るいせつ）のフランソワ1世が締結したマドリード条約の無効性を公認し、反ハプスブルクの狼煙を上げた。1526年5月、フランス西部のコニャックで、クレメンス7世を盟主として、フランソワ1世、ヴェネチア、フィレンツェ両共和国、ミラノ大公国、それに先の戦役で皇帝に味方したが碌な恩賞も与えられず不満を募らせていたヘンリー8世が密かに反ハプスブルクの「神聖コニャック同盟」を結び、イタリアで皇帝軍に攻撃を仕掛ける。

　これらの反ハプスブルク軍に対して、カールは、ドイツの農民兵とスペインの歩兵部隊を主力とする傭兵軍である約2万人編成の勇猛果敢な皇帝軍を送り込み、彼らはいくつかの戦場で同盟軍を潰走させ、遂に1527年5月6日、ローマに武力乱入した。この軍隊は神聖ローマ同盟軍から「ローマ教皇懲罰軍」と呼ばれた。

　彼らは事前の約束通りの俸給が未払いだったために暴徒と化してしまい、強欲な傭兵軍は断続的であったが実に9か月間も、強奪の限りを尽くしたのだった。この間、歴戦の傭兵隊長を務めたフルンツベルク司令官は脳卒中で倒れ、またスペイン軍の総指揮官ブルボン公も流れ弾で倒れたという予期せぬ不幸な事件が発生したために、怒れる傭兵たちが完全に無統制のならず者部隊となってしまったのだった。

前代未聞のローマ教皇捕縛事件

　聖都ローマはさながら生きる地獄と化し、完全に廃墟と化したのだった。聖都は逃亡者を含め人口の半分を失ったとされている。皇帝軍はこれを「バビロンへの神の罰」と囃し、最終的にはローマ教会が自ら真に改革のための機会にしなければならないと述べた。一方、教皇側は「異端者やマラーノ（隠れユダヤ人）の仕業」と激しく非難した。

さらに、優柔不断な教皇は数人の枢機卿とともに、皇帝軍の捕虜となった。ローマ教皇がローマに侵入した傭兵軍の捕虜となる、これこそ前代未聞の大珍事であり、大スキャンダルであった。結局、カールが仲介に入り、多額の保釈金を支払い、半年後にようやく釈放された。これが史上最悪の「サッコ・ディ・ローマ（ローマの掠奪）」と言われた事件であった。

サッコ・ディ・ローマにおける教会内での虐殺

ボローニャで挙行されたカール5世の神聖ローマ帝国皇帝戴冠式

1530年3月ボローニャで、カールはローマ教皇による正式の皇帝戴冠式に臨んだ。これは、1519年6月28日のフランクフルトでおこなわれた皇帝選挙による「ドイツ王」の指名、1520年10月22日のドイツの司教都市アーヘンで行われた「ドイツ王」の戴冠式に続く、最重要な式典である。そのため、本来なら聖都ローマで行われるのだが、3年前の「ローマの掠奪」で聖都は破壊されたままで、まだ復興されていなかったからである。しかも、戴冠した教皇は、破廉恥な教皇クレメンス7世であった。

このボローニャでの戴冠式後、これで正真正銘の神聖ローマ帝国皇帝に即位したカール5世は、ドイツの司教都市アウクスブルクへ赴き、そこで7名の選帝侯たちを何とか説得して、翌1531年に行われる予定の皇帝選挙を行わず、実弟フェルディナントを「ドイツ王」に指名してもらう。これ以降、このように皇帝の嗣子ないし近親者が「ドイツ王」に選ばれるのが慣習となり、事実上、選帝侯による皇帝選挙は有名無実化してしまう。この制度が崩れたのは、1700年11月1日、生前「呪われた王（エル・エチサード）」と陰口をたたかれるほど心身ともに病弱なカルロス2世が男系の後継者を残さず38歳で薄幸な人生を閉じたために、スペイン・ハプスブルク家が断絶し、スペイン国王の座がブルボン家に移ってしまったときである。

（川成　洋）

12 第一次ウィーン包囲
——敵の敵は味方

1453年5月29日、ビザンツ帝国の首都コンスタンティノープルがメフメト2世（在位1451～1481）率いるオスマン・トルコ軍により陥落した。ヴェネチアからの急使でこの凶報を知ったヨーロッパの人々はキリスト教世界没落の幻影を見た。

破られたハンガリー門

メフメト2世は、古都攻略後の30年間、18回の遠征を繰り返す。征服帝と言われた所以である。だがその征服帝をもってしてもバルカン半島のベオグラードはけっして落城しなかった。トルコに対するキリスト教世界の盾となったベオグラードは「ハンガリー門」と顕彰された（当時ベオグラードはハンガリー領）。

だが征服帝の曾孫スレイマン大帝（在位1520～1566）はこのハンガリー門をいともたやすく攻略し、5万の軍勢で王都ブダに迫った。時のハンガリー王はラヨシュ2世（在位1516～1526）である。ルドヴィーク1世としてボヘミア王も兼ねており、弱冠19歳の若者であった。

ボヘミアは神聖ローマ帝国の重要な構成国である。それにラヨシュの姉アンナは皇帝カール5世の

スレイマン大帝の肖像
作者不詳、1530年代、油彩、ウィーン美術史美術館所蔵
Wikimedia Commons

弟で後に皇帝となるフェルディナント1世に嫁いでいる。そして彼自身の妃は皇帝の妹マリアである。帝国とハプスブルク家の援軍が大いに期待できるところだ。

しかし帝国は宗教改革の激震により分裂の危機にあった。援軍どころではなかったのだ。そうなるともともとハンガリーは王権が著しく弱く、軍勢が思うように集まらない。こうしてラヨシュはわずか2万8千の軍勢でドナウ沿岸のモハーチ平原で5万のスレイマン軍と対峙した。1526年8月29日のことである。

戦いは衆寡敵せずで、ハンガリー軍はわずか2時間で潰走し、ラヨシュ自身も落ち延びる途中で落馬して絶命した。彼には王位を継がせる嗣子はいなかった。

第一次ウィーン包囲の始まり

トランシルヴァニア公ヤーノシュが次のハンガリー王に名乗りを上げる。ハプスブルク家のフェルディナントがこれに異を唱え、ヤーノシュをトカイで敗走せしめている。すると彼はスレイマン大帝の懐に逃げ込み、なんと大帝の廷臣におさまった。大帝は彼をハンガリーの傀儡王に仕立てることにした。ハプスブルク家との全面対決に舵を切ったのである。ウィーン遠征が決まる。大帝は遠征にあたってジハード（聖戦）を宣言する。こうして第一次ウィーン包囲が始まったのだ。

輜重隊（しちょう）を含めて総勢15万のオスマン・トルコ軍が1529年9月下旬にウィーン近郊に到着する。スレイマン大帝は、カイザーエーベルスドルフ（現ウィーン市11区）に設えられた壮麗極まる天幕に陣どる。

ウィーン市はパニックに陥る。逃げ出すものが後を絶たない。無理もない。なにしろウィーン市防衛軍司令官ニクラス・ザルム伯爵に与えられた兵は8千のドイツ傭兵を含めて1万7千に過ぎないのだ。おまけにウィーンの糧食はひと月分しか備蓄されていなかった。せめてもの救いは籠城軍の大砲の数が包囲軍のそれを上回っていたことである。

この夏は例を見ない長雨と冷夏の異常気象であった。道はぬかるみ大砲の運搬がままならない。なんとか冬到来前にウィーンを落とす腹積もりの大帝は、ほとんどの大砲を置いてきたのである。

一進一退の攻防戦

9月27日、攻防戦が始まる。大砲不足のため大帝は坑道戦を仕掛ける。籠城軍はこれに対してチロルから呼び寄せていた炭鉱労働者に横穴を掘らす。一進一退の攻防戦が続く。

10月9日、オスマン軍の仕掛けた爆薬がケルンテン門に25メートルの裂け目を作り、そこからオスマン軍の中核部隊であるイエニチェリ（歩兵親衛隊）がなだれ込む。防衛軍はかろうじて押し返すことができた。1日おいて11日、2回目の総攻撃、翌12日、3回目の総攻撃。いずれも籠城軍は何とかしのぐが、兵は疲弊し、いつまでもつかわからない。兄帝カールよりウィーン防衛を任されたフェルディナントはこの間、ウィーンの西160キロメートルのオーストリア第3の都市リンツに陣取り、ヨーロッパ諸国からの救援軍編成のために必死の外交戦を繰り広げていた。もちろん、フランス王フランソワ1世はハプスブルク家に手を貸す気などさらさらなくそっぽを向いたままである。プロテスタントの帝国諸侯も動きは鈍く、救援軍編成はなかなかできない。

いよいよウィーン落城かと思われた。

雪が降り、トルコ軍は去ったが

しかしオスマン・トルコ軍も疲労困憊であった。14日の攻撃も精彩を欠き、籠城軍に跳ね返されている。トルコ軍には城攻めは40日を超えてはならないという鉄則がある。スレイマン大帝は焦る。そしてなんとこの日、雪が降り始めた。冬がひと月も早くやってきたのだ。ウィーンの冬はトルコに比べて格段に寒い。大帝の決断は早かった。夕刻には撤退を決めた。

10月15日、トルコ軍の撤退が始まる。殿（しんがり）がウィーンを離れたのは2日後である。退却する軍隊ほど弱いものはないというが、籠城軍はこれを追撃できなかった。帝国諸侯の救援軍が到着したのは20日でまったく遅きに失したのだ。

つまり、ウィーンは落城しなかっただけで、けっして勝利したわけではなかった。いわば余裕の退却をしたスレイマン大帝は牙を研ぐことを忘れない。それが証拠に大帝は１５３６年、フランス王フランソワ１世と同盟を結んでいる。

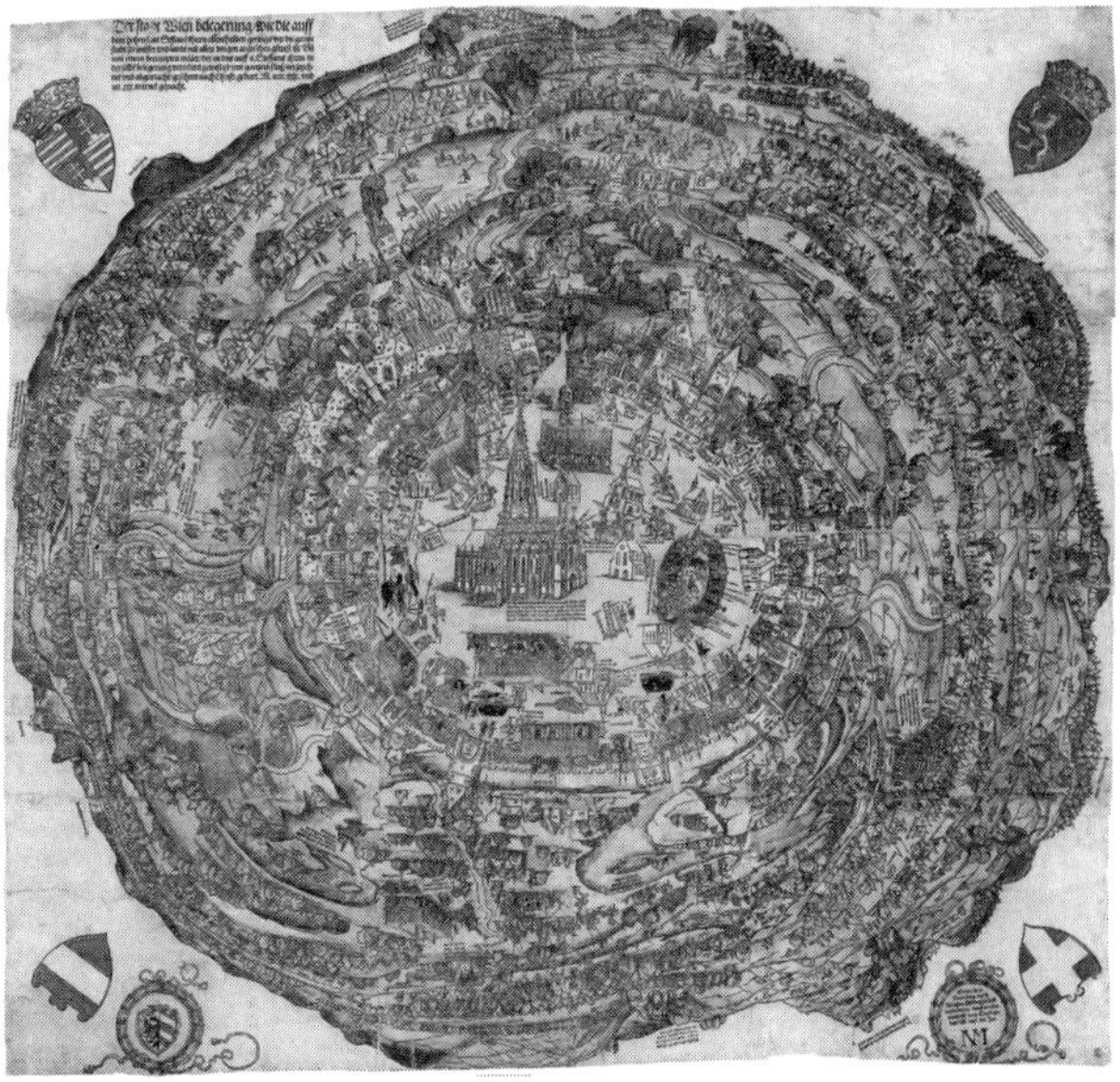

第一次ウィーン包囲当時のウィーンの全景
ニクラス・メルデマン画、1530、木版、ウィーン博物館所蔵
Wikimedia Commons

カトリックのフランス王家が同じカトリックのハプスブルク家を倒すために異教徒イスラム大国と手を結ぶ。不思議でも何でもない。それが国家理性というものだ。ヨーロッパではこの「敵の敵は味方」の論理はごく当たり前のことであった。だからこそ、ヒトラーは１９３９年8月23日、独ソ不可侵条約を結んだとき、「悪魔を倒すために魔王と手を結んだのだ」と言い放ったのである。

こうしてハプスブルク家は、これから１５０年後の「第二次ウィーン包囲」に至るまで、東にオスマン・トルコ、西にフランス王家に対峙しなければならない二正面作戦をたえず強いられるのである。

（菊池良生）

13 フェリペ2世
——家族に恵まれなかった「書類王」

1527年5月21日、神聖ローマ皇帝カール5世（スペイン王カルロス1世）と王妃イサベル・デ・ポルトガルの間に第一子として誕生したフェリペは、厳格なカトリック教徒としての教育を受けて育ち、このことは彼の全生涯を支配した。

最初の結婚と至福の旅行

父カルロス1世は大帝国の君主の理想形として、彼の生涯を通じて絶対的な存在だった。母イサベルはその美しさと貞淑さで王族女性の模範と称されたが、フェリペが11歳のときに亡くなった。16歳の頃、ネーデルラント平定のため不在の父によりスペイン国王代理に任命され、最初の妃で同い年のポルトガル王女マリア・マヌエラと結婚。彼女は父方母方双方からの従妹であったが、わずか2年後、王子ドン・カルロス出産の際に命を落とす。

21歳になると、父カルロスはフェリペに、イタリア、ドイツ、ネーデルラントを巡る「至福の旅行」への旅立ちを命じた。将来統治することになる領土の様子を見せると同時に、各地方の人々に対するフェリペ王子のお披露目という意味合いもあった。約3年間続いたこの大旅行には500人を超える人々が付き従い、アルバ公爵やルイ・ゴメス・デ・シルバなど、後のフェリペの政治になくてはならない人物との関係を密にした。しかし言葉も風習も理解できないこれらの地方に、彼は親愛の情を抱くことはできなかった。

イングランド女王との結婚

フェリペは1554年に、11歳年上のイングランド女王メアリー1世と2度目の結婚をする。対フランス包囲網を作ると同時に、メアリーの父ヘンリー8世が王妃キャサリンと離婚するため作ったイングランド国教会をカトリックに戻そうという意図があった。「聞きしに勝る老女」と評された妻にフェリペは敬愛をもって接した。38歳のメアリーは若くハンサムな夫にぞっこんで、妊娠したと信じ込み、イングランド議会も女王が身ごもったと発表したが、それは想像妊娠に過ぎなかった。

1556年、フェリペ2世は王位継承と同時に、父が神聖ローマ帝国皇帝に選ばれるために買収に使った膨大な借金もまた、受け継いだ。即位の翌年には破産宣告（バンカロータ）を発して国庫の支払いを停止している。その一方、イングランドからの資金を利用して宿敵フランスに勝利するが、それを喜んだメアリー女王は1年後、病のため息を引き取る。新女王となったエリザベス1世にもフェリペは結婚を申し込む。しかし今や引く手あまたの彼女は言を左右にして明確な返事を与えない。ついに国王至上法を再制定して、イギリスを完全にイングランド国教会の国にしてしまった。

フェリペ2世の肖像
ティツィアーノ工房、1549～1550、油彩、キャンバス、プラド美術館所蔵　Wikimedia Commons

家族の悲劇と国内外の叛乱

1560年、フェリペ2世はフランスに勝利して結ばれたカトー＝カンブレジ条約に従い、フランス王アンリ2世の娘、14歳のイサベル・ド・ヴァロワを3番目の妃として迎える。彼女は最初ドン・カルロスの婚約者であったが、フェリペは息子の肉体的ならびに精神的な状態を憂慮し結婚させるのをためらった末、自分の妻とした。マドリードを首都と定め、近郊に王家の霊廟であり、自身の執務室であり家族の居住空間でもある巨大なエル・エスコリアル修道院の建設を開始する。結婚当時32歳になっていたフェリペは2人の王女を続けて産んだイサベルを大いに甘やかし、その浪費癖を許した。しかし王妃は死産の後に亡くなる。

宗教的には異端審問所を活用して異端とされた人々を広く処罰し、「血の純潔」という概念を通してカトリックによる統一の強化を図った。この頃、ネーデルラントで新教徒たちの叛乱が起こり、フェリペが総督として遣わしたアルバ公爵が恐怖政治を敷いたことが逆効果となって、その後80年続くオランダ独立戦争（「八十年戦争」）を引き起こした。また、1567年にはグラナダで大規模なモリスコ（改宗イスラム教徒）の叛乱（アルプハーラスの叛乱）が本格化するが、こちらはフェリペの異母弟ドン・フアン・デ・アウストリアによって鎮圧された。

国内では、奇行を繰り返したドン・カルロスが父に対する叛乱の疑いで監禁されたまま病死する。王太子も王妃も失ったフェリペの新しい妃として、今度は妹マリアと神聖ローマ帝国皇帝マクシミリアン（フェリペにとっては従弟）との娘アナに白羽の矢が立った。ハプスブルク家の人々は一族の中で権力を独占するためには従兄妹どうしはもちろん、このような伯父姪婚も辞さない。教皇の反対も押し戻して結婚したアナはスペイン語を解する家庭的な女性で、フェリペは1日のうちに必ず3度、彼女と共に過ごす時間をとった。アナは前妃の2人の娘たちをも慈しんで育て、この結婚でも5人の子が生まれるが、次代の王位を継ぐ王太子フェリペ（後にフェリペ3世となる）以外は育たなかった。そして何世代にもわたる近親婚の結果は、3代先のカルロス2世にはっきりと現れることになった。

艦隊の栄光と落日

1571年、ヴェネツィア共和国・教皇領とスペイン帝国が組んだ神聖同盟軍がオスマン・トルコ軍をレパント沖で撃破し、キリスト教世界に地中海における初めての勝利をもたらした。しかしこの時の戦費は財政に重くのしかかった。

ポルトガルに王位継承問題が発生すると、フェリペは母方の祖父マヌエル1世（ポルトガル王女であった母イサベルの父）の孫として自身の王位を主張。ポルトガル王フィリペ1世として即位し、その植民地も手にして膨大な富を得る。その頃イングランド女王エリザベス1世はネーデルラントの新教徒に対して援助を続け、またドレイクら海賊にお墨付きを与えてスペイン船を襲わせていた。それに対し1588年、大艦隊（グラン・アルマーダ）を編成してイングランド討伐に向かわせる。しかし直前にスペイン海軍の父と称されたサンタ・クルス侯爵の急逝により、未経験のメディナ・シドニア公に総司令官を託すなど予想外のできごとが重なり、隊は大きな打撃を受けて帰港する。実際にはフェリペはすぐに海軍の立て直しを図ったのだが、イングランド側は「無敵艦隊」に対する決定的な勝利として言い広めた。

国王が死ななければ王国が死ぬ

新大陸からは膨大な量の銀が流入したが、そのほとんどは借金の返済に充てられた。父の借財に加え、先述したオランダ独立戦争、モリスコの叛乱、その後もフランスの宗教戦争への介入など、カトリックの盟主としてプロテスタントや異教徒、そして異端と戦うための戦費の増加（1560年と1575年を比較すると7倍）、施設建設などにより王室財政は逼迫し、破産宣告の回数は重ねられた。それらの収入を国内の産業振興や経済の発展に向ければ、「陽の沈むことなき大帝国」はその繁栄を続けられたはずである。しかし物価は高騰し産業は壊滅的な状況で、ペストの流行が追い打ちをかけた。晩年にはさまざまな新税を課し、国民の反発を招いて「国王が死ななければ、王国が死ぬ」とさえささやかれた。

「書類王」の晩年

父カルロスが、統治している各地を訪ねて行く先々で臣下と交わり、また戦争には自ら出陣する「遍歴の王」であったとすれば、フェリペはほとんどスペインから出ずにマドリードに居を定め、主要都市のコレヒドール（王室地方行政官）や副王たちからの膨大な報告書に自ら目を通して、ひたすらサインをし続けた「書類王」であった。当時ヨーロッパ最先端の中央集権的な統治機構を作り上げたが、王太子フェリペが能力に欠けていることを見抜き、「神は私に多くの国を与えたが、それを治める子は与えなかった」と嘆いたという。

フェリペ2世は家族には恵まれず、4回も結婚しながらすべての妃に先立たれ、彼女たちとの間に8人の子を得たが、自身より長生きをした子は2人のみであった。子どもたちひとりひとりを気づかった数多くの慈愛あふれる手紙を見れば、それらが彼に打撃を与えなかったはずはない。1597年末に出産で命を落とした娘カタリーナ・ミカエラの死に対する嘆きが、彼の死期を早めたとも言われている。多くの身近な死を見届けながら最後まで「書類王」としての務めを怠らず、エル・エスコリアルから指令を出し続けたフェリペ2世は、父カルロス1世と同じ痛風に苦しみながら1598年、その地で71歳の生涯を閉じた。翌年に控えた最愛の長女イサベル・クララ・エウヘニアと甥アルブレヒトとの結婚式への参列は叶わなかった。

（志賀裕美）

14 マドリード遷都
——田舎町から帝都へ

1561年5月までスペインには特定の首都はなかった。国王が滞在する場所が一時的に都となっていた。しかし、膨大な数の廷臣を引き連れて首都機能を移動させることは困難である。そのうえ「陽の沈むことなき大帝国」を支配するための集権的行政機構を維持するにはあちこち宮廷を移動させていては具合が悪い。やはり都を固定することがフェリペ2世には必要だった。どこにしようか。当時居を構えていた古の都トレドか、生地のバリャドリードか、ブルゴス、新大陸貿易の拠点セビーリャ、それとも母親の祖国ポルトガルのリスボンか。いくつか候補があるなか王が選択したのは、マドリードだった。

首都に選ばれる前のマドリード

マドリードが歴史の舞台に登場するのは9世紀後半のことである。イスラームの後ウマイヤ朝ムハンマド1世（在位852～886）は、イベリア半島内の支配地アル・アンダルスの北限をキリスト教王国の攻撃から守るべくマンサナレス川の辺、現在王宮が位置する場所に城砦を築いた。17ヘクタールほどのその地はアラビア語で「マジュリート」と呼ばれた。グアダラマ山系の豊かな湧水に恵まれ

13世紀初頭

1222～1544年

1544～1600年

マドリードの紋章（13世紀初頭～1600年）
1222年にマドリードはカスティーリャ・レオン王国フェルナンド3世聖王（在位1217～1252）から新たな特権を与えられた。1544年にマドリードの町はフェリペ2世（この時点ではまだ王太子）に紋章に王冠を加えることを請願し、許された。

ていたからであろう、「泉、噴水」と「川床」を意味する2つの言葉を組み合わせた呼称だ。

1083年この地域をキリスト教王国が奪回すると、「マジュリート」はスペイン語の「マドリード」となった。キリスト教徒が再入植し、14、15世紀には歴代の王たちのお気に入りの狩猟場にもなり、ここで王室会議が招集されたり、王室会議で投票権を持つ17の町の1つともなった。カトリック両王が臨時の宮廷を置くこともしばしばだった。町はだんだん成長し、カルロス1世治下の1535年頃には75ヘクタールと拡大したが、まだまだ田舎町だった。

選ばれた理由

この町をフェリペが帝都に選んだ理由は何か。

関係文書が残されておらず、詳細は不明である。「反王権的な教会や貴族の影響力が大きいトレドやバリャドリードを避けたかった」「建設資材の木材が豊富にあった」「気候が適していた。標高655メートルの高所にあり、トレドよりも夏涼しく、乾燥していることがペストの危険を少なくしてくれる」「王国の真ん中に位置しており、各地からの交通が合流する地点にある」「湧水、井戸、泉によって豊かで良質の水が得られる」「王が幼少の頃サン・イシドロ礼拝堂の井戸水で奇跡的に病気が治った」「近郊にエル・パルド山やグアダラマ山系という良好な狩猟場がある」「計画中のエル・エスコリアル離宮に近い」「国璽（こくじ）がマドリードの城砦に保管されている」などなど、後世の歴史家たちは百人百様に推測している。

選定の決め手となったポイントの1つは、王がマドリードに愛着を感じていたからであろう。というのも、父王カルロス1世が1528年王位後継者に認めた息子にハプスブルク家の習慣――王太子は親元を離れ自分の城に自分の侍従たちと住む――にしたがって割り当てたのが、マドリードの城砦だったからである。フェリペ自身マドリード育ちなのだ。2つ目のポイントは、王が3番目の若き王妃イサベル・デ・ヴァロワを寵愛したことだ。トレドの厳しい自然環境が18歳年下の虚弱な愛妻には不向きと慮ったのである。最後の決め手は、マドリードがスペインの中央にあり、どうしてもエル・エスコリアルを建てたいとこだわった場所のすぐ近くにあったことであろう。しかし、これもあくまで推測の域を出ない。

「書類王」の異名を持つフェリペ2世がどうして何も書き残さなかったのか。というより、そもそも王はマドリード遷都を公式に宣言さえしていないのだ。宮廷の移動に永久的な性格を持たせたくなかったのだろう。トレドの町の感情を害したくなかった（また戻りたくなるかもしれない）のと、マドリードの住民に変に期待を抱かせないようにする（マドリードから出ていきたくなるやもしれぬ）ための気配りと思われる。まずはマドリードの町が好意を示してくれるかどうか確かめなければならない。食

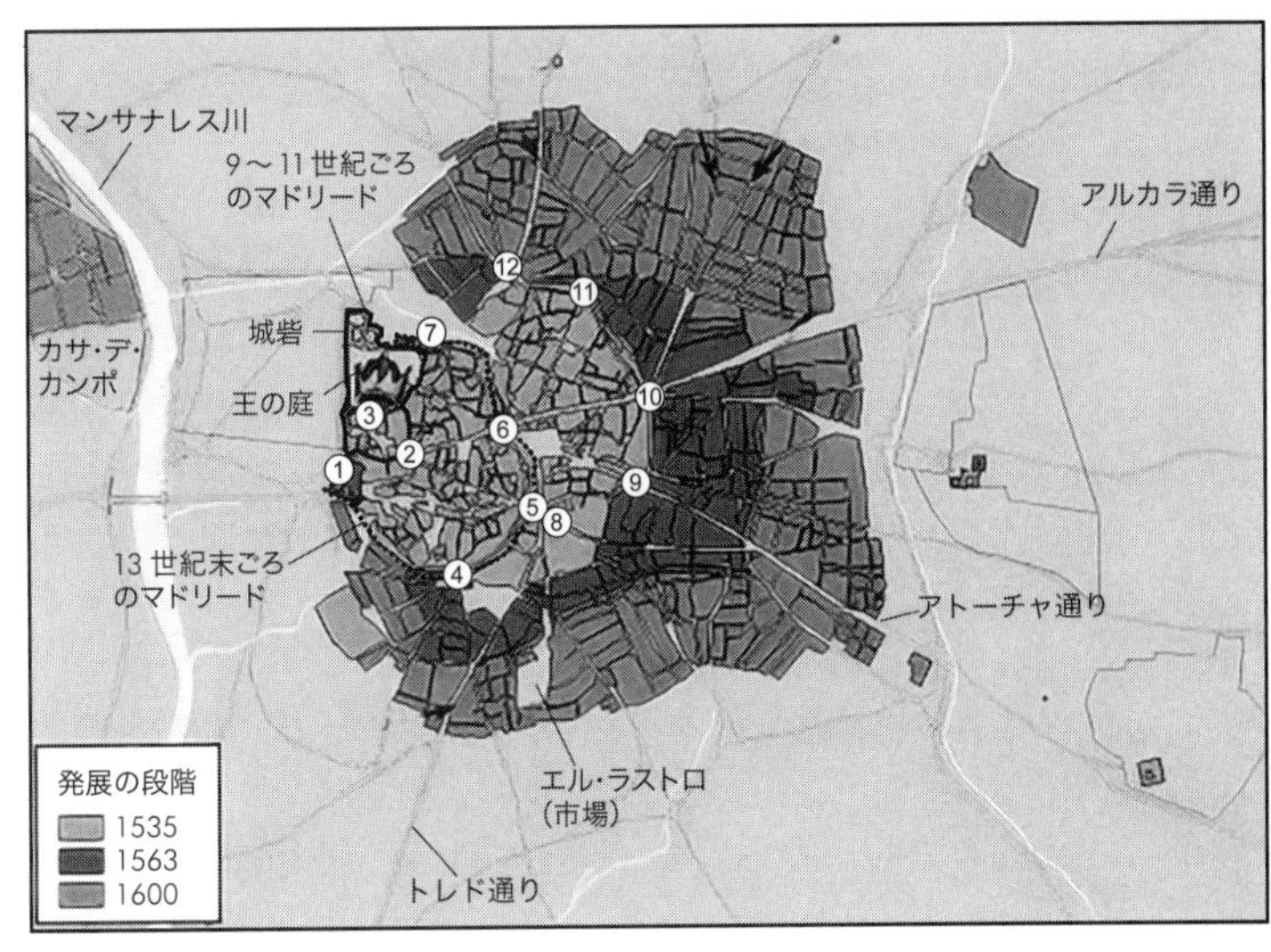

マドリードの拡張
①ラ・ベガ門、②サンタ・マリア門、③ラ・サグラ門、④モーロ人の門、⑤セラダ門、⑥グアダラハラ門、⑦バルナドゥ門、⑧トレド門、⑨アトーチャ門、⑩太陽の門、⑪サン・マルティン門、⑫サント・ドミンゴ門。城塞と王の庭、および①－②－③で囲まれた部分が9～11世紀のマドリード。②はイスラーム時代はアルムデナ門と呼ばれていた。
ANTONIO JAEN, Madrid 1535-1600, pinterest.es をもとに作図

料の供給は？　良質な水は？　空気は？　マドリードに時間と技術を注ぎ込んで壮大な建物や娯楽や庭園や菜園を増やすことができるのか？　それを実際に居住しながら判断したかったのであろう。「慎重王」――世間が王に与えた、もう一つの評判通りのふるまいである。

爆発的な発展

宮廷に選定されるや、マドリードの人口は爆発的に増加し始める。王侯、貴族、侍従が移り住んでくるばかりか、貴族の屋敷に奉公しようとする者、宮廷の人間相手に毎日の衣食住に不可欠なものを商おうとする者が、全国各地からどっと流れ込んでくる。訴訟のためにくる者、秘書・公証人・訴訟代理人という今でいう公務員の職を手に入れようとする者、地方で食い詰めた農民たちも押し寄せた。

1530年当時5000人足らずだった町の人口は倍々に増えて、16世紀末には約10万を数えるほどになる。

人口増加に伴い、町自体も拡張の一途をたどる。9世紀に城砦が築かれたとき、城と町を合わせて城壁内の面積は17ヘクタール余り、1535年でさえ75ヘクタールを超えなかった。それが宮廷となった途端に125ヘクタール、そして16世紀末には282ヘクタールと倍々に急拡大した。家の数も1563年の2500戸から1603年には7000戸に膨らんでいる。

大きくなるたびに古い城壁・城門を取り壊し、新たなものを設置した。この町の規模拡大は、現在の地名にも読み取ることができる。「太陽の門」や「モーロ人の門」「サント・ドミンゴ門」と呼ばれる所が現存しているが、門とは名ばかりで実際その場所に門はない。それは先に述べた事情が反映していて、地名だけ昔の名残を留めているからである。

政治的文化的中心として繁栄する不動の首都

短期間に拡大発展したマドリードの住人は、支配者（王侯貴族、高級官僚、高位聖職者）、卸・小売業者、中小手工業者、そして奉公人、職人、無為の者、の3つに大別できる。社会、経済、文化の中心は何といっても支配者の貴族階級で、彼らの消費が町の経済の基盤を支え、彼らの価値観が当時の文化を支配した。一般大衆はみな社会・文化的には貴族階級の価値観を受け入れ、その振る舞いを真似、貴族ぶって寄生的な消費生活に明け暮れようとした。セビーリャ、トレド、バルセロナが産業・経済の中心都市だったのに対し、政策の立案および遂行を主な活動とするマドリードは、宮廷に仕える人々に対するサービス以外の生産活動に乏しく、もっぱら消費するだけの政治的文化的中心として繁栄したのである。

フェリペ2世の死後、都は1601年～1606年の間バリャドリードに遷都されたが、1607年再びマドリードに戻され、息子のフェリペ3世（在位1598～1621）がマドリードを首都であると正式に宣言した。それ以後19世紀初頭のナポレオン戦争の時代にセビーリャ、カディスに、そして20世紀のスペイン内戦時（1936～1939）にバレンシア、バルセロナに首都機能が移された以外は、マドリードが不動の首都であり続けている。

（髙橋博幸）

15 無敵艦隊
――本当に「無敵」だったのか?

スペイン艦隊のイングランド派遣の経緯（いきさつ）

ドレイクをはじめとしてホーキンズ、フロビッシャーなどのイングランドの海賊は、スペイン商船を標的に定めて襲撃を加え、沿岸の町々へ上陸しては略奪を繰り返して恐怖を与えていた。とりわけ大きな獲物はアメリカ新大陸から定期的に運ばれてくる金・銀の財宝船であった。これはスペインの財政をゆるがす由々しき大問題であり、フェリペ2世（在位1556～1598）はイングランド女王エリザベス1世（在位1558～1603）に厳重な抗議を繰り返しおこなうのだが、エリザベスは「遺憾に存じます」とのらりくらりと返答を返すばかりで、ドレイクをはじめとする多数の海賊たちの暗躍を規制しようとはしなかった。むしろスペインの船に限って略奪してもよろしいと、認可を与えていたのである。これを私掠船（しりゃくせん）と呼ぶが、それも当然、獲物の何割かは献納されてロンドン塔へ運ばれ、エリザベスの懐へ入って国家財政を潤したのである。スペイン船を標的にした私掠船による海賊行為は、イングランド国家公認のあからさまな犯罪行為であって、フェリペ2世は切歯扼腕、ついには武力をもってこれを洋上から一掃しなければならないと決断するに至るのである。

その一方、スペインにはオランダの叛乱独立運動という頭痛の種があった。イサベルとフェルナン

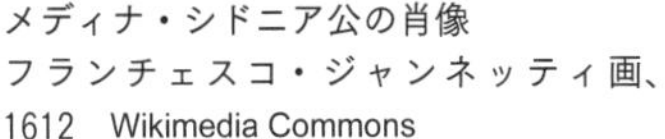

メディナ・シドニア公の肖像
フランチェスコ・ジャンネッティ画、1612　Wikimedia Commons

フランシス・ドレイク
ヨドクス・ホンディウス画、1577
Wikimedia Commons

ド両王の娘ファナがハプスブルク家フェリペ王子のもとへ嫁ぎ、長子カルロスが後にスペインの国王となり、その嫡子が現国王フェリペ２世である。その関係からフランドルすなわちオランダ低地諸国はスペインの支配下にあるのだが、ルター派プロテスタントを中心とした独立運動が後を絶たない。フランドル総督アルバ公の血塗られた武力弾圧はレンブラントの名画『夜警』でも有名だが、１５８８年代にはスペイン精鋭部隊を指揮する屈強の司令官パルマ公が総督の地位に登って諸州を次々と陥落させていきつつあった。フランスとスペインが手を結ぶのを恐れるエリザベスは密かにオランダ叛乱軍に資金援助を行い、ついにはノンサッチ協約（１５８５）を結んでレスター伯の指揮の下に公然と６０００人の軍勢を派遣する行動に出た。叛乱はあくまで国内問題だというフェリペ２世の主張をきっぱりと退けたのである。その陰でエリザベスは、ポルトガルから亡命してきた王位僭称者ドン・アントニオをかくまって保護を与えていた。1580年にポルトガル王室を併合したフェリペ2世にとって王位簒奪を執拗にうかがう最後の敵にほかならなかったのである。

カトリック大国のフェリペ2世には1つの使命感があった。プロテスタントの国イングランドをカトリックへ変えることである。ローマ教皇をはじめとするカトリック陣営にとって、エリザベスはあくまでもヘンリー8世とアン・ブリンとの間にできた私生児であり、女王とは認められない。カトリック派にしてみれば、エリザベスを玉座からひきずりおろしてスコットランド女王メアリー・スチュアート（在位1542～1567）を王位につけるのが念願であった。正統な王位継承者はメアリーをおいてほかになく、フェリペ2世もそう考えていた。ただし彼女はカルヴァン派のプレスビテリアン（長老派）の叛乱を逃れ、エリザベスの庇護をたよってイングランドへ亡命している。これを機にイングランドのカトリック派はエリザベスの暗殺を謀りメアリー・スチュアートを王位につけるべくしきりと画策をした。

数多に及ぶ暗殺計画を未然に防いできたのが秘密警察長官フランシス・ウォルシンガムであったが、これらのエリザベス暗殺未遂事件の背後にはフェリペ2世の暗躍があったのは確かである。ところがカトリック派の希望の星であったメアリー・スチュアートが女王暗殺の陰謀に加担したかどで処刑される事件が起きた。1587年2月8日のことである。カトリック派の落胆は目を覆うばかりであったが、もともとフェリペ2世は自らイングランド王位につく気持ちはなく、自分の長女イサベルを王位につける腹づもりであったのだが、いずれにしても計画は笹の露と消え去った。

述べたようにイングランドとスペインとの小さな軋轢はいくつもあったが、そのどれを取っても１つだけの要因ではフェリペ２世に大艦隊派遣に踏み切らせるだけの重みは持たなかった。外交交渉で解決すべき事柄であったといえる。しかしことごとくにスペインの政策妨害をしてくるイングランドに堪忍袋の緒を切らし、最終的に遠征の決断を下すきっかけとなったのがこのメアリー・スチュアートの処刑であった。

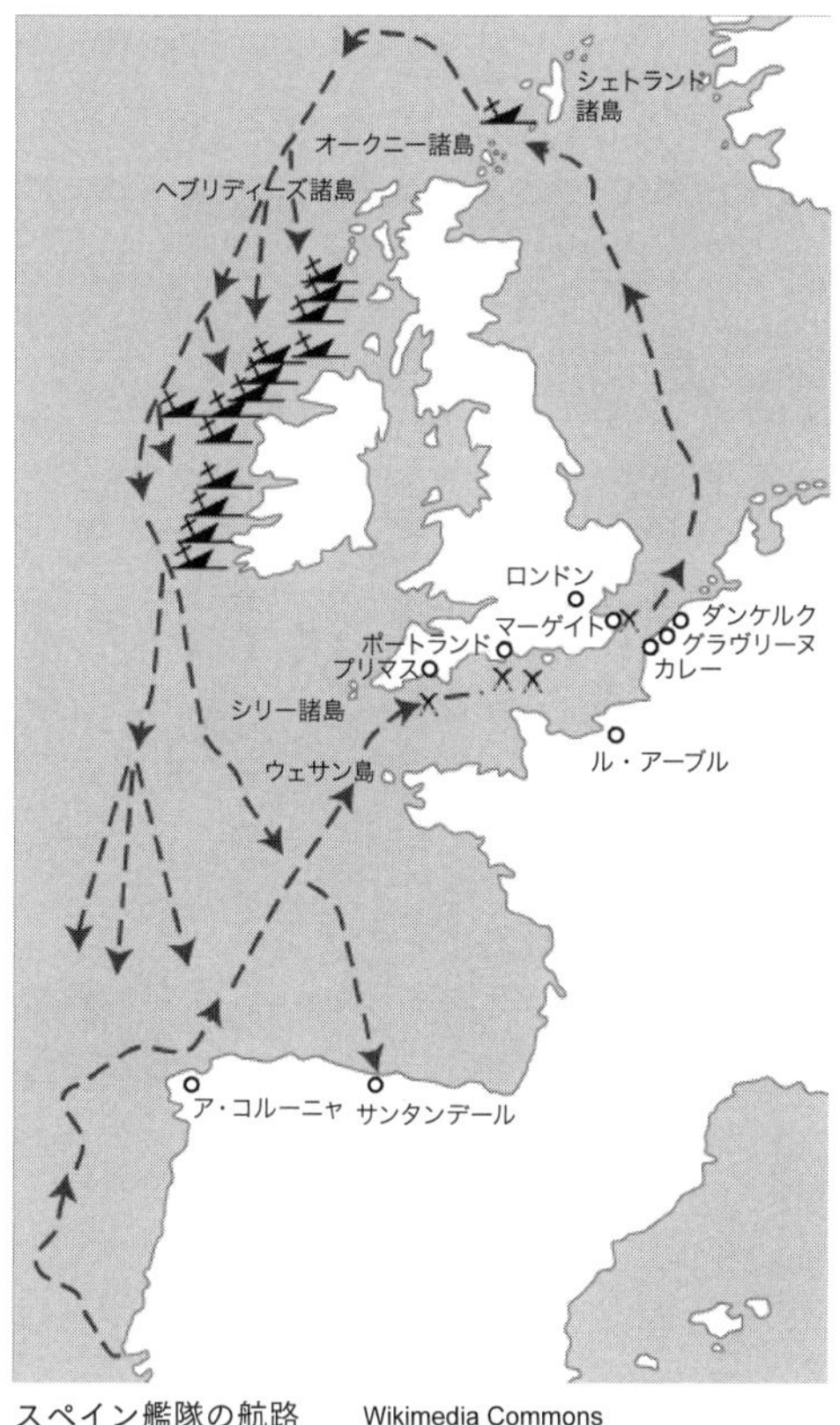

スペイン艦隊の航路　Wikimedia Commons

スペイン艦隊戦闘の概容

１５８０年に併合したポルトガル最高の良港リスボンと強大なポルトガル艦隊を意のままに使える幸運に恵まれたフェリペ２世は、大小取り混ぜて概算で１３０隻を超える船と兵士・水夫３万強をリスボンに集結させ、６か月分の食糧が調えられた。歴史上初めての大艦隊である。１５８８年６月に満を持して出撃したスペイン艦隊はア・コルーニャを経てイギリス

スペイン無敵艦隊の敗北
フィリップ・ジェイムズ・ド・ラウザーバーグ画、1796
Wikimedia Commons

海峡へ入りプリマス沖で最初の戦闘が起こった。６０００名の将兵をパルマ公の侵略軍に渡す厳命を受けている総司令官メディナ・シドニア公は無益な闘いを避けてひたすら海峡を東へと航進を続け、ドーヴァーと目と鼻の先フランス領カレー沖に停泊した。パルマ公の軍勢2万７０００が合流してくるのを待つ作戦であった。しかし、潮流と逆風ならびに湾口を塞いでいるオランダ艦隊の妨害にあって乗り出すことができなかった。待ちぼうけを食らわされた8月8日の深夜、密集していたスペイン艦隊はイングランド側の火船攻撃にあって四散、錨を切り捨てて退避せざるをえなかった。

こうなると１３０隻の大艦隊が避難できる港がフランドル沿岸にはなく、敵の待ち受けるイギリス海峡へ戻るのは風向きからも不可能であった。やむをえず艦隊は北へ針路をとって北海へ入り、スコットランド先端のオークニー諸島とシェトランド諸島の間を抜けて南西へ53度まで進み、そこから南へ下ってスペインへ帰還する針路をとることになった。名だたる荒海である北大西洋の激浪に翻弄され、相続く暴風雨に艦隊は分散し、水も食糧も尽き果て、たまらずアイルランド沿岸をめざした船は岩礁に砕けて海岸に座礁した。当時の帆船では近寄るのが難しかったのである。無事に着岸しても土着民の虐殺と略奪にさらされ、あるいはイングランド兵に捕縛されて処刑される悲劇が待っていた。

なんとかスペインへたどり着いた船はおよそ半分の65隻、人員は1万5000。帆は破れ索具は切れて船体は水浸し、水夫は飢餓と病気で衰弱のあまり錨を投じることもできない状態であった。まるで幽霊船のようになって帰還した船の名前はわかるが、その他の60隻余りはアイルランド沿岸あるいは大西洋のどこかに沈んだままである。いまだにアイルランド沿岸ではスペイン兵士の白骨が沈んでいるのである。この無謀ともいえる艦隊派遣の戦闘で失った艦船はわずかに6隻。衝突事故や爆発事故を含めての数である。残りの損失艦船はすべて北大西洋の波浪に呑み込まれるか、あるいはアイルランド沿岸に叩きつけられて微塵に砕けたのであって、これをもってイングランドがスペインに勝利したというのはいかがなものか。また、緒戦で幽霊船のようになって半数が帰還したスペイン艦隊を「無敵艦隊」と呼ぶのが正しいかどうかも問われるところである。

（岩根圀和）

16 エル・エスコリアル修道院

――「聖体崇敬」の理念を形にした別格の建造物

　大学の長期休暇が近づくと、海外旅行を計画中の学生から「スペインでお薦めの場所はどこですか」と聞かれることがある。古都トレド、イスラーム情緒を色濃く残すアンダルシアの町々、巡礼地サンティアゴ・デ・コンポステーラなどの世界的に名高い観光地から、公共交通機関ではアクセスし難い僻地の小さな修道院や聖堂まで、薦めたい場所はいくつもあるが、一通り考えた末にいつも口から出る答えは「エル・エスコリアル修道院」である。それには、この修道院が建設された時代の美術を専門としているという筆者の個人的事情もある。しかしおそらくそのことを措いても、エル・エスコリアル修道院はどこか別格なのである。30年近く前の学生時代に初めて訪れた時、予想を上回る壮大さに感嘆すると同時に、足を踏み入れるのがためらわれるようなただならぬ雰囲気に気圧された感覚は、その後、幾度足を運んでも変わることがない。

　王立サン・ロレンソ・デ・エル・エスコリアル修道院、通称エル・エスコリアル修道院は、マドリードの北西約50キロメートル、グアダラマ山脈南麓の地に、ハプスブルク朝スペイン最盛期の王フェリペ2世（在位1556～1598）によって建造された。修道院と称されるが、内部にはフェリペの父カルロス1世（カール5世）以降のスペイン王と王族の墓所、王宮を擁しており、さらには神学

エル・エスコリアル修道院全景

校や聖俗の知を結集した図書室も備えている。全体としてはヴァチカンのサン・ピエトロ大聖堂にも匹敵する東西161メートル、南北207メートルの規模を誇り、1563年の着工から建物本体の完成までだけでも21年の歳月を要した。

フェリペ2世の情熱

修道院が人里離れた場所にあるのは珍しいことではないが、それにしてもフェリペはなぜ、元々小さな集落があっただけの場所にこのような大複合建造物を作らせたのだろうか。動機の1つは、1557年の聖ラウレンティウス（スペイン名ロレンソ）の日に戦われたサン・カンタンの戦いでの勝利を記念し、聖人の庇護と神の加護に感謝を捧げることにあった。正式名称にロレンソの名を冠しているのはそれゆえである。この戦勝は、即位間もないフェリペがハプスブルク家の宿敵フランスとの長年の抗争に終止符を打ち、ヨーロッパにその権威を見せつけたという意味で、意義深い出来事だった。しかし、おそらくそれよりも重要で実際的な動機は、父カルロスと母イサベルのためにしかるべき墓所を設えることにあった。１５５８年に没したカルロスが、遺言によって自分と亡妃の埋葬を息子に託したのである。

これらの動機に加えて、フェリペが早くから建築に並々ならぬ関心を寄せていたことも、この一大建設事業の背景としてあった。古今の著名な建築書を愛読するばかりか自らも図面を引くほどの建築通だったフェリペは、王太子時代からすでに、スペインを離れていることの多い父に代わってマドリード、エル・パルド、バルサインといった各地の王宮の改築や新築に奔走していた。その情熱は、１５４８年から１５５１年にかけての初めての外遊中、フランドルやイタリアの優れた建築に接していっそう高まった。後半生をかけた新たな修道院造営に際しては、あらゆる細部にまで自らの意向を反映させるべく、建設地の選定から設計、施工、内部装飾の各段階で陣頭指揮を執ることになる。エル・エスコリアルが建設地として選ばれたのは、１５６１年に宮廷所在地に定められたマドリードとその周辺に点在する複数の王宮から遠すぎない距離、山々や渓谷や森林に囲まれた自然豊かな環境などが、フェリペの求める条件に最も合致したからだと考えられよう。

篤い信仰心と謹厳なるカトリシズムの体現

ともあれ、こうして完成した建物は、スペインにおけるルネサンス古典主義建築の最高傑作と目されている。正面部分に施された古代風の付け柱、規則正しく並ぶ方形の窓、半円アーチ以外にはほとんど装飾を持たないその様式は、「厳格様式」と呼ばれ、実際に簡素を通り越して厳めしい。先述のサン・ピエトロ大聖堂やルイ14世のヴェルサイユ宮殿など、権力者の富や栄光を今に伝える豪華で華麗な建造物は数多いが、エル・エスコリアル修道院はそうした形容詞とは無縁である。近寄りがたいまでに峻厳な佇まいは、創建者フェリペ自身の篤い信仰心と、「陽の沈むことなき大帝国」と呼ばれた当時のスペインが依って立つ謹厳なるカトリシズムの体現のようで、それこそが訪れるたびに筆者をたじろがせると同時に、抗いがたく心を捉える最大の理由なのだろう。

エル・エスコリアル修道院聖堂内陣

全体のなかでもフェリペが特に心血を注いだのは、南北軸の中央、西正面入口の奥という建物の中央に位置する聖堂であった。内部は直径17メートルの円蓋を頂く大空間で、主祭壇の背後に屹立する大理石とジャスパー、ブロンズ製の祭壇衝立は、一般的なビルでいえば9階の高さに達する。間違いなくスペインで最も壮麗な祭壇衝立である。そしてこの主祭壇の地下に、父カルロス以下、フェリペ自身を含む歴代の王と王妃の墓所が計画された。主祭壇左右の側壁には、高さ15メートル、幅8メートルほどのこれまた巨大な無骸墓碑（遺骸を伴わない墓碑）が設えられ、その前では、宮廷彫刻家ポンペオ・レオーニの手になるカルロスとフェリペの等身大を超える黄金のブロンズ像が、それぞれに家族の像を従えて一心に祈りを捧げている。規模と質のいずれにおいても、同時代のヨーロッパに類例のないブロンズ群像である。2人の王は鎧とマントに身を包んでいて、フェリペの鎧は特徴的な文様から、サン・カンタンの戦いで身に着けていた「ブルゴーニュ十字架の鎧」であることがわかる。その彼らの視線の先にあるのは、祭壇衝立中央最下部に鎮座する高さ4メートル、直径2メートルというとてつもなく大きな聖櫃（せいひつ）、すなわち聖体（聖別されキリストの体となったパンのこと）を納める容器である。

フェリペと家族の群像に込められた思い

17世紀初頭にこの修道院の院長を務めたシグエンサ神父は、まさしくその聖櫃こそが聖堂、ひいては建物全体の中心にして究極の目的だと述べて、建築の理念的真髄に「聖体崇敬」があることを明らかにした。それは聖櫃に納められた聖体への崇敬が、13世紀のルドルフ1世（ハプスブルク家初のドイツ王、在位1273～1291）以来のハプスブルク家の中で、一門の繁栄を約束し、一門による支配の正統性を裏づける美徳として、王朝的アイデンティティの中核に位置づけられてきた伝統に基づく。さらに、16世紀後半以降のカトリック・スペインのあり方を決定づけたトリエント公会議（1545～1563）でもその意義が強調されたことから、この時期には聖体崇敬がいっそう重要性を増していた。つまりフェリペは、一族のしきたりとカトリック教会の教えにしたがって聖体に跪拝するこれらの像に、祭壇の下で永遠の眠りにつく父カルロス1世ほかの親族の魂の救済と、スペイン・ハプスブルク家が統べる帝国のさらなる発展を希う祈りを託したのである。

祭壇衝立の制作が完了した後、聖堂内陣装飾の仕上げとして最晩年の１５９２年に発注されたこれらの像がフェリペにとっていかに大きな関心事であったかは、完成時の効果を確認するために、そしておそらくは待ちきれない思いもあって、金箔張りを施した実物大の石膏模型を作らせ、その仮の群像を墓碑の前に設置させたという事実からも想像される。カルロス側の群像は１５９７年に鋳造を終えて翌年11月には所定の位置に設置されたが、それはフェリペが寝ながらにしてミサに与ることができたという聖堂脇の寝室で息を引き取った2か月後のことであった。フェリペ自身と家族の群像の設置が完了したのは、１６００年秋になってからのことである。

（松原典子）

フェリペ2世と家族
ポンペオ・レオーニ作、1598 ～ 1600年、エル・エスコリアル修道院聖堂
Bernard Gagnon/ Wikimedia Commons, CC BY-SA 2.0

コラム
8

フェリペ2世のポルトガル王位継承

カトリック両王にとって、レコンキスタの完了後の最優先目標は、イベリア半島の統一であったろう。それも、両王の抱える1男、4女の子どもたちの結婚を最大限に活用する、政略結婚であった。まず長女イサベルをポルトガルの王太子アフォンソに嫁がせるが、結婚後間もなく王太子が死去する。その6年後、王太子の従兄でポルトガル王マヌエル1世（在位１４９５～１５２１）と再婚させる。しかし、イサベルは産褥死し、誕生したミゲルはカスティーリャ、アラゴン、ポルトガルの3国の王位継承予定者であるが、わずか2歳で落命してしまう。その後、マヌエル1世に両王の三女マリアが嫁ぐが、ポルトガルとの合併は、結局、両王の曾孫フェリペ２世（在位１５５６～１５９８）の治世の１５８０年に実現した。

海洋国家ポルトガルの後塵を拝するスペイン

実は、ポルトガルがレコンキスタを完了したのは、スペインより約２５０年も早く１２４９年であり、13世紀中葉には領土的・国民的統一を成し遂げ、ヨーロッパで最古の国民国家を形成し、その後、大航海時代を迎え、アフリカ、さらにアジアへと進出して、一大海洋帝国を築いた。ジョアン3世（在位１５２１～１５５７）は、最盛期のポルトガル海洋帝国を父王マヌエル1世から受け継ぎながらも、カトリック体制の強化や文化・学芸・教育の充実などに専念していたこともあり、後継の海洋国に押され気味になりアジア・アフリカでは守勢に回ったが、ブラジルでは植民活動の基礎を築いた。

１５５７年6月、ジョアン3世が心臓麻痺のために死去する。彼は子供に恵まれていたが、すでに生存者はなく、結局、彼の孫である3歳のセバ

スティアン（在位１５５７～１５７８）が即位する。１５６８年の親政開始まで、ジョアン３世の王妃でスペイン王カルロス1世の妹カタリーナ、ジョアン3世の弟エリンケ枢機卿が摂政に就いていた。セバスティアンの親政開始以降、ジョアン3世がすでに放棄したモロッコに対する十字軍戦争を密かに画策していた。

１５７６年12月、伯父フェリペ2世とグアダルーペで会い、モロッコ遠征に関する援助を依頼するが、その計画自体が杜撰だったので、援助は断られた。セバスティアン自身の遠征参加もフェリペ2世にとっては驚きであり、当然、参加しないようにと切々と訴えるが、彼の忠告も無視されたのだった。

ポルトガル国王となったフェリペ2世
アロンソ・サンチェス・コエーリョ画、16世紀、油彩
Wikimedia Commons

嗣子なきポルトガル国王セバスティアンの戦死とフェリペ２世の策謀

１５７８年8月4日、無謀なモロッコ侵略遠征、具体的には、キリスト教ポルトガル軍とイスラーム教徒によるカセル・キビールの戦いであり、スペイン人、イタリア人、ドイツ人傭兵を含む1万7千人からなる「十字軍」と僭称するポルトガル軍が壊滅的な大敗北を喫する。約半数の将兵が戦死し、

最高指揮官セバスティアンも戦死してしまう。彼は独身だったために、ポルトガル王国は空位となる。このような場合、自分こそ後継者なりと名乗りを上げるのが何人かいるものなのだ。セバスティアンの戦死の1年後、摂政を務めていた高齢のエンリケ枢機卿が即位するが、翌年1月、亡くなる。この時点で後継王位継承候補者は3人いた。ジョアン3世の弟ドゥアルテの娘でブラガンサ公爵ドン・ジョアンと結婚したカタリーナ。ポルトガル王女イサベルを母に持つフェリペ2世。ジョアン3世の弟ルイスの庶子で、すでにポルトガル議会の一部と首都リスボン在住の有力市民の一部の支持を得て、1580年6月にリスボンに入り、即位を宣言したクラート修道院院長アントニオ。

まず手始めに、フェリペ2世は貴族や有力市民、高位聖職者を買収してカタリーナを排除した。ついで、アントニオのリスボン入城の2か月後の8月、フェリペ2世の命を受けたアルバ公爵麾下の軍勢がリスボン駐屯中のアントニオ軍を一挙に四散させ、自軍の兵士たちに好きなだけ狼藉を許した。翌9月、フェリペ2世はリスボンでポルトガル国王の即位を宣言し、翌1581年4月15日、ポルトガル議会でポルトガルとスペインが合併しないという条件の下で、正式にポルトガル王フェリペ1世（在位1581～1598）として承認された。それでスペインとポルトガルの同君連合が成立したのである。フェリペ2世の後、フェリペ3世（ポルトガル王フェリペ2世、在位1598～1621）、フェリペ4世（ポルトガル王フェリペ3世、在位1621～1640）と続く。

フェリペ2世以降のハプスブルク・スペインの国王の統治

フェリペ2世は父王カルロス1世の薫陶を受けた「陽の沈むことなき大帝国スペイン」の国王だったが、彼の息子と孫は、スペイン帝国の頂点に君臨する国王ではなく、側近の貴族を「ヴァリド（寵臣）」として勝手気ままに国政を任せた怠け者だった。もはやスペインそれ自体の大きな屋台骨が軋む状態だった。当然、フェリペ2世時代には考えられなかったような厳しい財政上の要請がポルトガルに突きつけられることになった。そのうち、1640年6月カタルーニャで叛乱が起こり、同年12月ポルトガルでも叛乱が起こった。カスティーリャ軍（スペイン軍）は対フランス戦線とカタルーニャの叛乱鎮圧を専一にしていたために、ポルトガルに鎮圧軍を派兵できなかった。

宿願だったスペイン・ポルトガルの同君連合の末路

1640年12月10日、ポルトガルの再独立を目指す叛乱軍がリスボンで武装蜂起し、王宮占拠から5日後の12月15日、ブラガンサ公爵ドン・ジョアンをポルトガル王に推戴した。さっそく彼がジョアン4世（在位1640～1656）として即位し、ポルトガルの独立を宣言する。このようにして、3代続いたスペイン・フェリペ家の支配は終わるが、ポルトガルの独立をめぐって執拗に宗主国としての強硬な主張を繰り返すスペインとの抗争は1668年のリスボン条約締結まで続いた。ポルトガルはイングランドの援助を受けてスペインの動きを完全に止め、さらに海外領のブラジルやアンゴラの一部がオランダに占領されていたが、それらもイングランドの軍事支援を受けて、取り戻したのである。

（川成　洋）

コラム
9

ドン・カルロス
――悲劇の王太子

ドン・カルロス（以下、カルロス）は1545年、後のスペイン国王フェリペ2世（在位1556～1598）とポルトガル王家出身のマリア・マヌエラの長男として生まれた。父王フェリペ2世の庇護の下、誰もがうらやむ境遇にあるはずのカルロスの生涯はとてつもなく「悲劇的」で、わずか23年で終わった。早逝の理由のひとつには、カルロスがハプスブルク家の「近親結婚」の影響を大いに受けたことが挙げられる。実際、父と母は「いとこどうし」の関係であった。複雑な環境下で生を受けたカルロスが病弱であったことは言うまでもない。さらに11歳のときには、宮廷内で流行したマラリアに罹患し、両脚と脊柱に深刻な影響をもたらした。彼の右足と左足の長さは異なり、背中も曲がっていたという。

また、カルロスは吃音も発症し、スペイン語の「L」と「R」の発音にとても苦労した。むろん周囲の人々も彼の言葉を十分に理解できなかった。彼はそうした状況に苛立ち、段々とその性格に凶暴さを見せるようになった。事実、理由もなく使用人などに暴力をふるい、宮殿の窓から投げ落そうとしたこともあった。さらに17歳の時に宮廷内で激しく転倒し、脳に損傷を負った。その結果、病弱さと性格の気難しさに拍車がかかり、頻繁に発熱するようになった。1564年にスペインに着任したある大使は、「衝動的で暴力的な性格が際立ち、冷静さを失い、頭に浮かんだことをすぐに口にする」点を指摘している。

父王との対立と憎悪

カルロスの性格や行動は、1556年に国王となった父フェリペ2世との対立を引き起こした。それにはカルロスが「勉強嫌い」であった点が関係していた。彼は15歳の時に、フェリペ2世の異母弟のドン・フアン・デ・アウストリア（以下、フアン）らとともに名門アルカラ・デ・エナーレス大学で学んだ。カルロスとフアンは「叔父」、「甥」という間柄ながら、同い年であり、両者は親友となった。しかし、カルロスはフェリペ2世の期待を裏切り、勉学にほとんど関心を示さず、凡庸な成績を残した。王太子カルロスを王位継承者として考えていたフェリペ2世の落胆は大きくなる一方で、周囲の期待に応えられないカルロスは酒浸りの自堕落な生活を送るようになった。勤勉で質素な生活を好んでいたとされるフェリペ2世と正反対のカルロスは、父に対して憎悪を抱き始めた。

王太子ドン・カルロスの肖像
アロンソ・サンチェス・コエリョ画、1555～1559前後、油彩
Wikimedia Commons

１５６７年末、カルロスは告解室で神父に、「ある男を殺したい」と告解してしまう。それはほかならぬ、父王フェリペ2世のことであった。他方で、「叔父」そして「親友」のフアンにイタリアに逃亡する計画があることを打ち明けた。フアンは「他言無用」が条件であったにもかかわらず、その計画

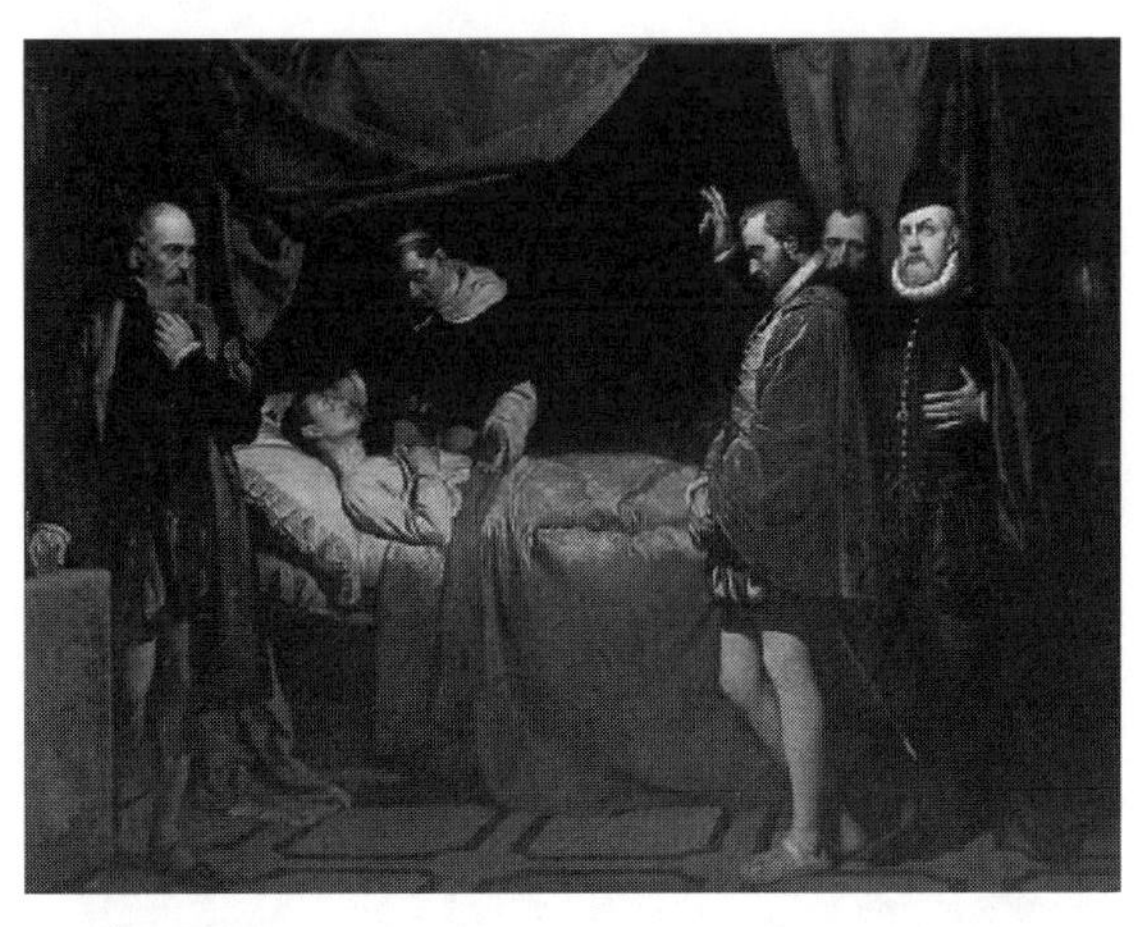

死の床にあるドン・カルロス
アントニオ・ヒスベルト画、1858、油彩　Wikimedia Commons

をただちにフェリペ2世に報告した。自身の秘密を暴露されたことを知ったカルロスは、フアンに襲いかかったが、力で勝るフアンがカルロスを取り押さえた。

悲劇的な最期

1568年1月、フェリペ2世はカルロスに自宅蟄居を命じた。その際フェリペ2世はカルロスに親子関係を断つことを通告しており、その後両者が再び顔を合わせることはなかった。およそ半年後の1568年7月末、カルロスは死去した。蟄居中、抗議のためにハンガーストライキを行っていたとされ、飢餓による衰弱死であった。

カルロスは18世紀後半、ドイツの詩人、ヨハン・フリードリヒ・フォン・シラーを嚆矢とするロマン主義の劇作家によって、歴史上最も「悲劇的」な人生を送った王太子の1人として描かれた。シラーの戯曲『スペイン王太子　ドン・カルロス』に基づくヴェルディのオペラ《ドン・カルロ》も、今日でも世界的人気を博している。

（安田圭史）

コラム 10

天正少年使節——地の果ての国から来た子どもたち

ルイス・デ・グスマンは、1601年にスペインで刊行したイエズス会の宣教記録『東方伝道史』の第9章をまるまる「天正少年使節」についての記述にあてている。イエズス会ベルモンテの修道院長として少年たちを実際に迎えた著者の記述は生き生きと愛情に満ちており、少年たちを「ニーニョス（子どもたち）」と呼び、父親のような慈愛をもって語っている。

イエズス会の思惑

天正少年使節とは、1582年から1590年にかけ、8年5か月あまりをかけて、日本からヨーロッパへの壮大な旅を果たした少年たちのことである。彼らが日本を出た年には本能寺の変が起こっており、帰国したのは関白秀吉の小田原征伐によって北条氏が滅亡し、秀吉の天下となった年であった。

少年たちは、イエズス会が長崎に開設した聖職者養成の教育機関セミナリオの生徒たちであった。正使の伊東マンショ、千々石ミゲル、副使の原マルチノ、中浦ジュリアンは日本を出たときはわずか13歳か14歳の少年であったが、九州の3名のキリシタン大名、大友宗麟、有馬鎮貴（後の晴信）、大村純忠の名代として、ローマ教皇のもとへ派遣された。この使節団の発案者は、イエズス会の巡察師（現地布教の最高指導者）ヴァリニャーノである。彼の目的は2つ、ひとつはイエズス会の日本での布教の成果を開示し、スペイン国王やローマ教皇などから援助を引き出すこと、もうひとつは日本人にヨーロッパ文明とキリスト教の偉大さを紹介することであった。しかしこのヴァリニャーノの壮大かつ至難な企画に、実際は九州のキリシタン3大名は直接関与していなかった。4人の少

1586年にドイツのアウクスブルクで印刷された、天正遣欧使節の肖像画
京都大学図書館蔵。右上・伊東マンショ、右下・千々石ミゲル、左上・中浦ジュリアン、左下・原マルチノ。中央・メスキータ神父。

年たちは、そのような事情を知るよしもなく、ただひたすら自らの信仰の使命感に燃えていたのであった。

温かな歓迎と過酷な運命

マドリードに到着した彼らは国王フェリペ2世（在位1556～1598）に謁見する。1584年11月14日、当時ヨーロッパ最強の国王は、6歳の幼い王太子、17歳と18歳の2人の王女とともに、はるか遠い日本からやってきた少年たちを温かく迎えた。王宮の奥の一室で、親しく少年たちを抱擁した王は、日本の着物や草履を珍しがって手に取って調べた。また、日本語も初めて聞く言葉で、日本からの書状を日本人修道士ロヨラが朗読すると、幼い王太子や王女たちは、日本語の発音の珍しさに笑いころげたという。

フェリペ2世は、この愛すべき少年たちに多額の旅費を授け、スペイン国王の紋章が入った馬車と、通行保証手形を交付してローマへと送りだした。ローマにおいて彼らは、84歳の老教皇グレゴリオ13世（在位1572～1585）に謁見する。教皇は、はるか遠くの地からやって来た少年たちを涙ながらに迎えた。それからまもなく教皇は逝去、新教皇シスト5世（在位1585～1590）が即位する。新教皇からも慈愛を注がれた彼らは、教皇によって叙勲され、ローマ市会からは市民権証を授与された。

しかし、この栄誉と感動を胸に日本に帰国した彼らを待ち受けていたのは、過酷な運命だった。天下人となった秀吉によって発令された1587年のバテレン追放令によって、キリスト教は禁じられ、信者たちは厳しい弾圧を受けていた。帰国後、聚楽第において関白秀吉に謁するも、追放令は撤回されることなく、伊東マンショは43歳で病死、千々石ミゲルは棄教、原マルチノは国外追放、日本にとどまり伝道を続けた中浦ジュリアンは1633年に殉教を遂げる。

当時のヨーロッパにおいて、この「地の果てからの少年使節」は大変な評判となった。使節に関する同時代の史料も数多く残されており、1586年のドイツのアウクスブルクでは西洋の衣装に身を包んだ、アジア風の切れ長の目をした少年たちの肖像画が出版された。その現物が京都大学図書館に所蔵されており、この肖像画が京都大学の図書館案内の表紙となって、今も目にすることができる。

長い間、少年たちは祖国でよりは、彼らが踏んだ異国の地で記憶されることになったのである。

（平井うらら）

17 八十年戦争（オランダ独立戦争）

――ネーデルラントの分裂

フェリペ2世の政策への不満

ハプスブルク家はブルゴーニュ公家との結婚を通してネーデルラントを継承した。ネーデルラントで生まれた神聖ローマ皇帝カール5世（皇帝在位1519～1556、スペイン王カルロス1世、在位1516～1556）はさらに北部へ版図を広げ、おおよそ現在のベネルクス全体を含むほどの地域を支配下においた。カール5世は息子フェリペ（スペイン王フェリペ2世、在位1556～1598）にネーデルラントを譲るも、その後、フェリペ2世はこの地をほとんど訪れることはなかった。フェリペの治世のネーデルラントでは、経済不振が続き失業者が増加し、飢饉も発生するなどして、社会が不安定な状況であった。また、カルヴァン派や再洗礼派を中心にプロテスタントが増加するなかで、フェリペ2世がスペインと同様に集権的なカトリック政策を推し進めたため、人々の反感を招いた。こうした要因が重なり、ネーデルラントを南北に分離させる叛乱が起きることになる。

フェリペ2世の政策のなかでも、とりわけネーデルラントへの異端審問の徹底的な導入が大きな不満を招いた。スペインではユダヤ教徒やイスラーム教徒と疑われた者が主な対象となった異端審問であったが、ネーデルラントでは、特にキリスト教徒のプロテスタントが審問の対象となったため、カトリックの間でもこのような異端審問に反対する者が多かった。１５６５年には宗教寛容と諸特権の維持を求め、カルヴァン派の下級貴族を中心とする「貴族盟約」が締結され、翌年４月にこの盟約の参加者がネーデルラント総督マルハレータ（フェリペ２世の異母姉）の宮廷を訪れ、過酷な異端審問の

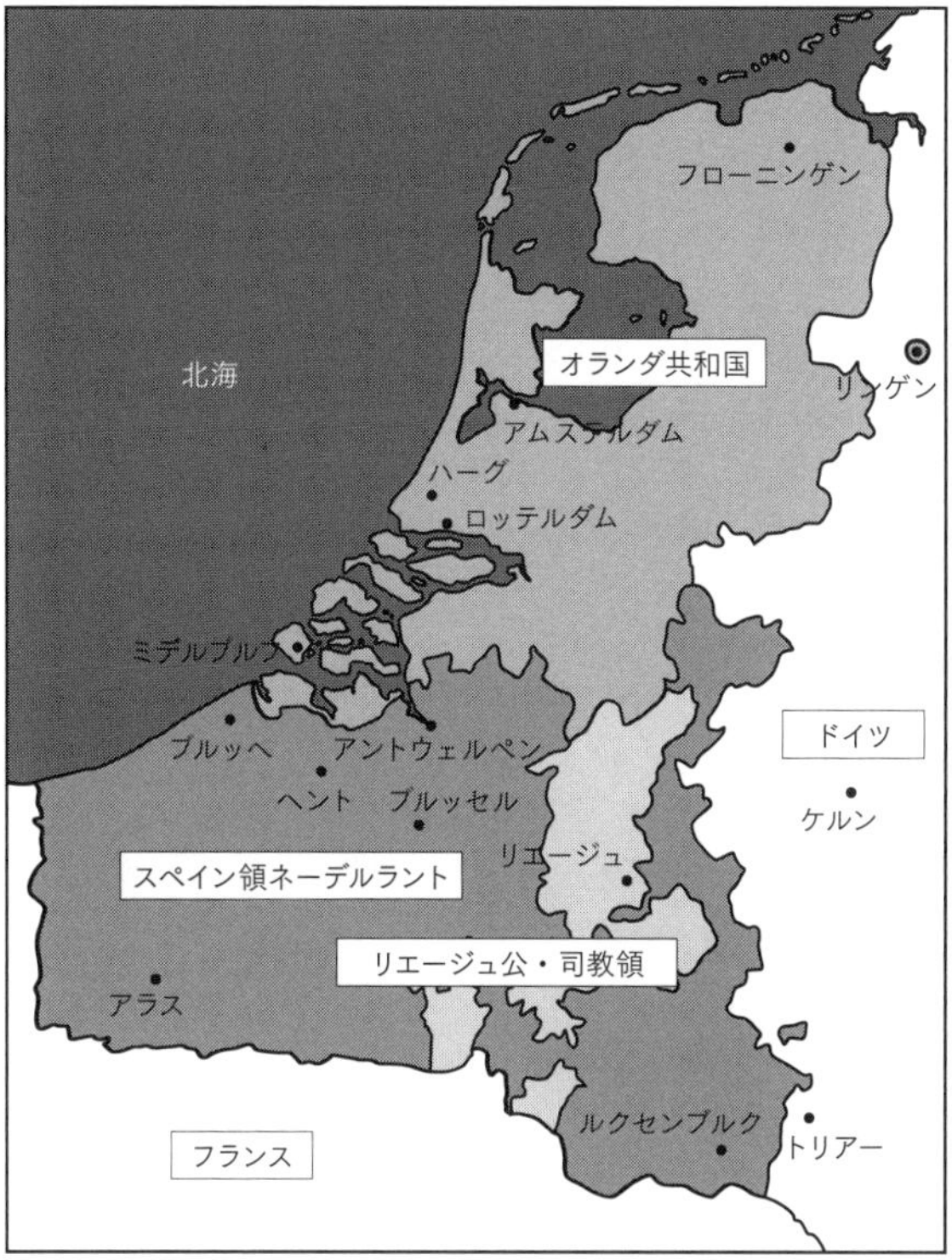

1648年のオランダ共和国とスペイン領ネーデルラントの地図
佐藤弘幸『図説　オランダの歴史』（河出書房新社、2012）p. 51の図を参考に作成

廃止などを求めた。このとき、総督の側近の1人がマルハレータに彼らのことを「乞食（へーゼン（ゴイセン））ども」と呼んだといわれている。以降、貴族盟約は物乞い用のお椀とずた袋を自らのシンボルにした。

アルバ公と騒擾評議会

1566年8月に、フランドル南部で急進的なカルヴァン派の聖職者が行った過激な説教をきっかけに、熱烈な信徒たちがカトリックの修道院や教会を襲い、聖画や聖像を破壊し始めた。次第にこの破壊活動はエスカレートし、宗教的理由に関係なく社会に不満を持ったさまざまな人々が加わり、破壊の暴動はネーデルラント全土に広がった。一方、混乱を落ちかせるため、宗教寛容の実現を試みる動きも見られ、オラニエ公ウィレム、エフモント伯ラモラール、ホルン伯フィリップがフェリペ2世との調停者として尽力したが、うまくいかなかった。

そして、聖画像破壊の暴動にショックを受けたフェリペ2世は、暴動の鎮圧のため、スペインからアルバ公を軍隊とともにネーデルラントに送った。アルバ公はネーデルラント総督となり、騒擾評議会と呼ばれる臨時法廷を設置した。これは残忍さから「血の評議会（流血評議会）」とも呼ばれている。そこで、プロテスタントや暴動の参加者だけでなく、プロテスタントと調停しようとした者までも政治犯として裁判にかけられ、約8千人が死刑宣告を受けたとされる。そのなかにはカトリック教徒で、フェリペ2世側に留まったエフモント伯とホルン伯も含まれ、1568年6月に、ブリュッセルの広場で2人は公開斬首された。この悲劇的な出来事は物語や音楽の題材となり、たとえば『エグモント』というゲーテの戯曲をベートーヴェンが音楽劇にしている。

オラニエ公たちの叛乱

1568年4月に、アルバ公に対してオラニエ公ウィレムを中心とする叛乱軍が攻撃を始めた。ここから始まる戦争は「八十年戦争」と呼ばれ、日本では「オランダ独立戦争」として知られている。1572年にオラニエ公らが組織し、カルヴァン派が中心となった海上のゲリラ部隊、いわゆる「海乞食（ワーテルヘーゼン）」がホラントの港に上陸したことで、叛乱軍とスペイン軍との本格的な戦いが発動された。同年、ホラント州がオラニエ公を同州の総督として迎え入れ、1573年、ホラントではカルヴァン派中心の政治が始まった。プロテスタントの代表とされるオラニエ公だが、初めからプロテスタントとしてスペインに抵抗したわけでなく、この頃にカルヴァン派に改宗している。

オラニエ公ウィレムの肖像画
アドリアン・トーマス画、1579、油彩
Wikimedia Commons

ネーデルラントの状況悪化を受け、アルバ公はネーデルラント総督を解任され、騒擾評議会も停止された。しかし、叛乱は鎮まらなかった。そうしたなかで、1576年11月にネーデルラントの政府に留まった地元貴族や、叛乱者の統治するホラントやゼーラントの代表者の間で「ヘントの平和」が成立した。けれども、さらなるスペインの介入やカトリックとカルヴァン派の関係の悪化から、長続きしなかった。結局、カトリック勢力は諸特権の回復とカトリックの維持をもとめてネーデルラント南部でまとまり、1579年1月初めにカトリックの貴族が中心となってアラス同盟が結成された。これに対し、同年1月23日、ネーデルラント北部でオラニエ公率いるプロテスタント中心のユトレヒト同盟が結成された。こうして、ネーデルラントは南北に分離していくことになる。

北部の独立と南部のハプスブルク家による統治

北部では、1581年にフェリペ2世の「廃位布告」が叛乱者側の全国議会で議決された。このとき、オラニエ公ウィレムらはスペインからの分離・独立を望んでいたわけではなかった。新たなネーデルラントの君主として、フランス王の弟アンジュー公を呼び寄せている。しかし、アンジュー公と仲たがいし、この計画は失敗に終わった。1584年7月にオラニエ公ウィレムが暗殺され、1585年に息子のマウリッツがホラント総督となり、叛乱軍の指導者的役割を引き継いだ。そして、イングランド女王エリザベス1世（在位1558～1603）などにもネーデルラントの君主になるように要請するも断られた。結果、北部では、1597年までにマウリッツにより7州がまとめ上げられ、1609年の十二年休戦条約の締結で、事実上、スペインから独立が認められた。そして、1648

年のウェストファリア条約でオランダ共和国（ネーデルラント連邦共和国）は独立を正式に承認され、八十年戦争は終結した。

一方、南部（およそ現在のベルギーとルクセンブルク）では、1579年5月にスペイン王によりネーデルラント総督となったファルネーゼがアラス同盟と講和を結び、スペイン王の権威とカトリックの保持を確認し、叛乱軍側から一部領土を回復した。最終的に、1598年、フェリペ2世は娘イサベルに残されたネーデルラント（南ネーデルラント）を譲った。イサベルはオーストリア・ハプスブルク家のアルブレヒトと結婚し、共同統治を行った。2人は南ネーデルラントの経済や文化の回復に力を注いだ。再カトリック化のため、聖画像破壊などの被害を受けた教会の再建にも取り組み、ペーテル・パウル・ルーベンスは彼らの庇護を受け多くの宗教画を制作している。彼の作品として最も有名なのはアントウェルペン（アントワープ）の聖母マリア大聖堂にある《キリスト昇架》《キリスト降架》の祭壇画であろう。日本では、『フランダースの犬』のクライマックスに出てくる絵画として知られている。1621年にアルブレヒトが亡くなったときに後継者がなかったので、イサベルは南ネーデルラントを当時のスペイン王フェリペ4世（在位1621～1665）に返した。以後、南ネーデルラントはスペイン・ハプスブルク家の支配下となり、スペイン継承戦争（1701～1714）後は、18世紀末までオーストリア・ハプスブルク家の支配下におかれた。

（加来奈奈）

18 フェリペ3世とレルマ公爵
――その歴史的評価をめぐって

今から30年以上も前、スペインに留学していた学生時代の話である。スペイン人の友人にマドリード市内を案内してもらった。ちょうど中心部にあるマヨール広場を通りかかったときのこと。広場に据えられた騎馬像に目が留まった。すると彼女はこう説明してくれた。「17世紀初めの国王、フェリペ3世」そして肩をすくめて付け加えた。「何もしなかった王よ」。後日、別の友人にもフェリペ3世（在位1598～1621）の印象を聞いてみた。返ってきた答えは「レルマ公爵の操り人形、かな」。気になってさらに友人・知人に尋ねてみたが、フェリペ3世は、偉大な父王フェリペ2世と、スペイン帝国の立て直しに腐心した息子フェリペ4世の間に挟まれ、「何もしなかった怠惰な王」という印象を持たれているようだった。

レルマ公爵の「寵臣政治」

スペイン・ハプスブルク家は、16世紀と17世紀では明暗が分かれる。「陽の沈むことなき大帝国」が現出した輝かしい16世紀と比較すると、17世紀は、国際社会での覇権が失われ、国内の政治や経済も混乱した「衰退の時代」といわれている。その衰退の時代の幕開けに居合わせた王が、フェリペ3

世である。

1598年、父王フェリペ2世の逝去により、フェリペ3世は20歳で即位した。若き王が好んだのは演劇、絵画、そして何よりも狩猟だった。遊興に耽るばかりで政治的能力に欠けた王は、王太子時代から彼に仕えていた信頼のおけるレルマ公爵（本名はフランシスコ・ゴメス・デ・サンドバル・イ・ロハス）に政務のすべてを委ねた。いわゆる「寵臣（バリド）政治」の始まりである。一般的にフェリペ3世が「何もしなかった王」という印象を持たれる理由のひとつは、ここにある。

フェリペ3世の騎馬像（マドリード・マヨール広場）
Carlos Delgado/ Wikimedia Commons

王の個人的信頼を得た者が王に代わって政治を行う寵臣政治は、16世紀末から17世紀のヨーロッパ諸国で散見され、スペインにおいても次王フェリペ4世（在位1621～1665）の寵臣オリバーレス伯公爵がよく知られている。しかし、そういった寵臣たちと比べると、レルマ公爵はその行き過ぎた権力の濫用から奸臣（かんしん）として語られることが多かった。また、奸臣に操られていたように見えることが、フェリペ3世の否定的な評価にもつながっている。

1598年に寵臣の座についたレル

マ公爵は、フェリペ2世（在位1556～1598）時代からの有力家臣の影響を払拭するために、宮廷を自らの所領に近いバリャドリードに一時移転するという大胆な行動に出た（1601～1606）。また、本来は国王が臣下に与える爵位や土地、宗教騎士団への入団といった恩典を王の代わりに濫発した。その結果、顧問会議議長や異端審問所長官のような要職は、彼の家門やその取り巻きが独占することになった。もともとは貧乏貴族にすぎなかったレルマ公爵であったが、1616年には爵位貴族のなかでは最高額である30万ドゥカードの年収を得るようになった。この金額から、政治の腐敗や汚職による富の独占が大きかったことがうかがえる。

レルマ公爵が特に腐心したのは、国王を臣下から遠ざけて不可視化し、できるだけ自分の仲介なしには接触できない仕組みを作り上げることだった。臣下から国王への要請や国王から臣下への応答はほぼ書面で行われ、形式的には国王が決定しているように見せながらも、事実上あらゆる事柄を彼が決定していた。

消極的な外交と「スペインの平和（パクス・イスパニカ）」

フェリペ3世が「何もしなかった王」と語られてしまう理由をさらに挙げるなら、外交政策における消極的な姿勢であろう。父王フェリペ2世は、普遍的なカトリック帝国維持のために、ヨーロッパ各国との戦争を積極的に進め、領土を拡大し続けた。しかしそれは重い経済的負担をともなっていた。フェリペ3世の時代になると、レルマ公爵の主導で、外交により戦争を回避する方策へと転じた。ライバルであったイングランド、フランスとの関係は好転した。さらに、1568年から継続していたオランダ独立戦争についても、レルマ公爵が宮廷内の主戦派を抑えて１６０９年にアントウェルペン条約を締結し、12年間の休戦に入った。それまで敵対していたヨーロッパ諸国との休戦に成功した17世紀初頭は、「ローマの平和（パクス・ロマーナ）」になぞらえて「スペインの平和（パクス・イスパニカ）」と呼ばれることもあるが、実際には各国の事情が重なった偶発的な結果と見ることもできる。

フェリペ３世期の後半に入ると、レルマ公爵の権勢にも翳りが見え始めた。権力の占有や汚職、消極的な対外政策への批判が高まり、１６１８年には息子のウセダ公爵に権力の座を奪われてしまう。

馬上のレルマ公爵の肖像
フアン・パントーハ・デ・ラ・クルス画、1602、油彩
Wikimedia Commons

さらに、１６２１年に庇護者であったフェリペ３世が死去すると、その4年後に失意のうちにこの世を去った。スペインの対外政策は見直され、フェリペ４世とオリバーレス伯公爵を中心に主戦派が力を持つ時代へと移っていく。

大きく変わった歴史的評価

ここまで述べてきたように、フェリペ３世とレルマ公爵の時代は、怠惰な王とそれを利用した奸臣により、スペインの衰退が始まった時代と評されることが多かった。しかし、ここ20年間のスペイン近世史研究で歴史的評価が大きく変わったのが、フェリペ3世の時代だと言われている。

その研究の中心となっているのが、スペインの歴史学者A・フェロスであるが、彼はフェリペ3世がその治世を通じて責任を完全に放棄することはなく、父王時代の課題である行財政改革を進める意図はあったという見解を示している。また、フェロスの研究により、レルマ公爵は王権を弱体化させるどころか、むしろ強化することに貢献したという説が有力になっている。一例として、私利私欲により権力を掌握することが目的と考えられていた「国王の不可視化」というレルマ公爵の政治手法は、国王を臣下から遠ざけアクセスできる人間を制限することで、逆に国王の威厳を高め、政治に機動力を持たせる狙いがあったと考えられている。バリャドリードへの宮廷の一時的移転も、同じ歴史的文脈のなかでとらえることができ、フェロスはレルマ公爵の政治について、王権を強化することを目的とした一種の統治革命と評している。

さらに、腐敗や汚職といったレルマ公爵（すなわちフェリペ3世期）への悪評が定着していくのは、その後のオリバーレス伯公爵の時代である。オリバーレス伯公爵はフェリペ4世による政治を正当化するために、前王の寵臣を奸臣として貶めるプロパガンダを行ったと考えると納得がいく。

フェリペ3世の時代への評価はダイナミックに変貌している。専門的な研究の成果が一般の人たちの歴史観にまで影響するには時間を要するだろう。だがこの先、マドリードのマヨール広場にあるフェリペ3世の騎馬像を指して「何もしなかった怠惰王」と肩をすくめる人は、もしかしたら減っていくのかもしれない。

（増井実子）

コラム 11

慶長遣欧使節――伊達政宗「太平洋交易」の夢と挫折

明治6年（1873）、欧米を巡回していた明治政府の岩倉使節団はヴェネツィアの古文書館で、「昔、日本人がここに来た記録があります」とある書状を見せられた。それは伊達藩の支倉六右衛門長経（常長）が江戸開幕初期にしたためた文書であった。これを機に、慶長遣欧使節の存在が明らかとなる。

慶長遣欧使節とは、慶長18年（1613）伊達政宗がメキシコとの通商許可を求めてスペイン本国へ派遣した使節団である。スペイン人宣教師ルイス・ソテーロ神父と家臣の支倉六右衛門長経の両名が使節に任じられ、何通もの書状を携えて、メキシコを経由し、スペイン国王フェリペ3世（在位1598～1621）、およびローマ教皇パウロ5世（在位1605～1621）のもとに派遣された。彼らは仙台藩がスペイン人技師の指導で建造したサン・ファン・バウティスタ号でメキシコを目的地とする徳川幕臣、商人、造船技術者、帰国するスペイン人などと同船して180人ほどで太平洋を横断、メキシコに至る。ほかの同船者たちとはここで別れ、使節団はメキシコ東岸からスペイン艦隊の船で大西洋を横断し、スペインおよびローマをめざした。

フェリペ3世、そして教皇との謁見

大西洋を渡った20名ほどの使節は、1614年10月スペインのセビーリャに上陸、陸路でマドリードに移動する。マドリードの王宮では使節団のために盛大な謁見の儀式が催された。ソテーロが日本皇帝（徳川家康）の大使としての言葉を述べた後、支倉は奥州の王（伊達政宗）の名代として堂々と日本語で挨拶し、政宗の親書を国王に献じた。支倉はこのマドリード滞在中にカトリック

の洗礼を受けている。洗礼式には国王フェリペ３世、王女たちも列席し、支倉の洗礼を祝した。

支倉の受洗後、６か月の間、一行はマドリードに滞在を余儀なくされる。日本でのキリシタン迫害の実情や、ソテーロ神父の属するスペイン系のフランシスコ会とポルトガル系のイエズス会との確執などが明らかになるなか、スペイン政府、インディアス顧問会議は使節に対する処遇をめぐり方針を決めかねていたのである。

この事態を憂慮したフェリペ３世は「日本のようなはるか遠い所から来てカトリック信徒を代表してローマ教皇に恭順を表明する者のローマ行きを止めてはならない」と決裁、潤沢な旅費を与えた。沿道の大観衆が見守るなか、壮大なパレードでローマに入った支倉たちはローマ教皇パウロ５世との謁見を果たす。教皇は使節団の使命に大いに喜び、宣教師の派遣には同意したが、貿易交渉など具体的なことはスペイン国王の権限なので、と回答をかわした。

支倉たちの奮闘

ローマからの帰り、一行に届いたのは、マドリードに寄ることなくセビーリャに直行、ただちにフィリピン経由で帰国するようにとの命令であった。インディアス顧問会議は、使節に対する国王の回答を使節に与えずに、日本との外交問題をフィリピン総督に託すことで厄介払いをしたのである。これに対し、支倉とソテーロ神父は、親書に対する国王の回答の返書を要請してセビーリャに滞在を続ける。しかし支倉らの願いは届かず、１年後の１６１７年７月、万策尽き果てたソテーロ神父とともに支倉たちも帰国の途につく。支倉が奥州へ帰国したのは１６２０年９月、出発してから６年の歳月が流れていた。

支倉常長は、世界の最強国の王侯貴族や教皇の前で一歩もたじろぐことなく堂々とふるまい、政宗の企図を果たすためによく奮闘した。伊達政宗に帰国の報告をするが、２年後の彼の死までの消息は謎に包まれている。ソテーロ神父は、１６２

4年、日本に潜入するも、捕らえられて殉教している。

日本が鎖国と禁教へと舵を切ったために、使節としての基盤を根底から奪われてしまったが、慶長遣欧使節は、室町から戦国時代へ至る、沸騰し外へと拡がっていく日本の社会的なエネルギーの最後の光芒であった。そして、鎖国が終わり近代国家として世界に踏み出し始めた明治6年、再び支倉常長は見いだされることになるのである。

（平井うらら）

支倉常長像
アルキータ・リッチ画、17世紀、油彩
ローマで常長の世話役だったボルゲーゼ枢機卿の命で制作され、縦196.0cm、横146.0cmの巨大な画面に等身大で描かれている。
Wikimedia Commons

19 フェリペ4世
――恋多き惑星王

フェリペ4世（在位1621～1665）は、1605年父王フェリペ3世（在位1598～1621）とオーストリア・ハプスブルク家出身の母マルガレーテ王妃の長男としてバリャドリードに誕生した。翌年首都が再びマドリードに戻されると、マドリードの旧王宮で生活をするようになる。王宮で、王太子は聖職者たちから良きカトリック教徒として厳しい教育を受けて育った。

僧侶のような禁欲的な生活を送っていたなか、転機が訪れる。10歳という年齢でフェリペ王太子は最初の結婚をしたのである。お相手は2歳年上のフランス・ブルボン王家のエリザベート王女（スペイン語ではイサベル、フランス王ルイ13世（在位1610～1643）の妹）であった。このときフェリペ王太子の姉アナ王女とルイ13世の結婚も同時にとり行われた。フランスとスペインの国境を流れるビダソア川で、それぞれの王女が相手の国に引き渡された。争いが尽きない両国の和平のための政略結婚だった。王太子は美人の王女を非常に気に入ったそうだ。しかし結婚はしたものの幼いため、実際に2人が一緒に暮らすのは5年後であった。それまでは夫婦といっても2人だけで会うことは許されず、マドリードの別々の宮殿で暮らすことになった。カトリック教徒として清廉・純潔さが求められた。

オリバーレス伯公爵が見せてくれた世界

しかし王太子が結婚したことで、まわりの環境に変化が訪れる。王太子の新しい一家を支えるための家臣が増えた。そのなかでガスパール・デ・グスマン・イ・ピメンテール（後のオリバーレス伯公爵）が王太子の侍従となったのだ。この出会いがその後の王太子の人生を大きく左右することになった。セビーリャの名家出身で、地元では文学・芸術の発展に貢献していた。フェリペ4世の宮廷画家となり、数々の名画を残したベラスケスを紹介したのも彼であった。

狩猟服姿のフェリペ4世
ディエゴ・ベラスケス画、1632-1634、油彩

権力の座を狙い、将来の王となる王太子に気に入られようとあらゆるご機嫌取りをしながら、徐々に王太子の信頼を得ていく。望まれれば、乗馬・狩猟・演劇鑑賞・パーティー・女性との密会の橋渡しなどなど、王太子に気に入られることを何でもした。努力は徐々に功を奏し、公私ともに王太子の信頼を得ていった。それまでは聖職者たちに囲まれた生活をしてい

オリバーレス伯公爵騎馬像
ディエゴ・ベラスケス画、1636、油彩

た世間知らずの王太子には、オリバーレス伯公爵は新しい楽しい世界を紹介してくれる頼りになる存在であっただろう。歴代のスペイン王のなかでもフェリペ4世の女性好きはつとに有名で、女性であれば既婚・未婚、位の高さや低さを問わず、その間にできた婚外子も数十人はいただろうとされている。幼少期に受けた敬虔なカトリック教育とは真逆の行動である。

オリバーレスの寵臣政治と失脚

1621年に父王フェリペ3世が急逝すると、16歳の誕生日まであと数日であったフェリペ王太子はフェリペ4世として即位をする。1618年に始まった三十年戦争のなか、1621年にはオランダとの12年間の休戦協定が切れる。複雑な国際情勢のなか、スペインは戦禍に巻き込まれていく。スペインを取り巻く状況の舵取は困難を極めた。しかし若き王太子は政治に関心がなく、自ら政治を行うことは不可能であった。そこでオリバーレス伯公爵に1621年から164

3年まで政治を任せることになる。フェリペ3世と同じ、寵臣政治を敷いたのである。

王自身は政治を顧みず、趣味や数々の恋愛に時間を費やし、オリバーレス伯公爵はさらなる権威と権力を求めた。お互いの利害が合致した面もあるが、オリバーレス伯公爵の政治手腕も長けておらず、結局、1640年のカタルーニャの叛乱とポルトガルの独立を招くなど失政が続き、民衆の不満も高まった。1643年ロクロワの戦いでスペイン陸軍がフランスに大敗し、その同年、オリバーレス伯公爵も失脚することになる。

世継ぎ問題

1644年にはイサベル王妃が亡くなり、バルタサル・カルロス王太子もその2年後、16歳の若さで亡くなってしまったことから、世継ぎ問題が浮上してくる。1649年、フェリペ4世はオーストリア・ハプスブルク家のマリア・アンナ王女（スペイン語ではマリアナ）と再婚する。王は44歳、王女はまだ14歳であった。しかも王女は、フェリペ4世の妹マリア・アナと神聖ローマ帝国皇帝フェルディナント3世（在位1637～1657）の娘であったから、伯父と姪の近親結婚であった。しかも王女は早世した王太子バルタサル・カルロスの結婚相手と目されていた人物であった。

ハプスブルク家では血統を守るため、近親婚がたびたび行われていたが、それがまた繰り返されることとなった。もはや血統的につり合う若い女性を探すことは困難であった。それでも世継ぎにはなかなか恵まれなかった。近親婚が影響してか、2度目の結婚でも嫡子の3人の王子は亡くなり、1661年にやっと世継ぎのカルロス2世が誕生するも、さまざまな遺伝的疾患を抱えていた。

《赤の銃士 狙われた王位とルイ14世の陰謀》
DVDジャケット

スペイン・ハプスブルク家の終わりの始まり

オリバーレス伯公爵失脚後は、1643年から1661年まで彼の甥ルイス・メンデス・デ・アロ・イ・グスマンが寵臣となった。1648年に三十年戦争の講和がウェストファリア条約によってようやく成立すると、各国の主権が認められ、オランダも独立した。スペインはまたしても領土を失った。長く続いた寵臣政治を通じてスペインの国際的地位の低下は明らかであった。この後は寵臣を置かず、マリア・ヘスス修道女のような顧問たちからの助言をもらい、政治を行おうとしたが、やはり王自身にその助言を実行に移す手腕は備わっていなかった。

ウェストファリア条約締結後もスペインとフランスの戦争は10年間も継続していたが、1659年ピレネー条約の講和により終結することとなる。この条約により、中世以来カタルーニャの一部であったセルダーニャとロセリョンがフランスに割譲され、ピレネーのおもな峰々を結ぶかたちの現在の国境線が引かれた。また同条約では、最初の結婚で授かった子供のうちただ1人存命していたマリア・テレサ王女とフランス・ブルボン王家の王ルイ14世（在位1643～1715）の結婚が定められ、翌年とり行われた。この結婚でフランスのブルボン王家は後にスペイン王位継承権を主張し、スペインとフランスは戦争をすることになる。

「太陽王」と称されたルイ14世を意識して、フェリペ４世は「惑星王」と呼ばれるが、かつての大国としての権威は弱まり、スペイン・ハプスブルク家の終わりの始まりを導いた。１６６５年フェリペ４世はマドリードで亡くなる。

フェリペ４世は公私ともに逸話が豊富なことから、現代の脚本家や小説家の創作意欲を掻き立てるようだ。スペイン国営放送の人気ドラマ《レッドイーグル》（原題 *Aguila Roja*）やそのスピンオフ映画で日本でもＤＶＤ化された《赤の銃士　狙われた王位とルイ14世の陰謀》はお勧めだ。フェリペ４世統治の晩年にあたる17世紀スペインを舞台とした愛と陰謀渦巻く冒険歴史シリーズは大胆な話の展開が盛り込まれたフィクションだが、一見の価値はある。

（田中由美）

コラム
12

カタルーニャの叛乱／刈り取り人戦争

「刈り取り人戦争」とは、1640～1652年にかけて、カタルーニャ公国がスペイン王権からの分離を目指した戦争のことである。スペイン史では「カタルーニャの叛乱」と呼ばれるが、近年ではスペイン全体でも「刈り取り人戦争」の呼称が増えている。

中央集権化への反発と対抗

1479年に成立したスペイン王国は統一国家ではなく、王権と分有された主権を有する複数の王国からなる複雑な同君連合（複合王制国家）だった。だが、スペイン王権はカスティーリャ王国と一体化していった。ハプスブルク朝スペイン王権は当初より莫大な帝国維持費（戦費）に苦しんだが、王室財政を支えていたカスティーリャ王国経済が16世紀末から衰退し始めると、財政はさらに深刻な状態となった。それゆえ、フェリペ2世（在位1556～1598）以降の王権は中央集権化を強め、スペイン王国を構成する他の諸王国からの王権への拠出金を増やそうとした。

しかし、王権を制約する議会と法が骨抜きにされていたカスティーリャ王国とは異なり、スペイン王国を構成する他の諸王国では、王権は各国の法と議会により制約されていたため、これを無視して中央集権化を進めようとする王権への反発は各国で高まった。「八十年戦争」（オランダ独立戦争）も刈り取り人戦争もポルトガルの独立も、このような文脈のなかで生じた。

とりわけカタルーニャ公国では、公国の政府である議会常設代表部（ジャナラリタット）が、中央集権化を強める王権に対抗して、身分代表委員会に新興の社会諸階層を加えつつ、カタルーニャ議会で成立した法の解釈権をこの委員会に独占させ、王権の恣意的な法解釈を妨げようとしていた。

深まる対立

しかしながら、フェリペ4世（在位1621〜1665）の寵臣オリバーレス伯公爵は、カスティーリャの法にのっとったスペイン王国の統一を秘密裏に計画し、手始めにスペイン王国の軍隊統合計画を1625年に公表すると、王権とカタルーニャ公国の対立はさらに高まった。公国は、この計画はカタルーニャ人に公国国内の防衛義務のみを課す公国の法に反するとして、これを拒否した。公国は王に、公国では、主権は王と3身分（高位聖職者・貴族・有力市民）からなる同地の人々で分有されていることを想起されたいと伝えたが、オリバーレスは王に、王の公国訪問時に騒乱を誘発して、それを口実に公国の法を廃止しカスティーリャの法を導入すべしとも進言していた。

1635年になると、フランスは「三十年戦争」の一環としてスペインに宣戦布告した。そこでオリバーレスは、カタルーニャ公国を戦争に巻き込んで軍隊統合を進めるために、カタルーニャからフランス国境を攻撃した。そして、スペイン王軍（カスティーリャ軍）がカタルーニャ北西部の村々に駐屯したことは、公国と王権の対立を決定的にした。王軍兵の宿営に関し、オリバーレスは、駐留費用をすべて公国の負担とし、公国の法の定めるところを超える便宜供与の義務を農民に課したことに加えて、王軍兵が住民に略奪や殺害を行ったことは、公国の法に対する侵害と農民の耐え難い負担を意味した。農民の王軍への報復も激しさを増した。

民衆蜂起から「カタルーニャ革命」へ

そして、1640年3月、カタルーニャ北西部のある村が王軍によって襲撃されると、ついに農民たちは王軍に対し蜂起した。さらに、6月7日の聖体の祝日、バルセロナ市と恒例の刈り取り契約を結ぶために同市にやってきた農民（刈り取り人）たちが市内で蜂起し、副王が殺害された。これが刈り取り人戦争の幕開けで、民衆蜂起はカタルーニャ各地に拡散していった。

聖体の祝日の蜂起で、副王を殺害する刈り取り人たち
《血の聖体》アルマナジルト・ミラーリョス画、1910

　これに対し、王権は、カタルーニャ公国の法を廃止する意図をもって新たに王軍を派遣する手はずを始めた。他方、公国の議会常設代表部は、９月に3身分の代表からなる総会を開いて、金銭の支払いにより軍事援助を得る条約をフランスと結ぶことを決めた。この総会の出席者は５３２人にのぼり、うち市民身分は３２３人（60・７％）に及んだ。刈り取り人戦争が単なる叛乱ではなく、一種の「民主革命」としての「カタルーニャ革命」であると指摘される所以である。

カタルーニャ公国の降伏

　ところで、フランスからの軍事援助が不十分だったため、１６４１年1月16日、カタルーニャ公国はフランスの保護下で共和制に移行し、最終的には同月23日にはフランス王ルイ13世（在位１６１０～１６４３）を君主（バルセロナ伯）とする宣誓が行われた。ところが、フランスは公国の法を無視した支配を始め、2月末には議会常設代表部首班パウ・クラリスが何者かにより毒殺され、フランス兵による略奪も頻発した。また、スペイン王軍との戦いでは、フランス軍の負けが続いた。

そして、1642年にルイ13世の宰相リシュリューが死亡し、1643年にオリバーレスが一連の混乱の責任を負わされ失脚すると、フランスは、ピレネー以北のカタルーニャ（現在のフランス側カタルーニャ、以下北カタルーニャと記す）にしか関心を示さなくなった。そして民衆の反フランス感情がきわめて強くなっていくなか、1652年10月、バルセロナは恩赦と引き換えにスペイン王軍に降伏した。

北カタルーニャのフランスへの割譲

他方、フランスは支配下においた北カタルーニャから、取引材料とみなしていたピレネー以南のカタルーニャに断続的攻撃を続けた。結局、世界各地での戦闘で疲弊するスペインは、フランスと1659年にピレネー条約を結び、北カタルーニャのフランスへの割譲と、ルイ14世（在位1643～1715）とフェリペ4世の娘マリア・テレサ王女の婚約が取り決められた。この結婚は、後のブルボン家のスペイン王位継承とそれに伴うスペイン継承戦争（1701～1714年）へとつながっていき、カタルーニャ公国は継承戦争での敗北で、国家として消滅することになる。

スペインでもなくフランスでもなく

ところで、刈り取り人戦争では、多くの民衆が、スペイン王権およびフランスの王権と対立するカタルーニャ公国の法と諸機関を支持した。ある農民が叫んだ「スペインでもフランスでもなく、祖国万歳（Visca la terra）」は、これを象徴していた。

（奥野良知）

コラム 13

ポルトガルの独立

同君連合の危機とクーデター

スペイン王フェリペ2世がポルトガル王に即位した1581年以来の同君連合は、1630年代に危機的状況を迎えていた。ヨーロッパ各地で戦端を開いていたスペインは、オリバーレス伯公爵の下でカスティーリャ以外の王国にもさらなる負担を要請し、さらには軍事的な統合もめざすなど、同君連合の際に認められた特権は侵害されつつあった。海外では、オランダがアジアやアフリカ、ブラジルのポルトガル拠点に攻撃を加え、海洋帝国は危機に瀕していた。反スペインの民衆暴動も頻発するなかで、オリバーレスとその代理人である国務秘書官ミゲル・デ・ヴァスコンセロスに反感を持つ貴族グループが、ブラガンサ公爵ジョアンを旗頭とする反スペインクーデターを計画する。

1640年12月1日朝、テージョ川に面して建つリスボン・リベイラ王宮は、武装した貴族の一団に急襲される。ミゲル・デ・ヴァスコンセロスは銃撃を受け、王宮の窓から投げ出されて殺害、ポルトガル副王マントヴァ公妃マルガリーダも逮捕された。市内の要所が占拠され、クーデターの成功とともに「自由、自由、ジョアン4世陛下万歳」の歓呼がとどろき、12月6日にはジョアンが領地のヴィラ・ヴィソーザから到着、15日に荘厳な即位式を行ってポルトガル国王ジョアン4世（在位1640～1656）として即位、1910年まで続くブラガンサ朝が開始される。クーデター成功の報を受け、国内の都市のみならず、海外の拠点も次々にジョアン4世の即位を支持する。ポルトガル「再独立」（Restauração）の始まりである。

ブラガンサ公爵ジョアン

ブラガンサ公爵家は、アヴィス朝初代国王ジョアン1世（在位1385〜1433）の庶子アフォンソを開祖とする家系であり、代々の国王からの恩恵とともに領地を拡大しながら国政にも影響を及ぼしていた。1580年のポルトガル王位継承問題のときには、マヌエル1世（在位1495〜1521）の孫にあたるブラガンサ公妃カタリーナが有力な候補者となったが、フェリペ2世（ポルトガル王としてはフェリペ1世、在位1581〜1598）の即位を認め、以後は領地のヴィラ・ヴィソーザに引きこもり、表舞台に立つことは避けながら、ポルトガル随一の貴族として隠然たる力を保っていた。

カタリーナの孫にあたる8代ブラガンサ公爵ジョアンも、アンダルシアの大貴族メディナ・シドニア公の娘ルイサ・デ・グスマンを公妃に迎える一方で、オリバーレスから提示されるナポリ副王などの顕職を断っていた。音楽に造詣が深く、領地での狩りを楽しみ、ポルトガル再独立の旗頭として陰謀に参加するのを逡巡していたジョアンに対し、ルイサが「人に仕えて一生を終えるより、君臨して死んだ方がましです」と言って決断を促したというエピソードが伝わっている。

独立戦争の影で

クーデターの翌1641年、スペインとの戦端が開かれる。ジョアン4世は全国議会を招集して軍事費の負担を要請し、新たな税の導入が検討される中で、国王に対する陰謀事件も起き、再独立後の国政をリードしてきた国務秘書官フランシスコ・デ・ルセナが内通の嫌疑で処刑されるなど、政情は安定しなかった。同君連合期には、マドリードの宮廷に伺候する貴族も存在し、多くのポルトガル人がヨーロッパの戦場でハプスブルク家のために戦っていた。クーデターの報を受け、本国に急遽帰還し再独立を支持する貴族がいる一方、ハプスブルク家君主への臣従を継続したものも少

ジョアン4世の即位
作者不詳、17世紀　Wikimedia Commons

なくなかった。

　カトリック教会の対応もさまざまであった。ジョアン4世の顧問官的役割を果たしていたアントニオ・ヴィエイラ神父らイエズス会士は再独立を支持していたが、異端審問所長官やブラガ大司教など高位聖職者のなかには親スペイン派が存在し、ローマ教皇庁も再独立を認めず、空位となった司教座の叙任も認められなかった。さらに、植民地交易回復のために企画された「ブラジル総合会社」の出資者として新キリスト教徒（コンベルソ）に期待して投資した彼らの財産を異端審問所の差し押さえ対象にしないというジョアン４世の布告は、異端審問所の激しい反発を招いた。

　ジョアン４世が１６５６年に崩御すると、即位したアフォンソ６世（在位１６５６～１６８３）は身体に障がいを持ち、若年でもあったため母后ルイサ・デ・グスマンが摂政として政務を執ることとなった。このころ、スペインはフランスと和平を結び、対ポルトガル戦役に集中できるようになっていた。ポルトガルは、イングランドやオランダと条約を結び、スペインとの戦いに備える。アフォンソ６世の姉にあたる王女カタリーナが、イングランド国王チャールズ2世と結婚し、宮廷に喫茶の習慣を伝えたのもこのときだったが、婚資としてボンベイとタンジールを割譲するなど、対英従属の傾向が強まる。

宮廷クーデターと「再独立」の確定

母后ルイサの摂政政治に反発する党派は、1662年、アフォンソ6世を押し立てて宮廷クーデターを起こし、カステロ・メリョル伯が実権を掌握してその後の対スペイン戦を主導することになる。アレンテージョ地方を主戦場に激しい戦闘が行われたが、1665年のモンテス・クラーロスの戦いで決定的な勝利を得る。フランスとの同盟も模索され、フランス王家につながるマリ・フランソワーズ・ド・サヴォワ＝ヌムールとアフォンソ6世の婚姻がとりまとめられるなど、ポルトガルの再独立は確実なものとなっていた。

しかしながら、王弟ペドロを中心に反カステロ・メリョル派が形成され、1667年、クーデターによってカステロ・メリョル一派を排除、アフォンソ6世は死ぬまで幽閉された。アフォンソ6世との婚姻無効が宣言されたマリ・フランソワーズはペドロと結婚し、ペドロが摂政として統治を行い、アフォンソ6世の死後、1683年に王位に就く（ペドロ2世、在位1683～1706）。この政権の下でスペインとの和平がまとまり、1668年のリスボン条約によって、ポルトガルは国境線と領土の保全、そして北アフリカのセウタを除く海外領の保有が認められ、独立戦争は終結した。また、教皇庁とも和解し、ポルトガルの「独立」は国際的に認められることとなった。

こうして本国は再独立したが、アジアにおける拠点の多くを喪失、海洋帝国の重心はブラジルとアフリカを軸とする大西洋に移り、やがて18世紀の「金とワインの時代」を迎えることになる。

（疇谷憲洋）

20 「薄幸の王」カルロス2世
――大帝国の落日

1661年11月6日、カルロス2世（在位1665～1700）はこの世に生を享けた。父はスペイン王フェリペ4世（在位1621～1665）、母は神聖ローマ皇帝フェルディナント3世（在位1637～1657）の娘マリア・アンナである。老王フェリペは王位継承者を得られずに長い苦悩を余儀なくされていた。彼は2度の結婚で多くの子宝に恵まれたが、早逝した者が多く、生き残った子もほとんどが娘だったのである。初婚の際に授かった、たった1人の王太子バルタサル・カルロスは、17歳で夭逝していた。それゆえ、フェリペが56歳にして授かったカルロスは、ハプスブルク家スペイン待望の王太子だったのである。ただ、伯父と姪との間に生まれたこの王太子は、精神的にも肉体的にも多くの問題を抱えていた。歴史上、王族や有力貴族等の間にはしばしば見られることではあるが、カルロスの場合も、先天性の障がいの数々は、権力の維持・強化の目論見のもとに繰り返されてきた近親婚の代償でもあっただろう。

摂政と寵臣たちによる政治

1665年9月17日、フェリペ4世が崩御し、カルロスは3歳にして即位することとなるが、彼が

14歳に達するまでは母のマリア・アンナが摂政に就いた。フェリペの遺言により創設された統治評議会――貴族、高位聖職者、高級軍人、顧問会議のメンバーにより構成されていた――の補佐が定められていたにもかかわらず、彼女はそれを守らず、自らの聴罪司祭であったイエズス会士ヨハン・ニタルト神父を寵臣に任命、重用したのであった。しかし、彼は政治に関してはまったくの門外漢で、政治能力のなさを批判され、結局、１６６９年にローマ特使に任命され、スペインを去ることとなった。

子供時代のカルロス2世
セバスチャン・デ・エレーラ・バルヌエボ画、1670年ころ、油彩　Wikimedia Commons

５歳になっても歩行困難で、９歳になっても読み書きができなかった――常時、涎を垂らしていたとも言われている――カルロスは、１６７５年に14歳の成人年齢に達した。彼に政(まつりごと)を執る能力はなかった。そこでマリア・アンナは統治評議会を解散させ、アンダルシアの下級貴族、ミラシエラ侯フェルナンド・バレンスエラを寵臣に任命する。国政の全権を握ったバレンスエラであったが、貴族たちの強烈な反発に遭い、フィリピンに追放されたのであった。同時にマリア・アンナもトレドに隠遁させられている。

当時、貴族や軍人から最も信頼を得ていたのはファン・ホセ・デ・アウストゥリアであった。彼は数十人いたと言われるフェリペ4世の私生児のうちの1人で、対外戦争で多くの功を立てていた。1671年にカルロス2世の寵臣に就いて以降、政治においても優れた力を発揮し、国内政治の改革を行い、「国の救世主」とまで呼ばれていた。だが、相応の政治的成果を上げていた最中、胆のうの炎症に倒れ、その死によってさらなる改革の望みは絶たれた。1679年のことであった。

世継ぎを残すための結婚

カルロスに課されていたのは、巨大な帝国の存続のために生きながらえること、そして嫡子を残すことであった。カルロスの最初の結婚は1679年のことで、その相手はルイ14世の姪、マリア・ルイサ・デ・オルレアンであった。彼女の肖像画を見てカルロスは一目惚れしたと言われているが、マリアにとっては何としても避けたい結婚だった。しかし、この結婚は「太陽王」ルイ14世のスペインへの大いなる政治的野心によるところが大きかった。単に自らの妃であるマリア・テレサがカルロスの長姉だからというものではなかった。不承不承、スペイン王家に輿入れさせられたマリアであったが、あまりに窮屈で、あまりに退屈な生活に加え、あまりに大きな世継ぎ誕生への期待ゆえに精神を病み、1689年、王位継承者を残さぬまま不慮の死を遂げた。

マリア・ルイサ・デ・オルレアンが身罷った翌年、カルロスの2度目の結婚式が執り行われた。相手はマリアナ・デ・ネオブルゴで、彼女は神聖ローマ帝国皇帝レーオポルト1世（在位1658～17

05）の皇后の妹であった。レーオポルト1世がオーストリア・ハプスブルク家の出であることから容易に想像できるが、この結婚にも政治的背景はあった。しかし、このとき、マリアナ・デ・ネオブルゴが妃に選ばれた大きな理由は、彼女の母方の家系が多産で、母親が24人もの子を産んだということであった。カルロスの義務の1つを果たすべく選ばれた新しい妃は、宮中での自らの立場を守る知略に長けていた。カルロスに子をなす能力がないことを見抜くと、世継ぎを産まなかったときに浴びるであろう非難を考え、偽装妊娠を繰り返したのである。当初、その偽装に気づくことのなかったカルロスは「妊娠」「流産」のたびに彼女の要求を聞き入れた。非難を避け、王を意のままに操ろうとしている彼女の本性に気づくと、カルロスは、次第に彼女を遠ざけるようになっていった。

カルロス2世の肖像
フアン・カレーニョ・デ・ミランダ画、1677～1679ごろ、油彩　Wikimedia Commons

スペイン・ハプスブルク家の終焉

カルロスが子をなせないことが誰の目にも明らかになると、王位継承者を巡る問題が大きくなっていった。1696年、カルロスは遺言書に署名した。それはバイエルン選帝侯ヨーゼフ・

フェルディナントにスペイン王位を相続させるというものであった。この遺言にフランスとオーストリアの宮廷は騒然となった。そもそもこの両国に関していえば、カルロスが幼い頃から、フランスにはアンジュー公フィリップ（ルイ14世とマリア・テレサの孫、フェリペ4世の曾孫）を、オーストリアにはカルロス・デ・オーストリア大公（カール大公＝皇帝レーオポルト1世の次男）をスペインの王位継承者にという考えがあった。この両国に加え、イングランド、オランダといったヨーロッパの列強の思惑が交錯し、ついに１６９８年10月、バイエルン選帝侯、フランス、オーストリアの間でスペインを３分割しようという、カルロス2世を激怒させる案が浮上した。バイエルン選帝侯は分割案に同意したが、１６９９年10月に彼が急死し、継承者選びは振り出しに戻った。結局、カルロスはイベリア半島の保全と帝国不分割の約定を守れるのはルイ14世よりほかにいないと考え、アンジュー公フィリップに譲位するという遺言に署名したのであった。

その署名の翌年、１７００年11月1日、カルロス2世は38年の短い生涯を閉じた。家系存続と国家の安定・繁栄の期待を込めて、「陽の沈むことなき大帝国」の礎を築いた偉大なる王の名を授けられたカルロス2世。わずか5代とはいえ２００年に及ぶスペイン・ハプスブルク家が彼の手により終焉を迎えたのは、ハプスブルク家の目論見やカルロスに託された希望と願いを思えば、実に皮肉なことであったと言わざるをえない。

（太田直也）

コラム 14

ハプスブルク家の系統分裂と両系統の提携――儚いものよ、皇帝の兄弟愛

カール5世の「陽の沈むことなき大帝国」は、何十か国もの諸国・諸邦が同じ君主を戴いている同君連合国家であった。このような前代未聞の超巨大な国家の君主が退位する場合、どのような手続きで行われるのであろうか。確かに、カール5世の場合、1555年10月25日、神聖ローマ帝国において前例のない生前引退であった。

別々に育てられた兄弟の出会い

カスティーリャとアラゴン連合王国を創設した祖母イサベル1世とフェルナンド2世夫妻の死去をうけて、1516年3月、ブリュッセルでカスティーリャとアラゴン両国の国王カルロス1世として即位を宣言したカルロスは、1517年11月、バリャドリードでたった1人の3歳年下の弟フェルナンドと邂逅する。不幸なことに兄弟は母フアナの深刻な精神病のために、兄はフランドルで、弟はスペインで養育されたために、初めての出会いのようであった。今や、2つの王国の国王であると宣言した兄と、身内に頼れる大人がまったくいない天涯孤独な弟との対面であった。翌1518年2月、カスティーリャとアラゴンの両議会でカルロス1世の国王即位が正式に承認された。その1か月後、カスティーリャ語（スペイン語）もまったく喋れない少年国王カルロス1世に対して不満だったカスティーリャ人の間で、弟フェルナンドのカスティーリャ王の即位問題が公然と取り沙汰された。スペイン・ハプスブルク家分裂の可能性を根絶するために、フェルナンドはひそかにフランドルに送られる。

1530年2月、ボローニャでローマ教皇による神聖ローマ帝国皇帝の戴冠式に与（あずか）ったカール5世は、司教都市アウクスブルクに赴き、7名の選

帝侯たちに来年予定のローマ皇帝選挙を省略して、実弟フェルディナントを「ドイツ王」に指名してもらう。これで、従来のように途轍もない金権選挙を行わずに、ハプスブルク家がすんなりと皇帝の玉座に座り続けられることになる。この制度が崩れたのは1700年、カルロス2世が2回も結婚したのに男系の後継者を残さずに亡くなったためにスペイン・ハプスブルク家が消滅したからである。

オーストリアとスペインの両ハプスブルク家から交互に皇帝を輩出する、理想的な計画

退位を決心したカール5世は、オーストリアとスペインの両ハプスブルク家の将来のために、自分の後継者をどう選ぶべきか、妹マリア（元ハンガリー王妃）の助言もあって、すでにドイツ王だった弟フェルディナントを神聖ローマ帝国皇帝に即位させ、同時にカール5世の息子フェリペ2世をドイツ王とし、その次の代はフェリペ2世を神聖ローマ帝国皇帝、そしてフェルディナントの息子マクシミリアンをドイツ王にと、自分（スペイン・ハプスブルク家）と弟（オーストリア・ハプスブルク家）の系列が交互にドイツ王、神聖ローマ帝国皇帝に即位する。フェルディナントも両家の血を引いているので、きっと大賛成だろうと思っていたのだった。

2人の兄弟の克服されない乖離

ところで、フェルディナントの場合、1520年代後半から、オーストリア諸邦はもとより、ハンガリー、ボヘミア両国の国王でもあり、帝都ウィーンが15万人のオスマン帝国軍に包囲されたこともあった（1529）。これ以降、フェルディナントはオスマン軍の侵攻を阻止するために、国内の軍事組織の再編成、場合によっては対イスラーム教のためのキリスト教の一致団結を模索して、プロテスタント諸国への軍事的援助要請など、きわめて困難な現実と向き合わなければならな

カール5世の退位
ルイ・ガレ画、1842、油彩

かった。

ところが、カール5世が指揮する帝国軍は、ここ20年余り対プロテスタント勢力との「聖戦」を掲げ、実際に干戈を交えていたのだった。兄の不在には、フェルディナントが皇帝代理人としてこうした諸問題に対応していたのだ。そしてついに、カール5世にとってはまったく容認できないプロテスタント勢力との和解ともいうべき、1555年9月、兄の名代としてフェルディナントがアウクスブルクの宗教和議で調印したのだった。

ここに至るまでのどこかで、兄弟の間で齟齬や対立が発生したのだろうか。カール5世の神聖ローマ帝国皇帝の継承に関する提案は無視され、スペイン・ハプスブルク家とオーストリア・ハプスブルク家に分裂したのだった。

分離した両ハプスブルク家の提携の成果はいかに？

その後の両家の提携はどうであったのか。もともとヨーロッパ諸国は、信じられないほど戦争や対外紛争を行った好戦的な民族といっても過言でなかろう。しかも、百年戦争、八十年戦争、三十年戦争など長期戦も枚挙にいとまがない。そうはいっても、分裂した両ハプスブルク家には、相互に敵対して干戈を交えるというよりも、愛情豊かな提携関係があった。

それにしても、その提携とは何か。たしかにスペイン・ハプスブルク家は、既述したように、カルロス1世（在位1516～1555）からカルロス2世（在位1665～1700）までの約200年の治世であるが、スペイン国王の姉妹がオーストリア・ハプスブルク家の皇帝妃に収まり、その娘とスペイン国王が結婚する。つまり、伯父と姪との結婚である。これがフェリペ2世から、3世、4世と続き、フェリペ4世の一人息子は「呪われた王（エル・エチサード）」と宮廷で陰口をたたかれていたカルロス2世であった。これでは、スペイン・ハプスブルク家が没落するのも当然である。

（川成　洋）

21 スペイン継承戦争
――スペインにおけるハプスブルク家統治の終焉

カルロス2世（在位1665～1700）没後に、スペイン王位をめぐって列強が2陣営に分かれて争うスペイン継承戦争（1701～1714）が勃発した。その結果、スペイン王位はフランスのブルボン家に継承され、2世紀にわたったスペインのハプスブルク家統治が終焉を迎えることになる。

フランスの脅威と大同盟

病弱なカルロス2世の継承者は、かねてから列強の関心の的だった。ハプスブルク家の神聖ローマ皇帝レーオポルト1世（在位1658～1705）の次男カール大公に対し、ブルボン家のフランス王ルイ14世（在位1643～1715）は王太子の次男であるアンジュー公フィリップをスペイン王位継承者として主張した。だが、17世紀後半に拡張政策を続けてきたフランスのさらなる版図の拡大は、周辺諸国にとっては脅威だった。かといって海外植民地やイタリア、ネーデルラントの領土も含むスペイン領がハプスブルク家のものになると、皇帝の権勢が強くなりすぎる。そのため17世紀後半に数次の戦争を戦ったフランスとイングランド、オランダ両国とは、カルロス2世の没後にスペイン領を分割して勢力均衡を図る2回の協定（1698、1700）を結んでいた。だが当のスペインでは、領土の分割は受け入れがたいことで、カルロス２世は遺言状でアンジュー公フィリップを全スペイン領の継承者として指名した。

１７００年にカルロス２世が没すると、フランスの脅威が現実のものとなる。スペイン領ネーデルラントの諸都市にフランス軍が進駐し、アンジュー公がフェリペ５世（在位１７００～１７４６）として即位したスペインでも、ルイ14世の支配下に組み込もうとする動きがあった。そこで１７０１年、オーストリア、プロイセン、イングランド、オランダなどが、カール大公を支持する大同盟を結んだ。

同盟軍の連戦連勝

戦端が開かれると、同盟軍はイングランドのモールバラ将軍の指揮の下、ネーデルラントで連戦連勝を続けた。あまりの快勝ぶりで、過去半世紀にわたる数次の戦争でのフランス軍の優勢がうそのようだった。ところが１７０３年にバイエルン選帝侯がフランス側に立って参戦すると、フランス・バイエルン連合軍により帝都ウィーンも脅かされた。ネーデルラントでいくら大勝利を収めても、帝都が陥落すれば同盟は瓦解する。１７０４年、名将モールバラ将軍は味方をも欺く戦略的行軍によりネーデルラントの同盟軍を率いてドイツの奥地に進軍し、オイゲン公子と協力して、ブレニムの戦いでフランス・バイエルン連合軍に大勝した。その後もモールバラはラミイの戦い（１７０６）、アウデナールデの戦い（１７０８）、マルプラケの戦い（１７０９）とフランス軍を破り、包囲戦でもフランス側の拠点を着実に奪取していった。

イタリアではオイゲン公子とサヴォイ公が協力してミラノからフランス軍を駆逐し、皇帝軍は南部

ブレニムの戦いの勝利をアン女王に知らせる報告書に署名するモールバラ将軍
ロバート・アレクサンダー・ヒリングフォード画、19世紀後半、油彩
Wikimedia Commons

のナポリ王国も占領した（1707）。

内戦状態のスペイン

当のスペインでは、2世紀にわたって統治してきたハプスブルク家と対立するブルボン家の王に反発もあったが、即位当初のフェリペ5世の穏当な統治によって表面化には至らなかった。だが同盟軍がイベリア半島に軍を進めると、スペインは内戦状態に陥ることになる。

1703年にポルトガルが対仏大同盟に加わると、1704年にはカール大公が軍勢を率いてリスボン入りし、同盟軍は地中海の入り口の要衝ジブラルタルを奪取した。

カタルーニャ地方では、過去のフランス支配への反感やフェリペ5世が任命したブルボン側の副王への反発もあって、オーストリア派への共感が強かった。１７０５年、カタルーニャのオーストリア派がイングランドと同盟を結ぶと、カタルーニャ全土でフェリペ５世に対する叛乱が広がり、カール大公もバルセロナを包囲し、これを奪取した。同年末にはカタルーニャとその隣のバレンシアのほぼ全域がカール大公を支持するに至った。１７０６年には、同盟軍はアラゴンの大半を押さえ、カール大公がマドリードを占領した。だが、支持は広がらず撤退を強いられ、フェリペ５世がマドリードに帰還すると、熱狂的に迎えられた。

１７０７年にアルマンサの戦いで同盟軍がフランス・スペイン連合軍に敗れると、フェリペ５世はバレンシア、アラゴンで支配を回復した。両地方では新組織王令によって地元の特権（フエロス）が廃止され、カスティーリャの体制に組み込まれた。スペインでは長年、各地方が特権を保持し、君主はそれを保証する代わりに統治権を認められるという複合君主制であったのだが、スペイン継承戦争を機に中央集権的な国家として大変革を遂げることになる。

１７１０年、カタルーニャ地方に追い込まれていたカール大公は攻勢に出て、アラゴンを回復し、2度目のマドリード入りも果たしたが、今回もすぐ退去を強いられた。カスティーリャ民衆がブルボン朝を支持していることは明らかだった。カール大公の支持基盤はカタルーニャのバルセロナ周辺のみに後退した。

ブルボン朝スペインの確立

同盟陣営の中心となっていたイングランドでも厭戦気分が高まっていた。１７１１年には戦争を推

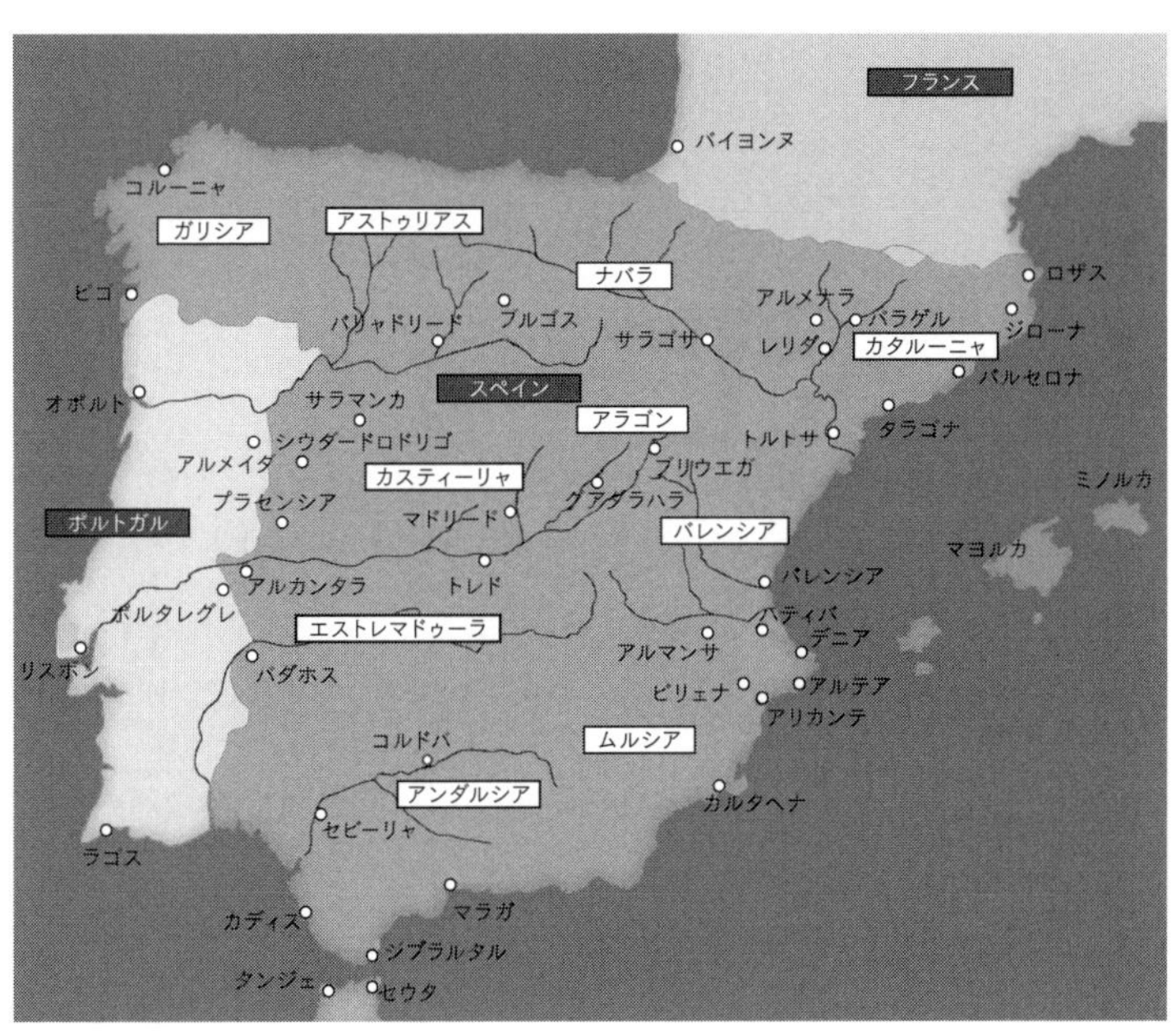

スペイン継承戦争関連地図
Rebel Redcoat/ Wikimedia Commons をもとに作成

進してきたホイッグ党に代わって、早期講和を求めるトーリー党が政権を取った。折しも同年、皇帝ヨーゼフ1世（在位1705～1711）が薨去し、ほかならぬカール大公がカール6世（在位1711～1740）として神聖ローマ帝国皇帝位を継ぐことになった。フランスとスペインが1つの王冠のもとに統合されないように戦ってきた英蘭両国にとって、皇帝がスペイン王も兼ねることは同じくらい受け入れがたいことだった。

1712年、ユトレヒトで講和会議が始まり、秘密裏に講和条件に合意した英仏の主導で1713年、ユトレヒト条約が結ばれた。こうしてフェリペ5世のスペイン王位が国際的に承認され、現在のスペイン王家にもつながるブルボン朝が確定した。

最大の利を得たのはイングランドで、スペインからはジブラルタル、ミノルカ島を、フランスからは新大陸のニューファンドランド、ノヴァスコシアを獲得したのみならず、スペイン植民地における奴隷供給権（アシエント）も認められた。サヴォイ公もシチリア島を与えられ、シチリア王となった（のちサルデーニャと交換）。オーストリア・ハプスブルク家は、ネーデルラントとイタリアの所領を割譲されることになった。

スペインが当初求めた領土の一体性は認められず、結局は勢力均衡を図る内容となったのである。だがスペインは、ヨーロッパでは大きな領土を失いつつも、中南米や太平洋の海外植民地を堅持し、国内では、アラゴン、バレンシア、カタルーニャなどの自治を取り上げて、ブルボン王家のもと中央集権体制を整えていく。

（友清理士）

第Ⅲ部

カトリックとプロテスタントの熾烈な対立

22 宗教改革
――宗派対立がハプスブルク家にもたらした苦難

16世紀から17世紀のヨーロッパ各地において宗教改革運動が起こり、プロテスタント系の諸宗派が誕生した。それまで、西ヨーロッパと中央ヨーロッパは、一部の異端を除けば、ローマ・カトリックという1つの普遍的な宗派のもとにあったが、宗教改革によって、人々はカトリックとプロテスタントという2つの宗派に分かれ、鋭く対立することになったのである。このことが、中央ヨーロッパに領地を有するオーストリア・ハプスブルク家に多くの苦難をもたらした。

宗教改革の始まり

およそ現在のドイツに相当する地域であった神聖ローマ帝国において、宗教改革の口火を切ったのは、マルティン・ルター（1483～1546）であった。ルターは、ザクセン地方出身の修道士であり神学者であり、修道士としての生活と聖書研究を通じて1つの宗教的な発見に至った。それは、「人はどうすれば救われるのか」という問いに対して、「神の愛」による救済しかなく、人にできることはただ信仰することのみであるという、「信仰義認論」であった。また、ルターは教会における身分を否定し、すべての人に聖職者の資格があるという「万人司祭主義」も主張した。ルターは、

マールブルク会談
中央の少し右で立ち上がって議論している2人がルター（右）とツヴィングリ（左）。テーブルの左で身を乗り出しているのがヘッセン方伯フィリップ。
オーガスト・ノアク画、1867、油彩
Wikimedia Commons

ヴィッテンベルク大学での講義や説教を通じて自らの考えを教え説き、多くの人々から共感を得ていた。

ルターの考えに従えば、当時ローマ・カトリック教会によって販売されていた贖宥状（しょくゆうじょう）は、キリスト教に反するものであった。贖宥状とは、洗礼後に犯してしまった罪に対する償いを軽減したり免除する免罪符のことで、これを購入することで、死後に待つ煉獄での苦しみを和らげることができるとされていた。このような贖宥状の有効性に対して疑念を持ったルターが示したのが、有名な「九十五箇条の論題」（1517）である。ルターにとって、教会が定める善行によって人の救済が達成されるという教義（積善説）は根拠のないものだった。ルターの贖宥状に対する反論は、瞬く間に広まった。その背景には、煉獄という死後のイメージを独占して富を蓄えるカトリック教会に対する激しい反感と、それに代わる「正しい」救済への道を提示するルターに対する熱狂があった。また活版印刷の普及により、ルターの著作を素早く、そして幅広い人々の手に届けることができたという事情もあった。

スイスでは、フルドリッヒ・ツヴィングリやジャン・カルヴァンによって宗教改革運動が始められた。ツヴィングリは、ルターと同様に贖宥状を批判し、教会刷新の必要性を説いた。ツヴィングリはまずチューリヒで宗教改革に成功し、周辺地域にも彼の教義が浸透した。カルヴァンはジュネーブで宗教改革を行っており、後にツヴィングリ派とカルヴァン派が合流し、スイスの宗教改革は改革派教会としてヨーロッパ各地に広まった。南西ドイツでは、改革派が受け入れられていたため、宗教改革派の大同団結をめざして、ツヴィングリとルターの討論が1529年10月マールブルクにおいて行われたが、両者は意見を一致させることはできず、別の宗派としての道を進むこととなった。しかし、カトリックに対抗するプロテスタントとしては、両宗派は協力関係にあった。

プロテスタンティズムの急速な広まりと宗派対立

神聖ローマ帝国において、ルターの支持者は民衆たちに留まらず、政治的な権力者たちにも含まれていた。ルターの領主であったザクセン選帝侯フリードリヒは、自らはカトリック信徒であり続けたが、ルターに対する皇帝やローマ教皇の介入を君主権の侵害と考え、ルターを庇護した。フリードリヒの後を継いだヨハンやヨハン・フリードリヒはルターの教義を受け入れ、領内に宗教改革を導入した。ヘッセン方伯フィリップは、ヴォルムス帝国議会でルターに会い、彼の信奉者となった。このように、帝国内でプロテスタント帝国諸侯が増加し、帝国都市でもプロテスタンティズムが信仰されるようになると、カトリックとプロテスタントとの宗派対立が政治問題となったのである。彼らプロテスタント帝国諸身分（帝国諸侯、高位聖職者、帝国都市代表）は、帝国議会の場で彼らの信仰を認めるよう皇帝に迫り、そのため帝国議会はたびたび紛糾した。また、プロテスタント帝国諸侯は宗教改革を導入することで、領内や近隣の教会領および修道院領を没収していた。このことが、カトリック帝国諸身分との軋轢を生み、両宗派による同盟結成につながった。宗教改革に端を発する宗派対立が政治闘争となり、最終的に軍事的な争いとなったのである。

同じような経過が、当時のヨーロッパ各国でみられた。フランスでは、王権の弱体化に伴い、カトリック貴族とプロテスタント貴族との対立が激化して、ユグノー戦争（1562～1598）と呼ばれる内戦が勃発した。またネーデルラントでは、スペインによるプロテスタント弾圧をきっかけとして、北部7州がスペインからの独立を目指したオランダ独立戦争（1568～1648）が始まった。いずれも宗派をめぐる争いであったものが、国内の政治的な権力争いと結びつくことで、内戦や叛乱となっていった。このようなことから、16世紀から17世紀にかけて、ヨーロッパで戦争が頻発することになったのである。

ティロールを除くオーストリア・ハプスブルク家が治めた地域でも、プロテスタンティズムが急速に広まっていた。特に貴族層にプロテスタントが多かった。彼らには、青年期に国外へ遊学に出るという慣習があり、その遊学先でプロテスタントとなって帰国した者がいた。ここで、クリストフ・イェルガーの事例を紹介しよう。クリストフは若い頃ザクセン選帝侯領に遊学に行っており、そのときのことを次のように書き残している。「ザクセンとの境界にたどり着いたときには、私たちは固くカトリックを信じていて、けっしてルター派になるつもりはなかった。しかし神の恩寵によって、私たち2人は、敬虔なマルティン・ルター師が明らかにした神の手による聖書から光を与えられた。そして私たちは人の作りし教義から真実へと導かれた」と。さらに、そこでシュティーフェルという説教師を紹介され、彼を故郷に派遣した。シュティーフェルは「私（クリストフ）の両親や兄弟、友人、さらに何千もの人々（領民）の心を元気づけ、彼らを神の言葉へと導き、ローマ教皇の恨みから解放した」というのである。

このように、領主である貴族がプロテスタントになることで、その領民たちもプロテスタントとなっていった。イェルガー家の領地の1つにヘルナルスがあり、ルター派教会が建堂されていた。ヘルナルスはウィーン近郊（現ウィーン17区）にあったため、多くのウィーン都市民がここの教会を訪れていた。貴族や都市民の多くがプロテスタントとなったことで、帝国と同じく、オーストリア・ハプスブルク家領内でも宗派対立が政治問題化し、最終的にはボヘミア叛乱（1618～1620）が起きてしまった。

（石井大輔）

23 ヴォルムス帝国議会とシュパイアー帝国議会
――カトリックとプロテスタントが初めて対峙した舞台

帝国議会の役割

神聖ローマ皇帝カール5世（在位1519～1556）と、彼の不在時に代理を務めた弟フェルディナント1世（在位1556～1564）は、その統治期間の大半をカトリックとプロテスタントとの宗派対立に悩まされた。1517年にマルティン・ルターが『九十五箇条の論題』を発表して以来、彼を支持する帝国諸侯が現れ、スイスを起源とする改革派も帝国内で広まりつつあった。彼らはプロテスタントと呼ばれ、神聖ローマ帝国においてカトリックとプロテスタントが厳しく対立することとなった。両者が最初に対峙する場となったのが、帝国議会であった。

帝国議会とは、神聖ローマ帝国における立法機関であり、皇帝と帝国諸身分（帝国諸侯、高位聖職者、帝国都市代表）が議論し、最終的に帝国法となる決議が出される場である。君主と政治的権利を持った身分にある人々が開く議会は、一般に「身分制議会」と呼ばれ、中近世のヨーロッパの君主国で広く行われていた。帝国議会もその身分制議会の一つである。帝国議会の議事進行は以下の通りであった。帝国議会の冒頭、皇帝の提案が読み上げられ、その提案が身分ごとに分かれた3つの部会でそれぞれ審議され、採決がとられる。各部会の採決が集約され、提案に対する帝国諸身分全体の賛否が皇帝に伝えられる。提案が否決された場合、皇帝は提案を修正し、再度各部会の審議にかける。そして帝国諸身分の賛成が得られるまでこの過程を繰り返し、合意された提案が決議となる。帝国議会がこのような過程で進められたのは、議会に参加するすべての者が合意するという、全会一致が帝国議会の原則だったからである。宗派対立は、皇帝と帝国諸身分との合意形成、さらに帝国諸身分間の合意形成を困難した。つまり、カトリックとプロテスタントという2つの宗派に分断されたことで、帝国議会において両者の意見が真っ向から衝突し、まとまることはなかったのである。

マルティン・ルターの審問とヴォルムス勅令

カール5世はルター問題に対処するために、1521年ヴォルムス帝国議会を召集した。マルティン・ルターがそこに召喚され、審問を受けた。4月17・18日に行われた審問において、ルターは自説の撤回を求められたが、これを拒否した。ルターの審問後、カール5世は翌19日に声明を発表した。このなかで、カールは一介の修道士にすぎないルターの教義を誤りと断じて、代々受け継がれてきたカトリックの教義を堅持し、異端を正すために全精力を捧げることを宣言した。5月26日、ルターを帝国アハト刑（帝国内での法的保障を剝奪する刑）に処するというヴォルムス勅令が出された。しかしヴォルムス帝国議会は前日に閉会しており、勅令に合意したのは、ヴォルムスに留まっていた帝国諸身分だけであった。したがって、ヴォルムス勅令の有効性が疑問視されることとなり、ルターを支持する帝国諸身分はこの勅令に従わなかった。

ヴォルムス帝国議会の後、カールは帝国の地を離れた。皇帝不在の間、帝国諸身分の折衝を担った

ヴォルムス帝国議会で発言するルター
アントン・フォン・ヴェルナー画、1877、油彩
Wikimedia Commons

のが、弟のフェルディナントであった。１５２６年に開催されたシュパイアー帝国議会においても、信仰問題が議題の中心となった。すでに、帝国諸身分のなかでルターを支持する者が徐々に増えていた。ルターを庇護するザクセン選帝侯ヨハンに加え、ヘッセン方伯フィリップやアンスバッハ辺境伯ゲオルクなどが宗教改革派となっていた。6月25日に開会した議会では、ヴォルムス勅令の実施が皇帝側から提案された。カトリックと宗教改革派が対立するなかで、ルターとその支持者を帝国追放とするヴォルムス勅令の実施は、各帝国諸身分の手に委ねられることになり、宗教改革派は自らの信仰に従って、勅令を実施しないということができた。帝国諸身分の中で、宗教改革派は依然として少数であったが、帝国議会が全会一致を原則としていたため、このような決議となったのである。

宗教改革派の抗議

１５２９年にシュパイアーで開催される帝国議会には、

カールも参加する予定であったが、間に合わず、またも皇帝不在の帝国議会となった。この第2回シュパイアー帝国議会で提示された皇帝側の提案は、前回のシュパイアー帝国議会での決議を無効とする内容を含んでいた。この問題を討議するための委員会が設けられ、その委員会は各身分の代表者からなる大委員会と、詳細な規則を検討する神学者を中心とする小委員会からなっていた。帝国諸身分としての意見を決する大委員会の参加者は、カトリック帝国諸身分が多数を占めており、数で劣る宗教改革派との妥協を拒否した。結局、大委員会は参加者の多数決をもって決定を下し、カトリック帝国諸身分が自分たちの意見を押し通したのである。この委員会での決定を受けて、フェルディナントはヴォルムス勅令の再実施を決議に加えた。この決議に対して、宗教改革派の帝国諸身分（5帝国諸侯と14帝国都市）が抗議を行ったのである。これ以降、宗教改革派に対して「抗議する者＝プロテスタント」という呼称が用いられるようになった。

宗教改革派の帝国諸身分が抗議したのは、彼らの信仰上の権利が認められなかったことに対してだけではなかった。前述の通り、帝国議会では議会参加者全員が合意した内容が、最終的な決議となってきた。すなわち全会一致の原則が破られ、多数決が用いられたことに対しても、宗教改革派は抗議したのである。1529年以降の帝国議会において、帝国諸身分間の連帯は完全に失われ、カトリックとプロテスタントという宗派間の対立が合意形成をさらに困難なものにした。

「信仰告白」とシュマルカルデン同盟結成

1530年2月、イタリアにおけるフランスとの戦争に決着をつけたカールは、イタリアのボローニャで神聖ローマ帝国の皇帝戴冠を行った。その後、カールは宗派問題に対処するため、6月にアウクスブルク帝国議会を招集した。そこでカールに対して、プロテスタント帝国諸身分は自らの信仰する教義をまとめた「信仰告白」を提出した。そのうち、ルターの教義をまとめたものが「アウクスブルク信仰告白」と呼ばれている。結局、プロテスタント帝国諸身分は帝国議会の審議を放棄し、閉会前にアウクスブルクを離れてしまった。この帝国議会で、カールはヴォルムス勅令の遵守を厳命した。この命令に危機感を覚えたプロテスタント帝国諸身分が、1531年2月にシュマルカルデン同盟を結成した。こうして、帝国議会においてカトリックとプロテスタントが話し合い、合意するということは不可能となり、宗派問題は、武力による決着に委ねられることになったのである。

（石井大輔）

24 シュマルカルデン戦争

——皇帝カール5世の退位

憂いの漂う皇帝の騎馬像

1枚の絵がある。宮廷画家ティツィアーノの《カール5世の騎馬像》である。

1547年4月、黄昏の夕靄のなか、エルベ河畔の戦場ミュールベルクを皇帝カール5世（在位1519～1556）は槍を片手にアンダルシア産の黒駒を駆っている。戦いは大勝利であった。

だが、ティツィアーノの描くカールには激闘ゆえの上気、全身に漲る覇気がまったく感じられない。まるでこの大勝がもたらすであろう行き先におののいているかのようである。カールはかつて当代一のユマニストであるエラスムスに言われた「汝、哲学者でないとすれば、君主ではなく、ただの暴君にならん」という言葉を、ここにきて改めて痛切に嚙みしめているのかもしれない。

あるいは、ひょっとしたら画家はリアリズムに徹し、カールが宿痾（しゅくあ）の痛風の激痛を必死にこらえている様子を描いただけなのだろうか？

皇帝に対抗する軍事同盟の結成

1525年の「パヴィアの戦い」で宿敵フランス王フランソワ1世を生け捕りにしたこと、さらに

《カール5世の騎馬像》
ティツィアーノ画、1548、油彩　　Wikimedia Commons

1529年、オスマン・トルコの「第一次ウィーン包囲」をなんとか乗り切ったことで、とりあえず帝国の外患は片が付いた。となれば内憂の除去である。そこで皇帝カール5世は1530年のアウクスブルク帝国議会で朗読されたメランヒトン（ヴィッテンブルク大学教授、哲学者、1497～1560）の「信仰告白」を葬り去ろうとした。

事、ここに至ってプロテスタント諸侯と諸自由都市は1531年2月、チュービンゲンの小都市シュマルカルデンの市庁舎に集まり、皇帝およびカトリック勢力と対峙する軍事同盟、「シュマルカルデン同盟」を結成した。むろん軍事同盟には莫大な金がかかる。フランス王フランソワ1世が資金援助する。カトリックのフランスがドイツのプロテスタントの軍事同盟に金を出す、ということだ。いつもながらの国家理性というやつである。

マイセンのユダ

シュマルカルデン同盟のリーダーは、

ヘッセン方伯フィリップとザクセン選帝侯ヨハン・フリードリヒ寛容公である。寛容公のヴェッティン家は、選帝侯領は領地非分割とする、という皇帝カール4世（在位1355～1378）の「金印勅書」に違反して、2度にわたり領地を分割相続している。そのため、本家から分かれた分家の分家ができた。

その分家の当主モーリッツはマイセンを領地としている。マイセンといってもマイセン磁器が「白い黄金」となって領国を潤してくれるようになるのは、ずっと先のことである。つまりモーリッツは当時ではちっぽけな領主に過ぎなかったのだ。そしてそのことがモーリッツにとって我慢ならなかった。野心家の彼は本家の寛容公を嫌いぬき、いつか本家を乗っ取ってみせる、と念じていた。そのため彼はヘッセン方伯フィリップの娘婿であったにもかかわらずシュマルカルデン同盟には加わらなかったのである。

皇帝カール5世はこのモーリッツの野心の虫に目を付けた。1545年、皇帝は帝国議会に姿を現さなかったザクセン選帝侯とヘッセン方伯を帝国追放に処し、返す刀でモーリッツに旗幟（きし）鮮明を迫った。カトリックに改宗し、シュマルカルデン同盟との決戦で皇帝軍として戦えば選帝侯位は汝に叙する、という条件だ。モーリッツはさすがにカトリックへの改宗は拒んだが、この戦いは宗教戦争ではなく、あくまでも世俗戦争である、と強弁し皇帝陣営に走った。

1546年10月23日、モーリッツは選帝侯ヨハン・フリードリヒとその軍が南ドイツに滞陣中の留守を狙って選帝侯領に侵入した。これでシュマルカルデン同盟軍は浮足立つ。そして翌1547年4月の「ミュールベルクの戦い」で皇帝軍は大勝利を収めた。同年6月4日、モーリッツは敗者ヨハン・フリードリヒ寛容公の居城ヴィッテンブルク城前の野営地で、皇帝カール5世により選帝侯に叙爵された。

このことでモーリッツは「マイセンのユダ」という汚名を着ることになる。しかしそんなことはどうでもよい。許せないのは皇帝カールの傲岸不遜な戦後処理である。とりわけ岳父ヘッセン方伯に対して皇帝は勝者の寛大さを微塵も見せず、彼を逮捕し幽閉したままである。これでは岳父に皇帝に恭順の意を示すように説得した自分の顔は丸潰れである。モーリッツは皇帝を深く恨んだ。

しかしこのことは毛筋にも感づかれてはならない。モーリッツは皇帝の寵臣を演じ続けた。皇帝も勝者の驕(おご)りでその慧眼も曇り、これに気づかないでいた。

鎧をまとったモーリッツ
ルーカス・クラナッハ（子）画、1578、油彩
Wikimedia Commons

帝国を逃げ惑ったカール5世

1547年初秋、皇帝はシュマルカルデン戦争の大勝利の余勢を駆ってアウクスブルクで帝国議会を開催した。そして議場のまわりに10万の軍を配備した。この「甲冑に覆われた帝国議

会」で、皇帝はルター派を異端とする「仮信条令」の承認を諸侯に迫った。否も諾もない。従うしかない。しかしプロテスタントから「神の事務局」と謳われたマクデブルク市は、これを頑として拒否する。そこで皇帝は寵臣モーリッツに10万の軍隊を与え、同市を包囲させる。モーリッツは同市から形ばかりの承諾を取り付け、なんと父フランソワ1世の死後、後を継いだフランス王アンリ1世の資金援助でアウクスブルクで丸腰になった皇帝を襲ったのである。皇帝はインスブルック、さらにはフライラッハと逃げた。ここで皇帝の弟フェルディナントが調停に乗り出す。モーリッツはフェルディナントの代理人とパッサウで交渉し、「パッサウ協定」を結ぶ。これがルター派を認めた１５５５年の「アウクスブルクの宗教和議」に結実するのだ。

しかしなんということだろうか。シュマルカルデン戦争の大勝利で帝国史上初めて皇帝独裁権を確立したかに見えたカール５世が、帝国を逃げ惑ったのだ。

一瞬のうちに頂点から奈落の底までのジェットコースターのような急転直下を嘗めたカールは、在位半ばで退位を表明した。１５５５年10月25日のブリュッセルの議場での退位演説は「許されよ、余のような老人はつい涙もろくなる」という言葉で途切れた。ひょっとしたらティツィアーノの描いた馬上のカールはこのことを、それとわからぬまま予感していたのかもしれない。

（菊池良生）

25 「甲冑に覆われた帝国議会」とアウクスブルクの宗教和議

――最初の宗教戦争とその結果

武力衝突とシュマルカルデン同盟の瓦解

神聖ローマ帝国の宗派対立は、帝国議会が合意形成の機能を失ったことで、武力による決着に向かっていった。1531年2月、チューリンゲンにある小都市シュマルカルデンにおいて、プロテスタントによる同盟が結成された。この「シュマルカルデン同盟」を結成したのは、ヘッセン方伯フィリップやザクセン選帝侯ヨハンを首魁とする6名の帝国諸侯と11の都市であった。その後、スイスの宗教改革派の支持者も加わり、同盟参加者は19諸侯と28都市に達した。

皇帝カール5世（在位1519～1556）は、1544年フランスと「クレピィの和」を結び、1545年にオスマン帝国との休戦交渉を始めた。帝国外の諸問題に目途がついたカールは、帝国のプロテスタントと対峙することを決断した。シュマルカルデン同盟の主要人物であったザクセン公モーリッツ（ザクセン選帝侯家の分家）がカールの陣営に加わったことも、カールの決断を後押しした。シュマルカルデン同盟との戦争（1546～1547）では、皇帝軍が大勝して、シュマルカルデン同盟は瓦解した。この勝利によって、カールは、宗派問題を解決するために帝国議会を招集したのである。

甲冑に覆われた帝国議会

1547年9月1日、スペイン兵を中心とする皇帝軍によって守られたアウクスブルクにおいて帝国議会が開会された。この「甲冑に覆われた帝国議会」において、カールは教会の統一をめざし、聖職者や神学者に「仮信条令」を作成させ、帝国諸身分に承認させた。「仮信条令」は、大半はカトリックの教義に基づいていたが、一部プロテスタントの教義も認められていた。したがって、プロテスタント帝国諸身分が「仮信条令」に反発したのはもちろんのこと、カトリック帝国諸身分も拒否したため、「仮信条令」の適用はプロテスタントに限られた。

「仮信条令」に対する不満やスペイン兵に対する反感から、モーリッツは皇帝に反旗を翻し、カールをオーストリアのフィラッハに敗走させた。モーリッツとの和睦を拒否するカールに代わって、弟フェルディナントがモーリッツとの和平交渉をし、1552年8月「パッサウ協定」を成立させた。「パッサウ協定」には両宗派の権利保障という規定が盛り込まれており、この規定が「アウクスブルク宗教和議」でも踏襲された。

アウクスブルクの宗教和議

フェルディナントの下で、1555年2月アウクスブルク帝国議会が招集された。今回の帝国議会では、これまでとは異なり、どちらの教義が正しいかという神学的な論争が行われることなく、プロテスタントの存在を前提とした、政治的な利害調整や妥協によって交渉が進められた。9月25日、アウクスブルク帝国議会の決議が採択された。この決議文の一部が「アウクスブルクの宗教和議」と呼

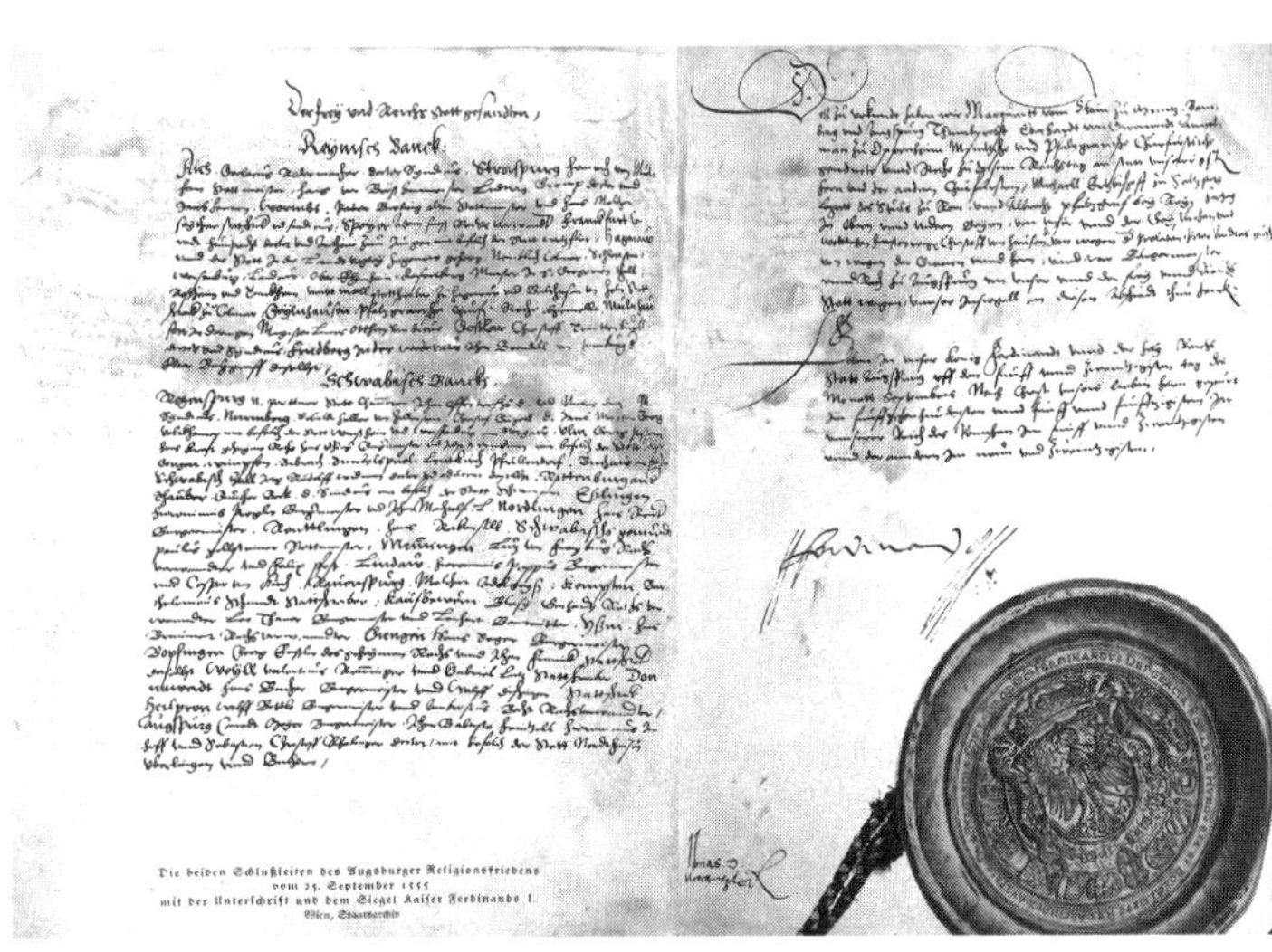

「アウクスブルクの宗教和議」
Wikimedia Commons

ばれている。

「宗教和議」において、まずカトリックとプロテスタント双方が互いの権利を保障することが規定され、さらに他の帝国諸身分とその領民に対して宗派を強制することが禁じられた。このため、帝国諸身分は信仰する宗派を自ら選択できることとなった。ただし、ここで認められた宗派は、カトリックとルター派（当時「アウクスブルク信仰告白派」と呼ばれていた）に限られており、それ以外の宗教改革派は除外されていた。

アウクスブルク帝国議会において、最も激しく議論が交わされたのが、ルター派に改宗した高位聖職者の取り扱いに関する条項である。フェルディナントをはじめとするカトリック側にとって、大司教や司教、修道院長などの高位聖職者とその領邦がカトリックに留まることは譲ることができない点であった。もしこれら聖界諸邦がプロテスタント化されれば、いずれ帝国全体がプロテスタント化されかねないという危機感が、カトリック側にあったのである。結局「宗教和議」では、「聖職者留保」と呼ばれる条項が加えられ、高位聖職者がルター派に改宗した場合、その職と領地を失うことが規定された。そのほか帝国都市については、その時点での宗派状況が維持されることとなり、帝国都市はカトリック都市、プロテスタント都市、両宗派が併存する都市の３つに分けられることとなった。現状維持とされた帝国都市に関する規定は曖昧であったため、帝国都市は周辺の有力諸侯からの介入にさらされ、帝国都市の地位は低下した。

失われゆく「宗教和議」の精神

「宗教和議」によって宗派選択権を得た帝国諸身分は、自らの宗派で領内の信仰を統一していった。彼らは、自分と異なる宗派を信仰する者を改宗させるか追放して、領内の者たちに信仰を強制したのである。「宗教和議」は、信仰を理由とした自由な移住を領民たちに認めてはいたが、実際に領民たちが自由に移住することは困難だった。「領主の宗教、その領地で行われる」という、「宗教和議」の内容を指し示す言葉は、帝国諸身分に宗派選択権が与えられたことに由来する。さらに、有力諸侯たちのなかには、領内の教会組織を取り込んで、民衆の信仰や生活全般までをも統制する者もいた。このように、帝国諸侯たちが築いた教会の支配体制は「領邦教会制」と呼ばれ、諸侯たちの統治体制を強化した。

「宗教和議」の成立によって、帝国を吹き荒れた宗派対立の嵐は収まった。しかし、「宗教和議」による安定は一時的なものでしかなかった。領内の支配権を強めた帝国諸侯たちが周辺の教会領や都市などに手を伸ばしたり、「聖職者留保」が規定されているにもかかわらず、北ドイツではプロテスタントによって司教職が占有されるという「宗教和議」に違反する事態も起きていた。これらに加えて、プファルツ選帝侯フリードリヒがルター派から改革派（カルヴァン主義）に転ずるなど、「宗教和議」に含まれていない宗派の増加によって、宗派をめぐる対立の火種が消えることはなかった。それでも、フェルディナント1世（在位1556～1564）とその息子マクシミリアン2世（在位1564～1576）の時代には、「宗教和議」が比較的機能していたが、ルドルフ2世（在位1576～1612）以降の皇帝がカトリックを擁護する立場を明確に示し始めたことで、帝国内の宗派対立が激化した。1608年、両宗派併存都市ドナウヴェルトにおける宗派間の争いをきっかけとして、カトリックとプロテスタント双方が同盟を結成し、帝国は2つのグループに分断されてしまった。このときまでに、両宗派の共存を規定した「宗教和議」の精神が、完全に失われてしまったのである。

（石井大輔）

26 プラハ窓外放擲事件
——近世ハプスブルク国家の転換点

「プラハ窓外放擲事件」とは1618年5月、プロテスタントを奉じるボヘミア貴族たちがハプスブルク皇帝の城伯らをプラハ城の窓から突き落とした事件で、「三十年戦争」の発端として知られる。2年後の1620年、プラハ郊外のビーラー・ホラの戦いでボヘミア貴族たちが皇帝軍に敗北し、ボヘミア諸邦は事実上、ハプスブルク家の世襲領となった。19世紀に成立したチェコ国民史の叙述では、一連の事件は国民史の破局とみなされ、それから19世紀の「民族復興」までの時期を「暗黒時代」と呼ぶこともあった。

フス派とプロテスタントのボヘミア

14世紀なかば、ボヘミア王位についたルクセンブルク家のカール4世はドイツ国王、次いで神聖ローマ皇帝として戴冠し（皇帝在位1355～1378）、プラハを「地上のイェルサレム」たる壮大な帝都に作りかえた。聖ヴィート聖堂を建設し、大規模な「新市街」を造営し、プラハ大学を建学したのもその壮図の一環であった。マルティン・ルターの宗教改革に先立つこと1世紀あまり、ヤン・フス（1370～1415）が聖書への回帰を求め、カトリック教会の改革を唱えたのは、そうして建設されたプラハでのことである。それはプラハが西方キリスト教世界の中心として、知的・文化的な沸騰を経験していたことを背景としていた。

１４１５年、コンスタンツ公会議でフスは異端を宣告されて火刑に処されるが、１４１９年、フスの信仰と思想を奉ずる人々はプラハ新市街の市庁舎の窓から市参事会員たちを突き落として殺害し、ここにフス派戦争（１４１９～１４３４）が始まった（第一次窓外放擲事件）。フス派の人々は、ローマ教皇とボヘミア国王ジギスムント（後に神聖ローマ皇帝、在位１４３３～１４３７）がボヘミアに送った十字軍にもよく抗し、１４３７年になってようやくフス派穏健派（両義聖餐派）とローマ・カトリック教会の間で和解が成立した（バーゼル協定）。以後、ボヘミア諸邦では両義聖餐派信仰がローマ・カトリック教会の枠内で認められたが、事実上、2つの信仰は並立状態にあった。これは宗教改革以前のカトリック世界では例外的なことである。ボヘミア諸身分（王国議会に代表される貴族・騎士身分・都市）の多くは両義聖餐派に属し、カトリックの国王に対抗した。彼らがプラハ大司教に両義聖餐派のヤン・ロキツァナを推挙するとローマ教皇はこれを認めず、以後、16世紀にいたるまでプラハ大司教座は空位となった。フス派戦争後ごく短期間、ハプスブルク家のアルブレヒト、ラディスラフがボヘミア王位を継いだが、安定が訪れるのは１４５８年、王国議会が両義聖餐派の貴族、ポヂェブラディのイジーをボヘミア国王（在位１４５８～１４７１）に選出してからのことである。その後、ポーランド王国のヤゲウォ家がボヘミア王位を継承するが、実質的に王国行政を司ったのは諸身分だった。

ハプスブルク家のボヘミア統治

ヤゲウォ家のルドヴィク王がオスマン帝国とのモハーチの戦いで敗死すると、1526年、ハプスブルク家のフェルディナント1世がボヘミア国王に選出された。宗教改革・宗教戦争のさなかにあって、フェルディナントは神聖ローマ皇帝（在位1558～1564）としてカトリックの守護者を自任し、オーストリア世襲領、ボヘミア諸邦、ハンガリー王国を中核とする複合国家の建設に乗り出して、皇帝の普遍的威光を回復しようとした。彼はボヘミアにイエズス会を招き、両義聖餐派の牙城だったプラハ大学（カレル大学）に対抗してカトリックの学寮（のちのフェルディナント大学、両義聖餐派が禁じられたあとはカレル大学を併合してカール＝フェルディナント大学となる）を創設したほか、プラハ大司教座を再建した。ボヘミアでは両義聖餐派からルター派、カルヴァン派に改宗する人々も多く、またフスから分かれて絶対非暴力を唱えたペトル・ヘルチツキーを始祖とするチェコ兄弟団も多くの信者を擁していた。チェコ兄弟団は旧約・新約聖書を原典からチェコ語に訳すなど、チェコ語文芸の黄金時代をもたらした。ボヘミア諸邦の非カトリック人口はこの頃8割を超えていたと考えられている。こうしてハプスブルク家の皇帝たちがボヘミアで直面したのは、王国伝統の継承者を自負し、プロテスタント諸宗派の信仰に支えられ、政治的・文化的に深い自信をもった貴族や都市民たちだった。一方、ハンガリー王国の大部分はオスマン帝国の統治下に置かれ、トランシルヴァニアの諸身分はハプスブルク王権に対抗していた。

プラハ窓外放擲事件
マテウス・メーリアン画、1662、*Theatrum Europaeum*, Band 1, Seite 16
Wikimedia Commons

「窓外放擲事件」へ

ハプスブルク君主がボヘミア王国の支配権を強化し、カトリック化を進めようとするのに対抗して、両義聖餐派、ルター派、チェコ兄弟団のボヘミア諸身分は、1575年、「アウクスブルクの信仰告白」にならって、「ボヘミアの信仰告白」を起草した。信仰の公認、カトリック教会から独立した非カトリックの信仰擁護官（Defensor）・公会議の設置を皇帝・ボヘミア国王・神聖ローマ皇帝マクシミリアン2世（皇帝在位1564〜1576）に求めたものである。1609年、その子ルドルフ2世（神聖ローマ皇帝在位1576〜1612）はボヘミア国王として勅許状を発しこれを全面的に認め、隷属身分にある人々にも宗派選択の自由を認めた。なお宗教戦争期の中央ヨーロッパでは君主の信仰する宗派によってその統治下の社会が統合される傾向が強いが、ボヘミア、ハンガリー、ポーランドなど諸身分が王権に強く対抗したところでは複数の宗派の自由が認められた。ルドルフ勅許状にもかかわらず諸身分と国王、カトリックとプロテスタント諸宗派の対立は続き、先鋭化していった。

1618年5月22日、プラハのマラー・ストラナにあるスミジツェ伯ヤン・アルブレヒトの邸宅には非カトリックのボヘミア諸身分の頭目たちが集まって、ただならぬ興奮に包まれていた。彼らは信仰の自由とボヘミア諸身分の特権が脅かされていることを糾弾し、ハプスブルク家城伯ヴィレーム・スラヴァタとマルチニツェ公ヤロスラフ・ボジタに直談判に及ぶことを決めた。彼らがその晩、1419年の「窓外放擲」を想起していたかはわからない。翌朝、彼らはただちにフラッチャニの丘を登ってプラハ城に赴き、スラヴァタとボジタに面会した。2人の態度があまりに傲岸だったために、憤激した人々は「王国の安寧を乱す狼藉者！」「逆賊！」などと叫んで2人を窓から突き落とした。即決裁判であり神明裁判であった。事件後、貴族たちは30人からなる総裁政府を作り、さっそく皇帝・国王マティアス（神聖ローマ皇帝在位1576～1612）に対して「弁明書」を提出して忠誠を表明した。彼らはハプスブルク帝室・王室の下で望ましい秩序を回復できると考えており、これが30年におよぶ大戦争の発端になるとは思ってもいなかった。

翌1619年、マティアスのあとを継いだフェルディナント2世（神聖ローマ皇帝在位1619～1637）はスペインの宮廷で育った熱狂的なカトリックで、妥協の意志はもとよりなかった。1619年7月、プラハにはボヘミア、モラヴィア、シレジア、上・下ラウジッツの諸身分が参集して「聖ヴァーツラフ王冠諸邦（聖ヴァーツラフ王冠はボヘミア王国の象徴）の総議会」を開催し、フェルディナントを廃位して、新たにカルヴァン派のプファルツ伯フリードリヒ5世（1596～1632）をボヘミア国王に選出した。貴族たちは意気軒昂であった。

1620年11月8日、議会軍と皇帝・カトリック連盟軍はプラハ西郊のビーラー・ホラで会戦した。戦闘は2時間程度で決したが、その後の歴史の決定的な転換点となった。ボヘミア諸身分は壊滅し、諸身分の指導者たちは処刑されるか追放された。没収された領地には国外から貴族たちが招かれた。ボヘミア議会は王位をハプスブルク家の当主が世襲することを認めざるをえなくなり、オーストリア世襲領とボヘミア諸邦は以後、ハプスブルク国家建設の中核となった。またボヘミア諸邦ではカトリック以外のキリスト教信仰は厳しく禁じられ、ルター派とカルヴァン派とが再び容認されたのは1781年、啓蒙君主ヨーゼフ2世（神聖ローマ皇帝在位1765～1790）が「寛容令」を発出したときのことである。わずかに信仰を守り続けた「隠れプロテスタント」は存在したが、1世紀半を経て表に出てきたとき、トランシルヴァニアから訪れたプロテスタントの司牧者たちは彼らの信仰を理解することができなかった。潜伏の間に彼らの信仰はすっかり変わっていたからである。チェコ兄弟団の信仰はこのときも認められなかった。三十年戦争後、ローマ・カトリックの地上の守護者ハプスブルク君主の下で、ボヘミア諸邦の諸都市は華やかなバロック建築に彩られることになる。ハプスブルク中央ヨーロッパの共通遺産はこうして発展することになった。

「窓外放擲」の神明裁判は、この後の歴史をすでに予言していたのかもしれない。1419年の「放擲」と違い、18メートルも落下しながらスラヴァタもヤロスラフ・ボジタもほぼ無傷でその場から逃げおおせたのである。カトリック的な伝統では、神が彼らの信仰の正しさを認め、聖母マリアの奇蹟によって救われたとされる。ちなみにスラヴァタはかつてはチェコ兄弟団の信徒であった。（篠原　琢）

27 ドイツ三十年戦争
――近代の扉

局地戦争から国際戦争へ

最初は局地的な戦争で終わるはずであった。

事実、ボヘミア王国のプロテスタント貴族によるハプスブルク家への叛乱は、皇帝フェルディナント2世（在位1619～1637）の皇帝軍とバイエルン軍によりあっさりと捻り潰された。それゆえ当時の人々はこの戦いが後世に「三十年戦争」（1618～1648）と称される長い戦争になるとは露とも思わなかったことだろう。

しかしそれにしても、なぜ戦いは1618年のボヘミアの叛乱から始まり、1648年のウェストファリア条約締結までだらだらと続いたのか？　しかも東欧の一角にとどまらず、ドイツ全域に広がり、フランス、デンマーク、スウェーデン、スペイン等々を巻き込む未曾有の国際戦争になったのか？

宗教戦争ではなくなった三十年戦争

ボヘミア叛乱を鎮圧したフェルディナント2世は叛乱の指導者である27名のボヘミア貴族を処刑し、叛乱に参加した数百に及ぶ貴族と都市の領地を没収した。そして従来のボヘミア国民議会の推挙によるボヘミア王位をハプスブルク家の世襲にした。ボヘミアは中央集権国家になったのだ。むろん本領地オーストリアも苛烈な再カトリック化を通してハプスブルク専権体制にする。

フェルディナントはこのシステムをドイツ全体に広げようとした。彼はボヘミアのプロテスタントに担出され、1619年のひと冬だけボヘミア王となったプファルツ選帝侯フリードリヒ5世（在位1610～1623）から選帝侯位を剝奪し、ボヘミア鎮圧に功のあったバイエルン公マクシミリアン1世（在位1597～1631）に与えた。

これに対して、ドイツではカトリック、プロテスタントを問わず「皇帝独裁！」の批判が巻き起こる。皇帝が帝国議会に諮らず勝手に選帝侯人事を行ってよいのか？　これはかつての皇帝カール5世以来の暴挙である！　と。

だがドイツ諸侯以上に眉を顰めたのは、隣国フランスの宰相リシュリューであった。国家理性の申し子である彼にとっての最悪のシナリオは、ドイツがハプスブルク家により中央集権体制となり、スペイン・ハプスブルク家とともにハプスブルク普遍主義を掲げ、フランスを挟撃することであった。彼はドイツをいままでの諸侯国連邦国家体制にとどめるために画策する。彼が目を付けたのはデンマーク王であると同時にドイツのホルンシュタイン公でもあるクリスチャン4世（在位1588～1648）である。ナショナリズムには縁遠い時代、一国の王が他国の諸侯を兼ねることはままあることであった。こうしてプロテスタント・デンマークはカトリック大国フランスの資金援助でドイツの内戦に介入する。つまり三十年戦争はこの時点で、もはや宗教戦争ではなくなったということである。ともあれ、三十年戦争第2ラウンドが始まった。結果はまたもや皇帝軍の大勝利であった。なぜか？

無敵のヴァレンシュタイン

ここで史上最大の傭兵隊長ヴァレンシュタインが登場する。彼は自前で5万の軍隊を編成し、皇帝フェルディナントに差し出す。見返りは皇帝軍総司令官の地位と、占領地における軍税徴収権である。税の取り立ては苛斂誅求（かれんちゅうきゅう）を極め、その対象も拡大解釈で広範囲に及んだ。「戦争は戦争で栄養を取る」というやつだ。つまりヴァレンシュタインは略奪という兵の個人的凶悪犯罪を効率よい合法的収奪機構に変えたのだ。だからこそ当時の金融シンジケートは彼の軍編成のイニシャルコストを融資したのである。ヴァレンシュタイン軍は無敵となる。

皇帝フェルディナントはこの絶対の切り札を握り、なんと、かの「アウクスブルクの宗教和議」（1555）を根底から覆す「復旧令」を発する。さすがにドイツ諸侯はいきり立った。さらに諸侯は自領に勝手に軍税の網をかぶせるヴァレンシュタインを憎悪し、皇帝に彼の罷免を訴える。皇帝もあまりにも強大になりすぎた傭兵隊長に薄気味悪さを感じ取り、ついに彼を罷免する。

皇帝が上げ潮に乗っているとき打ち上げた計画の1つにバルチック艦隊編成がある。バルト海制海権が狙いだ。これにはバルト海貿易で国力を増してきたスウェーデンが猛反発する。近代軍制改革の完成者であるスウェーデン王グスタフ・アドルフ（在位1611～1632）が、カトリック皇帝の圧政からプロテスタントを解放するという大義名分でカトリック・フランスの後方支援を受けてドイツに軍を進めた。

1631年の史上名高い「ブライテンフェルトの会戦」でグスタフ・アドルフは皇帝軍を完膚なきまでに打ち破り、その後も快進撃を続けウィーン近くまで迫った。こうなると皇帝側のカードはヴァレンシュタインの再召喚しかない。

1632年11月、リュッツェンで両雄が激突した。スウェーデン軍の勝利である。しかしグスタフ・アドルフが戦死した。スウェーデン軍に衝撃が走った。スウェーデンの宰相ウクセンシェルナは名誉ある撤退を模索する。フランスが必死になってそれを押しとどめる。

そして今度はヴァレンシュタインがフランスとの密約を疑われ、皇帝の指令により暗殺される。1634年2月25日のことである。

ヴァレンシュタインの肖像
アンソニー・ヴァン・ダイク画、1629、油彩
Wikimedia Commons

近代の扉を開けたヨーロッパ

戦線は完全に膠着する。戦局打開のためにフランスが直接参戦するが、決め手に欠ける。そのうち皇帝フェルディナント2世が崩御。さらにこの戦争の陰の主役であったフランス宰相リシュリューもこの世を去った。主役級が次々と舞台から姿を消し、戦争は戦争のための戦争となり泥沼に陥った。兵たちは指揮系統もへったくれもなく、ただ生きるためにてんでんばらばらに

略奪を繰り返す。

これを見て戦争第2世代の皇帝フェルディナント3世（在位1637～1657）は、父帝フェルディナント2世が掲げたハプスブルク普遍主義の看板を下ろすことを決めた。こうして1644年12月、まずはオスナブリュックで、次いでミュンスターで和平会議が開催された。それでも1648年10月のウェストファリア条約締結まで、丸々4年近くたっている。

宗教戦争に端を発したこの戦争は、すぐさま国家の在り方を決める戦い、すなわち国家形成の戦争となった。戦場となったドイツでは大諸侯領が国家同然となり、ドイツ以外ではフランスをはじめとして王家の国家独占を支配形態とする絶対主義が進んだ。つまりヨーロッパはこの長い戦争を経て近代の扉を開けたのである。

（菊池良生）

ブライテンフェルトの会戦におけるグスタフ・アドルフ
ヨハン・ヤーコプ・ヴァルター画、1631～1677、油彩
Wikimedia Commons

コラム 15

ウェストファリア条約

ウェストファリア条約は、長きにわたった「三十年戦争」の講和条約である。三十年戦争の講和会議は、ヴェストファーレン（英名ウェストファリア）にあるミュンスターとオズナブリュックという2つの都市で行われた。カトリック都市ミュンスターでは皇帝とフランス、フランスとスペインが個別に和平交渉を進め、カトリックとプロテスタントがともに認められていたオズナブリュックでは、皇帝とスウェーデンおよびプロテスタント帝国諸侯が交渉を行っていた。和平に向けた交渉は1644年12月に実質的に開始された。しかしながら、参戦国以外も和平交渉に関与しており、まだ戦闘も続いているなか、和平交渉は遅々として進まなかった。結局、ウェストファリア条約が締結されたのは1648年10月のことであった。

2つの条約の内容

ウェストファリア条約は、和平交渉が2つの都市で行われたことを反映して、ミュンスター条約とオズナブリュック条約という2つの条約からなっている。皇帝とフランスとの合意事項が中心となっているミュンスター条約では、アルザス・ロレーヌ地方の司教領や都市が帝国から離脱し、フランスに移譲されることとされた。また、フランスとスペイン間の戦争は続いており、皇帝や帝国諸侯がこの戦争に関与することが禁じられた。そのほか、スイスの帝国からの離脱やオランダの独立もこの条約に明記されている。

オズナブリュック条約は、皇帝と帝国諸身分およびスウェーデンとの関係を規定する帝国基本法という性格を持っていた。帝国諸身分には、皇帝と帝国に敵対しない限り帝国外の勢力と同盟を締結する権利（同盟権）、帝国議会で投票すること

ミュンスター条約の締結
ヘラルト・テル・ボルフ画、1648、油彩画　Wikimedia Commons

ができる権利（同意権）、領邦内の事柄に関して介入を拒否できる権利（領域権）が認められた。これらは、戦争以前から帝国諸身分によって行使されてきた権利を追認するものだった。そのほか、バイエルンへの選帝侯位移譲が正式に承認され、選帝侯位を剝奪されたプファルツ家にも新しく選帝侯位が与えられた。

宗派問題に関しては、「アウクスブルク宗教和議」（１５５５）の規定が再確認され、カトリックとルター派に加えて、新たに改革派も認められた。戦時中にたびたび問題となってきた「復旧令」（１６２９）は完全に撤回され、１６２４年を基準年として、その時点までの宗派状況が有効とされた。これにより、プロテスタント帝国諸侯が押収してきた教会領の多くは返還する必要がなくなり、１５５２年を基準年とした「復旧令」よりもプロテスタントに有利な条件となった。また今後、宗派問題はカトリックとプロテスタントが同数を占める場で話し合われ、双方の合意に基づいて解決されることとされた。逆にいえば、両者の合意がなければ結論を出さないということである。さらにオズナブリュック条約によって、スウェーデンはフォアポンメルン公領などの帝国直属領を獲得し、帝国諸侯としての地位を得た。

近代国際法の端緒

ウェストファリア条約は、多くの国が講和会議に参加し、複数の参戦国の利害を調整した条約という点において世界最初の国際条約といえる。しかし、本条約の交渉は2国間の交渉を基本としており、従来の和平交渉と大きく変わるところはなかった。また、本条約が締結された時点で「主権」の概念も確立されておらず、現在「ウェストファリア体制」と呼ばれるような主権国家体制が意図されていたわけでもなかった。しかし、18世紀に結ばれた条約のなかで、ウェストファリア条約が「ヨーロッパ全般の平穏の基礎」として言及されるうちに、本条約が近代国際法の端緒と位置づけられるようになり、勢力均衡原則の起源とされるようになった。たが、帝国にとってウェストファリア条約は大きな意義を持っていた。慣例として行われてきた帝国諸身分の権利や帝国国制が再確認され、宗派問題が解決されたことにより、神聖ローマ帝国は諸領邦の連邦体として、以後150年以上存続することができたのである。

（石井大輔）

28 再カトリック化
――ハプスブルク家統治に安定をもたらした宗派統一

　再カトリック化とは、プロテスタントとなった人々を再びカトリックに改宗させて、領内の信仰をカトリックで統一する政策のことである。さらに、このカトリック信仰とハプスブルク家の君主権とを結びつけることによって、再カトリック化がハプスブルク君主国の統合を促進し、ハプスブルク家の統治を安定させることにつながった。しかし、さまざまな障害に阻まれて、再カトリック化が本格的に進んだのは17世紀後半になってからであった。

再カトリック化の困難な道のり

16世紀の宗教改革以降、オーストリア・ハプスブルク家の支配領域ではプロテスタンティズムが広まり、ティロール以外のオーストリア世襲領、ボヘミア、ハンガリーでは多くの人々がプロテスタントになっていた。特に貴族や都市民にプロテスタントになった者が多く、彼らは信仰の自由を要求していた。皇帝マクシミリアン2世（在位1564～1576）は、この要求を無視することができず、ルター派の信仰を認めざるをえなかった。結局、16世紀末までにオーストリア・ハプスブルク家領では、人口の半数を超える人々がプロテスタントとなったと考えられている。

次代皇帝ルドルフ2世（在位1576〜1612）は、父帝マクシミリアン2世とは異なり、プロテスタントに譲歩することを認めず、領内の再カトリック化をめざした。特に都市に対しては、プロテスタント説教師と教師を追放し、都市からプロテスタントを排除することを命じた。これに対して、ウィーンでは都市民5千人が王宮前に集まり、「嵐の請願」と呼ばれる抗議デモが行われた。しかし、都市の再カトリック化は一定の成果を挙げることができた。それは、都市がそもそも君主直轄地であったからである。逆に、地方貴族が領主として治めている農村部では、再カトリック化は遅々として進まなかった。なぜなら、貴族たちは領主権を盾にして、君主による介入に抵抗していたからである。彼らプロテスタント貴族の影響力を削ぐために、ルドルフはカトリック貴族に高位身分や官職を与えることで優遇していたが、「ハプスブルク家の兄弟喧嘩」によって再びプロテスタントが認められるようになった。一方、内オーストリア諸邦では、後に皇帝となるフェルディナント2世が、17世紀初頭には再カトリック化に成功していた。

オーストリア・ハプスブルク家領における再カトリック化の転機となったのは、1620年の白山（ビーラー・ホラ）の戦いで皇帝フェルディナント2世（在位1619〜1637）がプロテスタント勢力に完勝したことであった。戦後、フェルディナントはボヘミアとオーストリアのプロテスタント貴族から多くの領地を接収し、その領地の多くがカトリック貴族の手に渡った。この結果、貴族層の宗派構成が変化して、フェルディナントに従うカトリック貴族が多数を占めるようになった。この状況を利して、フェルディナントは1624年以降プロテスタント追放令を発し、再カトリック化を推し進めようとした。しかし、三十年戦争や農民蜂起によって国内外の情勢が不安定だったこと、下オーストリアに残留を許されたプロテスタント貴族がいたこと、そもそもハンガリーなどでは信仰の自由が認められていたことにより、再カトリック化の進展は依然として緩やかであった。

バロック・カトリシズム

オーストリアとボヘミアにおける再カトリック化が大きく進展したのは、三十年戦争が終結し、戦後処理も一段落した1650年代以降である。この際、人々に広められたのが「バロック・カトリシズム」と呼ばれる信仰形態であった。バロック・カトリシズムとは、トリエント公会議（1545～1563）において定められた教義に基づくカトリシズムのことである。このとき、カトリック教会はプロテスタントに対抗して、煉獄の存在、聖母マリアや聖人崇敬を明確にその教義に取り込み、絵画・音楽・建築などのバロック芸術を活用して、人々にカトリック信仰を広めていくことを決定した。イエズス会をはじめとする新修道会は、バロック・カトリシズムを広める先兵となり、各地で積極的な伝道を行い、多くの信者を獲得していった。また、聖体行列や聖地巡礼といった野外や路上での宗教的な行事や活動も盛んに行われ、「善き行いによって人は救われる」という積善説がバロック・カトリシズムにおいて実践された。

ハプスブルク家による支配の正当化にも、このバロック・カトリシズムが関係していた。「オーストリア家の敬虔」とは、ハプスブルク家の人々が実践してきた敬虔さを指し示す言葉であるが、特にフェルディナント2世以降この敬虔さが強調されるようになった。つまり、ハプスブルク家は敬虔であるがゆえに、同家に繁栄がもたらされたとの考えから、「ハプスブルク家の君主は敬虔であらねばならない」と考えられるようになったのである。そして、君主が実践する「敬虔」によってもたらされた「奇蹟」（神の御手によるペスト克服や外敵の撃退など）を喧伝するために、宗教的なモニュメントが建立され、聖体行列など路上での宗教的な行事が行われた。ここで、信仰と国の命運が明確に結びつけられた。すなわち、人々が敬虔であれば、国に繁栄がもたらされ、人々のなかで最も敬虔である人物こそハプスブルク家の君主である、と。このような考えを背景に、ハプスブルク君主はバロック・カトリシズムを推奨し、その教義に従って再カトリック化を推し進めたのである。

オロモウツの聖三位一体柱
チェコのモラヴィア地方オロモウツにあるバロック様式のモニュメント。1754年完成。

統治の安定と再カトリック化の限界

フェルディナント3世（在位1637～1657）は1650年代以降、領内の再カトリックを強力に推し進めた。オーストリアやボヘミアにおいて、プロテスタント貴族はさらに減少しており、再カトリック化に抵抗する勢力はわずかであった。フェルディナントは「宗教改革委員」を各地に派遣して、各地の宗派状況の調査や監督にあたらせた。聖職者と君主の役人で構成された「宗教改革委員」が、ときに兵を連れて地方を回り、プロテスタントにはカトリックへ改宗するか、領外へ移住するかという選択を迫り、カトリックには正しい教義を実践することを求めた。その際、プロテスタントに示された移住の条件が、子どもや財産を残して移住することという厳しいものであったため、多くのプロテスタントは改宗を選択することとなった。こうして、フェルディナントによる再カトリック化は成功し、オーストリアとボヘミアにおいてバロック・カトリシズムを共有する社会が実現された。さらに宗教的な統合が、ハプスブルク君主による統治に安定をもたらしたのである。

それにしても、ときには強権的な再カトリック化の成功にも限界があった。ハンガリーやシュレージエンでは、プロテスタントが認められたままであり、改宗は表面的にすぎず、私的な場でプロテスタント信仰を続ける「隠れプロテスタント」が存在していた。しかし、オーストリアでは大きな叛乱もなかったため、18世紀に入るまで彼らの存在は黙殺された。

（石井大輔）

第Ⅳ部

16～17世紀のオーストリア・ハプスブルク家

29 フェルディナント1世
――兄と駆け抜けた生涯

ハプスブルク家の歴史にはしばしば「兄弟」が登場する。フランツ＝ヨーゼフ1世とマクシミリアン、ヨーゼフ1世とカール6世、ルドルフ2世とマティアス。兄弟たちはときに手を取り合い、ときに競い合いながら、ハプスブルク家の歴史を彩ってきた。これら兄弟たちのハプスブルク史の嚆矢ともいえる2人がいる。兄は「さらに彼方へ」（Plus Ultra）の理念を掲げ、普遍帝国の樹立に挑んだ神聖ローマ皇帝カール5世（在位1519～1556）。弟は長年にわたって兄帝を支え、あとを受けて皇帝に即位し、オーストリア・ハプスブルク家の皇祖となったフェルディナント1世（在位1556～1564）、本章の主人公である。

スイスの田舎貴族に端を発するハプスブルク家は、中世から近世への転換期（15世紀後半から16世紀前半）に、ヨーロッパ列強と婚姻関係を十重二十重に取り結ぶことで大国への道を駆け上がった。この快進撃の立役者こそ、「中世最後の騎士」と呼ばれた皇帝マクシミリアン1世（在位1493～1519）である。1496年には息子フィリップと娘マルガレーテと、スペイン王家の王女フアナと王子フアンとをそれぞれ結婚させた。1515年、ボヘミア・ハンガリー王家の君主ウラースロー2世（ボヘミア王在位1477～1516、ハンガリー王在位1490～1516）の娘を孫たちに嫁がせる契約を取り付ける。このとき12歳であったハンガリー王女アンナは、のちにフェルディナントの妃となる。世界に散在する各国領土を継承する権利をハプスブルク家のもとに束ね、文字通り「陽の沈むことなき大帝国」の礎を築き上げ、1519年、「中世最後の騎士」は逝った。

ネーデルラントへの移住

祖父の崩御により、いよいよカルロスとフェルナンド（ドイツ語表記ではフェルディナント）が歴史の表舞台に躍り出た。カルロスについてはすでに別項があるので、ここではフェルディナントに焦点を絞る。1503年、フェルディナントはスペインのアルカラ・デ・エナーレスに生まれた。父はブルゴーニュ公フィリップ、母はスペイン王女ファナである。しかしながら、精神疾患を患う母の手からフェルディナントは取り上げられ、母方の祖父アラゴン連合王国国王フェルナンド2世（アラゴン王在位1479〜1516、カスティーリャ王在位1474〜1504）の手で育てられた。そのため将来のスペイン王はフェルディナント王子と誰もが思っていた。

しかしスペイン王冠は兄カルロスに渡り、この一件がお家騒動に発展することを避けるため、フェルディナントはネーデルラントへの移転を余儀なくされる。フェルディナントを出迎えたのは、ネーデルラントの叔母マルガレーテであった。マルガレーテは甥っ子にネーデルラントで花開いた人文主義の文化を紹介し、碩学エラスムスと引き合わせた。エラスムスの教えは若きフェルディナントの人格に大きく影響し、公益への献身、専制の否定や領土拡大の抑制を説いたエラスムスの『キリスト者の君主の教育』は愛読書となる。

フェルディナント1世
ハンス・ボクスベルガー画、16世紀、油彩
Wikimedia Commons

オーストリアの地へ

１５２１年、祖父を継いだ兄カール５世（スペイン王カルロス１世）は、オーストリア諸邦の統治をフェルディナントに委ねた。先述のハンガリー王女アンナが嫁いできたのもちょうどこの頃である。こうしてフェルディナントはいよいよオーストリアの地を踏むことになった。しかしながら、オーストリアの貴族ら在地有力者たちは、スペイン出身でドイツ語もろくに話せない青年君主を歓迎しなかった。対してフェルディナントはまずは強硬的な手段で在地領主たちの特権を剝奪した後、宥和政策に転じた。法整備、山積する行政課題の処理、ドイツ語の習得とフェルディナントは次々と内政を整え、若き新君主とオーストリアの関係は好転する。

フェルディナントが着々と新領土での地盤を固めつつあった１５２６年、ヨーロッパを震撼させる大事件が起こる。ハンガリー南端のモハーチ平原でボヘミア・ハンガリー王ラヨシュ２世とオスマン皇帝スレイマン1世が激突し、ラヨシュ王が討死したのである。当時わずか20歳であったラヨシュ王には嗣子がおらず、ボヘミアとハンガリーの王座は空席となった。この際フェルディナントは祖父が交わした条約にのっとり、両王冠の継承に名乗りを上げたが、ハプスブルク家の戴冠に反対する者も多く、両国の継承は容易には進まなかった。それでもフェルディナントは硬軟使い分け、柔軟に各地の在地勢力との合意を取り付けながら、中・東欧に広がる広大な君主国である「ドナウ君主国」の基礎を築きつつあった。

第一次ウィーン包囲

フェルディナントによるハンガリー統治が樹立されるかにみえた最中、追い詰められたハンガリーの反ハプスブルク派が思い切った行動に出た。フェルディナントの対抗馬としてサポヤイを奉じる反対派は、こともあろうにラヨシュ王の敵（かたき）スレイマン1世のもとに庇護を求めて駆け込んだのである。1529年、救援を受けたスレイマン1世は総勢15万にものぼる雲霞（うんか）のごとき大軍を率いて帝都イスタンブールを出陣した。まずスレイマン帝はハンガリーに軍を進め、サポヤイの臣従を受け入れると同時に、ハンガリー王即位の後ろ盾となることを約束した。ハンガリーに傀儡政権を確保したスレイマンは、そのまま軍を西へと進める。めざすはハプスブルク家のウィーン、世にいう「第一次ウィーン包囲」（1529）の開幕である。

オスマン帝国軍がウィーンに現れたのは9月のことであった。およそ1か月間にわたってオスマン帝国軍はウィーンに包囲戦をしかけたが、ウィーン籠城軍の抵抗も激しく、例年よりも早い降雪を契機にスレイマン帝は撤退の号令をかけた。この大攻勢の目的が本当にウィーンの征服であったのか、それともオスマン帝国によるハンガリー支配を誇示するデモンストレーションであったのか、学界では結論が出ていない。しかしながらこの経験がイタリア式の建築術を採用してウィーンを要塞化するきっかけとなり、強化されたウィーンの防御施設は約150年後の「第二次ウィーン包囲」に発揮される。

オーストリア・ハプスブルク家の礎

かくしてハプスブルク帝国の東部経営を一手に引き受けたフェルディナントであったが、カール5世がドイツを離れているときには、兄に代わって帝国問題にも対処しなければならなかった。当時の帝国は宗教改革で持ち切りだった。ルターらが口火を切ったカトリック教会批判の炎は瞬く間に帝国全土に燃え広がり、のっぴきならない宗派問題が各地で勃発していた。フェルディナントはプロテスタント諸侯との対決姿勢を主張する兄の方針に一定の理解を示しつつも、1552年にプロテスタント諸侯との間にパッサウ条約を締結し、1555年にアウクスブルクの宗教和議の交渉の席に着いた。

1556年に兄カール5世が生前退位すると、フェルディナントは神聖ローマ皇帝フェルディナント1世として即位し、オーストリア・ハプスブルク家の伝統は事実上このフェルディナント1世から始まる。カールとフェルディナントの兄弟は、時代の転換期をともに駆け抜け、ハプスブルク家が今日まで続く礎を築いたのであった。

（山下泰生）

30 マクシミリアン2世
――「宗教和議」を体現した皇帝

宗教的な曖昧さを備えた皇帝

マクシミリアン2世（在位1564～1576）は、1527年7月31日にフェルディナント1世（在位1556～1564）の長男としてウィーンで生まれた。父フェルディナントは、兄カール5世（在位1519～1556）との領地分割でオーストリア諸邦の君主となっており、ボヘミア・ハンガリー王家の断絶を受けて両王国の王となり、その後神聖ローマ帝国の皇帝となる人物である。したがって、マクシミリアンはドナウ川流域を中心とするオーストリア・ハプスブルク家の将来を担うべき存在であった。しかし、マクシミリアンが引き継ぐことになる地域では、カトリックとプロテスタントとの間で宗派対立が起きており、彼には両宗派の間でのかじ取りをするという困難な道が残されたのである。

1929年に出版されたマクシミリアン2世の伝記には、『謎めいた皇帝』という副題が添えられている。これは、著者V・ビブルがマクシミリアンの信心の曖昧さを指して、使用した言葉である。本来ハプスブルク家はカトリックを篤く信仰し、カトリック教会の守護者を自認していたが、マクシミリアンは表面的にはカトリックの立場を堅持していたが、内心ではプロテスタントに傾倒していたと言われる。若きマクシミリアンの教育役シーファーや宮廷説教師プファウザーは、プロテスタントと関係を持つ人物として知られており、マクシミリアンは、彼らを通じて新しい宗派に触れていたと思われる。マクシミリアンがプロテスタントの教義に傾倒していたことは、父帝フェルディナントが遺書の中でマクシミリアンの信心に関する懸念を示していることからもわかる。また、カール5世が戦ったシュマルカルデン戦争（1546～1547）に加わった際、マクシミリアンは敵として戦ったプロテスタント諸侯に同情の意を示している。こうしたマクシミリアンの信心を懸念する父帝フェルディナントやローマ教皇に対して、マクシミリアンは1564年にカトリックへの帰依を誓った。こうして、カトリックとプロテスタントという、2つの宗派をつなぎ止める「曖昧さ」を備えた皇帝が誕生したのである。

マクシミリアン2世による協調的な政治

マクシミリアンは1562年にボヘミア王とドイツ王（次の皇帝となる位）、1563年にハンガリー王に即位し、父帝フェルディナントの後継者としての立場を固めていった。マクシミリアンは神聖ローマ帝国におけるドイツ王選出に際して、自らの宗教的な曖昧さをうまく利用している。マクシミリアンは、カトリック選帝侯にはカトリックの守護を約し、プロテスタント選帝侯にはプロテスタントへの理解を示したことで、両宗派の支持を得ることに成功したのである。1562年11月30日にフランクフルトで行われたドイツ王戴冠式でも、両宗派に配慮した式次第が採用された。そのほか、マクシミリアンのドイツ王即位にはもう1つの意味があった。それは、今後神聖ローマ皇帝の地位がオーストリア・ハプスブルク家によって引き継がれていくということである。カール5世はスペインとオーストリアの両ハプスブルク家が交互に皇帝位に就くという構想を持っていたが、マクシミリアンのドイツ王＝皇帝即位によってこの構想は挫かれた。１５６４年6月25日、父帝フェルディナントが逝去したことで、マクシミリアンは神聖ローマ皇帝となった。

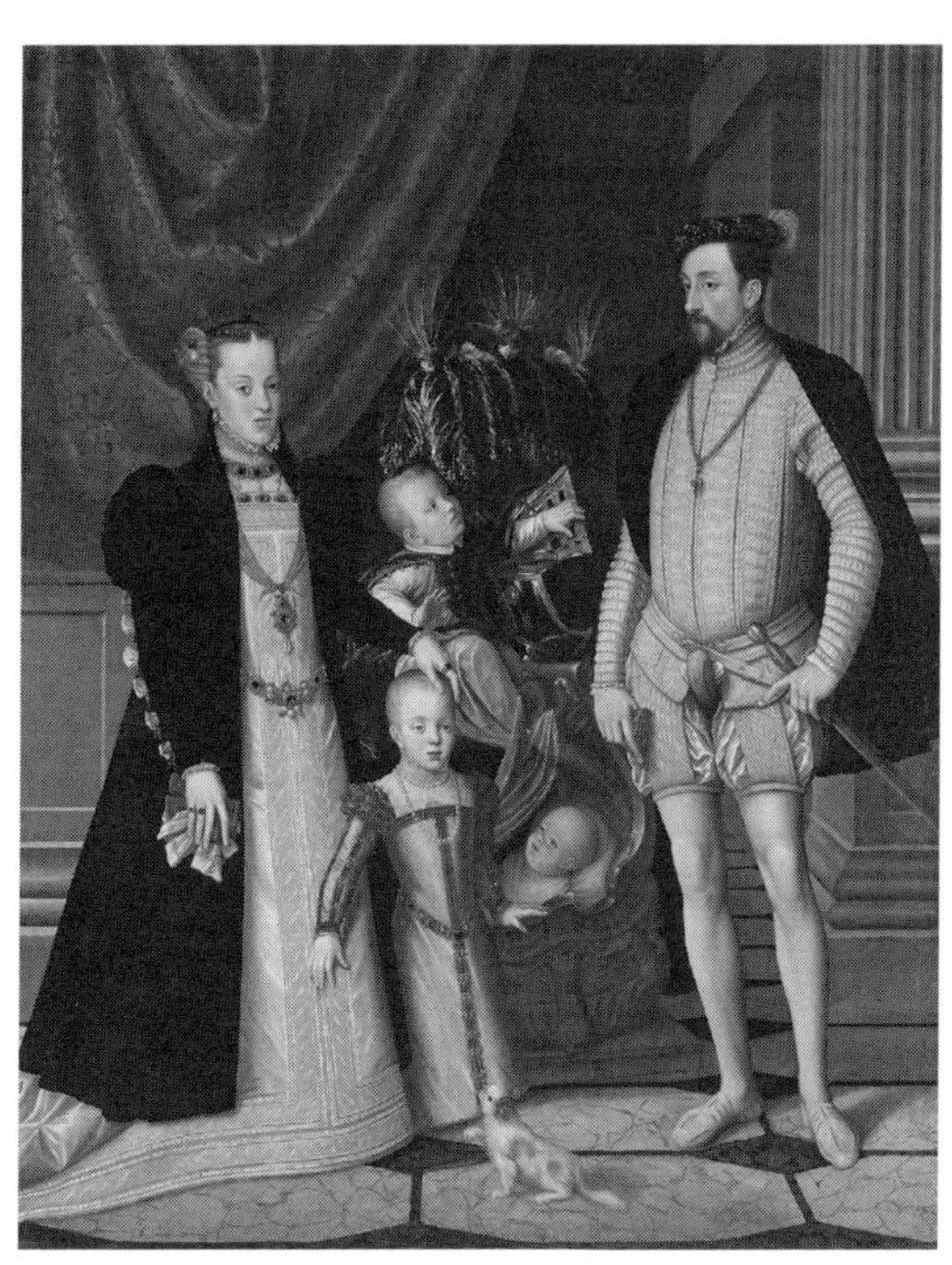
マクシミリアン2世とその家族
ジュゼッペ・アルチンボルド画、1563年頃、油彩
Wikimedia Commons

マクシミリアン2世は、帝国政治において「アウクスブルク宗教和議」（１５５５）を遵守することで、帝国に安定をもたらそうとした。神聖ローマ帝国では、「宗教和議」によって一応の解決が図られたものの、依然として宗派対立の火種はくすぶっていた。このような状況で、マクシミリアンが特に心を砕いたのが、プロテスタント諸侯との関係を保つことである。マクシミリアンはザクセン選帝侯アウグストやヴュルテンベルク公

クリストフらとの交誼を通じて、プロテスタント諸侯と友好的な関係を保っていた。たしかに、こうしたマクシミリアンに対して疑念を持つカトリック諸侯もいたが、マクシミリアン統治下の帝国では深刻な宗派対立が表面化することはなかった。マクシミリアンがプロテスタントに対して協調的であった理由は、彼の信心だけではなかった。マクシミリアンは即位後、対オスマン戦争（１５６６）を戦ったが、さしたる成果を得ることができず、代わりに戦費負担という大きな枷を負ってしまった。このため、マクシミリアンは帝国諸身分の援助を必要とし、彼らとの協調的な関係を維持しなければならないという事情もあった。

ルター派信仰の容認

オーストリア・ハプスブルク家の所領のうち、マクシミリアンが相続したのは、ボヘミア王国、ハンガリー王国、オーストリア大公領（上・下オーストリア）であった。残る内オーストリア諸邦（シュタイアーマルク、ケルンテン、クライン）と上オーストリア諸邦（ティロール、前部オーストリア）は、それぞれ弟のカールとフェルディナントが相続した。マクシミリアンが治めた地域でも、貴族、都市民、農民の間でプロテスタントの信仰が広まっていた。貴族や都市民は領外での交流や書物を通じて新しい宗派に触れて、改宗していき、農民はプロテスタントとなった貴族領主によって改宗していた。オーストリア大公領のプロテスタント貴族は、即位当初からマクシミリアンに対して信仰の自由を要求していたが、マクシミリアンはそれを認めなかった。しかし、財政難に苦しむマクシミリアンは資金提供と引き換えに、貴族にルター派の信仰を容認した。１５６８年12月に示された「宗教容認」は、貴族が自分の家屋敷でルター派の礼拝を行うことを認めたに過ぎなかったが、これが拡大解釈されていき、彼らの領地や都市でルター派の礼拝を行うことの根拠となっていった。さらに1571年には、マクシミリアンは下オーストリア貴族に対して「宗教保障」を認め、彼らの教会規則を正式に認可している。マクシミリアンは1575年「チェコの信仰告白」を口頭で認め、ボヘミアにおいても事実上プロテスタントの信仰を容認した。

カトリック強硬派の台頭

マクシミリアンの周辺には、彼のプロテスタント寄りの政治に反対する者も多くいた。その1人が皇妃マリアであった。スペイン・ハプスブルク家出身のマリアは、スペイン人の従者たちを連れてきており、彼らを通じてフェリペ2世の懸念がマクシミリアンに伝えられていた。廷臣のなかにも、ゲオルク・エーダーのようなカトリック強硬派がおり、彼はウィーン宮廷内のプロテスタント廷臣を激しく非難していた。1576年10月12日、マクシミリアンは逝去した。マクシミリアンの死は、オーストリア・ハプスブルク家におけるカトリック強硬派の台頭を意味していた。

（石井大輔）

31 ルドルフ2世
――寓意のなかの普遍君主

ハプスブルク家兄弟の確執

「私は戦争を憎む。人類に刻印された焼印。剣が絞り出した涙の1滴ごとに私の血の1滴を捧げよう。ただハンガリーでの戦争だけは良い戦争なのだ。意見の違いから互いに争い嚙み裂きあっている諸党派を1つにまとめる戦争だから。トルコ人を恐れればルター派の連中も身を慎むし、激しいことばも叛旗を翻す行動も控えよう。私自身と同じ信仰（カトリック）の者にも狂信者がいて神の名で憎悪をはせる。戦争を呪え！　しかし内戦、信仰や教説を異にする人々の争いに比べれば、トルコ人との戦争ははるかにましだ。熱狂が鎮まれば教説の違いも無に帰し、平和のときが訪れよう」。

これはフランツ・グリルパルツァーの戯曲『ハプスブルク家兄弟の確執』（1848）第3幕の冒頭、皇帝ルドルフ2世（在位1576～1612）が唯一心を許す最側近で友でもあるブラウンシュヴァイク公ユリウスに心情を語る場面である。直前の第2幕にはルドルフの弟マティアスが、長く戦争を続けるオスマン帝国と講和を結び、ハプスブルク家当主の座をルドルフから簒奪することを認めるようハプスブルク家の大公たちに迫る場面がある。ルドルフの台詞はそれに対する反応だった。ユリウス（グリルパルツァーが史料中に見出したブラウンシュヴァイク公ハインリヒ＝ユリウスがそのモデルである）が信心深いルター派信徒であることも、この場面のルドルフの賢明さ、そして絶望を際立たせている。グリルパルツァーはマティアスを自己を過信する野心家として、そしてルドルフを思慮深いながら政治的に行動することのできない君主として描いた。激動の時代のなかで弟たちにも貴族たちにも裏切られ、ルドルフはプラハ城の奥深く、孤独のうちで死の床に沈む。終幕、ルドルフの廃位を悔やむシュタイアーマルク公フェルディナント（ルドルフの甥、後の皇帝フェルディナント2世、在位1619～1637）の下にヴァレンシュタイン将軍が現れ、マティアスの皇帝即位を称える民衆の声を聞きながら、新教徒に対する戦い、プラハへの進軍を誓う。「戦争は良いもの、そう30年は続きましょう。1世代を経なければ沸き立つ血潮は収まらないのです」。こうして劇はルドルフの夢の破綻と凄惨な宗教戦争の到来を予言して幕を閉じる。ルドルフが死去した6年後、「三十年戦争」（1618～1648）は彼が晩年幽閉されたプラハ城の窓からハプスブルク家の城伯たちが突き落とされたことをきっかけに始まった。劇中のフェルディナントはヴァレンシュタイン将軍のことばに驚愕し当惑するが、三十年戦争の初期にボヘミアのプロテスタント貴族を廃滅し、オーストリア世襲領に続いてボヘミア諸邦の徹底的な再カトリック化を進めて、カトリック・ハプスブルク国家の中核を固めたのはフェルディナント2世であった。

諸身分との対立、宗教戦争のなかで

ハプスブルク家の君主のうち、ルドルフほど評価の分かれる者はいない。ただしグリルパルツァーのようにその無力さを悲劇のなかに描くか、あるいはルドルフを人格破綻者として描くかの差はあっても、彼に統治能力が欠けていた、あるいは政治的な熱意を持ち合わせなかったという観察は共通している。実際、ローマ教皇大使をはじめ彼と接した同時代人たちの多くが記録するところによれば、ルドルフは鬱と妄想に苛まれて容易に人を寄せつけず、高位高官を罷免したかと思うと、錬金術、占星術をものする素性も知れない怪しげな人々を側用人に取り立てて重用した。ルドルフの人物像・君主像は、彼個人に潜在していた資質がハプスブルク家の中央ヨーロッパ統治の転換点でグロテスクなまでに誇張されたものであった。

ルドルフ2世は1552年に皇帝マクシミリアン2世（在位1564～1576）の長子に生まれ、11歳でフェリペ2世のスペイン宮廷に送られた。そこで厳格なカトリックの帝王教育を施されたルドルフはカトリック普遍君主としての自負を育んだが、19歳で帰還したオーストリアで彼が直面したのは、スペインとはまったく異なる現実であった。オーストリア世襲領、ボヘミア諸邦、そしてハンガリーでもプロテスタント信仰が広がり、それぞれの議会に依る諸身分（貴族、高位聖職者、有力市民）の多数派はプロテスタントを奉じてハプスブルク君主に対抗していたのである。彼は父帝マクシミリアン2世を継いで1572年にハンガリー王冠を、1575年にボヘミア王冠を戴くが、そのためには諸身分の同意が必要だった。マクシミリアンはルドルフにボヘミア王位を継がせるため、ボヘミアの諸身分に対してルター派、両義聖餐派（フス派の流れを汲む旧両義聖餐派とカルヴァン派に強く影響された新両義聖餐派）、チェコ兄弟団の信仰の自由を謳った「ボヘミアの信条告白」を認めなければならなかった。こうしてドイツ王、神聖ローマ皇帝に選出されるにもプロテスタントの帝国諸侯の支持は不可欠だった。こうして諸身分と君主の争いは宗派をめぐる争いとともに錯綜していたのである。

ハプスブルク家がハンガリー王位、ボヘミア王位を継承したのは、１５２６年にこれらの王国の国王だったルドヴィク／ラヨシュがオスマン帝国との戦いで敗死して、ヤゲウォ家が断絶したからである。オスマン帝国との戦争はルドルフの皇帝・国王即位時には小康を保っていたが、１５９３年、彼は諸身分を動員してハンガリーに軍を送った。その後15年にわたったオスマン戦争はとりわけハンガリーを疲弊させ、プロテスタント貴族はスルタンに支援されたトランシルヴァニア公ボチカイ・イシュトヴァーンの下に結集してハプスブルク家に対する叛乱を起こした。ハプスブルク家君主として統治する諸領邦の貴族たちの支持と協力がなければオスマン戦争を遂行することは不可能だったが、オスマン帝国に対する勝利に固執しながらルドルフはますます芸術と神秘学に惑溺し、領邦議会ばかりかハプスブルク家の大公たちからも孤立していった。これが『兄弟の確執』の時代的背景である。

ルドルフ2世
ヨーゼフ・ハインツ画、1594、油彩
Wikimedia Commons

　オスマン帝国と講和を結んだマ

ティアスはさらにプロテスタントが優位を占めるハンガリー、オーストリアの諸身分と連合してルドルフが帝都を構えるプラハに進軍した。ルドルフはボヘミア諸身分の支持を恃んで、父帝マクシミリアンがただ口頭で確認した「ボヘミアの信条告白」を「ルドルフ勅許」（1609）として文書化し、3つの宗派の信仰を隷属身分の人々にも認めた。その後、ルドルフはなおもマティアスのボヘミア王位要求に抵抗して、従兄弟のパッサウ司教レオポルトに援軍を求めたが、来襲したパッサウ軍はプラハ城下を劫掠するばかりだった。こうしてルドルフはハンガリー・ボヘミア王位を失い、ただ名目上の神聖ローマ皇帝位を保ったままプラハ城に幽閉されてこの世を去った。

プラハの宮廷

ルドルフが宮廷とともにプラハに移ったのは、1583年のことである。当時のプラハの人口は約6万人、それはウィーンの約2倍の規模で、ボヘミア諸身分は以前から神聖ローマ皇帝・ボヘミア国王の宮廷をプラハに迎えようとしていた。ルドルフはプラハ城を大々的に改築して居城とし、それに合わせて貴族たちは競って壮麗な都市宮殿を造営した。ボヘミアの宗派構成を反映して、プラハにはさまざまな宗派の人々が集まり、ドイツ諸邦、イタリアからも多くの商人・職人、芸術家たちがプラハに移り住んだ。ルドルフのプラハは、ヨーロッパでも特異な多宗派・多言語都市になったのである。

ルドルフは稀代の学芸・芸術の庇護者で、みずから膨大な芸術作品や書物、動植物や鉱物を集め、バルトロメウス・スプランヘル、ハンス・フォン・アーヘン、ジュゼッペ・アルチンボルドといったマニエリスム芸術家を宮廷に招き、ティコ・デ・ブラーへ、ヨハネス・ケプラーといった「占星術師」（天文学者）、ジョン・ディーなどあらゆる種類の錬金術師（総合科学者）がプラハにやってきた。当時のプラハはユダヤ教学の中心でもあった。ルドルフにとって、芸術と科学、神秘思想は一体であり、政治もまたその一部だった。その証左でもあったのか、ルドルフは「錬金術」によって得られた合金で貨幣を鋳造させ、自らの肖像を刻印させた。

「私はあの鍋で金を溶鋼する。なぜだかわかるか。生まれによらず、武勲によらずに授ける勲章をつくる。授けるのは平和の騎士たち。かれらは世界中に散らばり、どのような確執からも、領土欲からも遠い人々、勲章は胸に誇示するものではない。心臓の鼓動が暖める内面にこそ帯びるのだ」。グリルパルツァーのルドルフはユリウスにそのように語る。

ルドルフ2世の肖像が刻まれたターラー銀貨
Daderot/Wikimedia Commons, CC0 1.0

彼の錬金術は永遠の平和と結びついている。宗教戦争、君主と諸身分の対立、オスマン帝国の圧迫のなかで普遍君主像を追求しながら、ルドルフはそれを寓意と神秘主義の王国のなかでのみ実現したのだった。現実のハプスブルク国家建設の課題はフェルディナント２世に託されたのである。

（篠原　琢）

32 マティアス
――野心が招いた兄弟喧嘩

マティアスは、1557年2月24日に皇帝マクシミリアン2世（在位1564～1576）の四男として生まれた。兄のルドルフ（後の皇帝ルドルフ2世、在位1576～1612）とエルンストはスペイン宮廷に送られ、敬虔かつ厳格なカトリック信者として育ったが、プロテスタントも身近に存在するウィーン宮廷で育てられたマティアスは、宗教的な柔軟さも持ち合わせていた。したがって兄ルドルフとマティアスでは、宗教的な立場が異なっていた。さらに、父帝マクシミリアンはルドルフにすべての地位と領地を継承させ、マティアスやそのほかの弟たちに将来の見通しを示すことをしていなかった。このため、マティアスは自らの政治的な使命を求め、1人の君主たらんことをめざした。このマティアスの野心が、「ハプスブルク家の兄弟喧嘩」につながっていくのである。

ネーデルラントでの苦い経験

マティアスの野心が最初に表れたのが、ネーデルラント総督就任である。1568年以降、ネーデルラントではスペインに対する叛乱が続いており、オラニエ公ウィレム率いる反スペイン勢力がスペイン軍と戦い、これに刺激されたプロテスタントの暴動がネーデルラント各地で頻発していた。そのようなとき、マティアスは戦乱の拡大を危惧する南ネーデルラント貴族から総督への就任を要請された。穏健派の貴族たちはオーストリア・ハプスブルク家にスペインとの調停役を期待したのである。マティアスはこの要請を絶好の機会と捉え、兄である皇帝ルドルフの了承を得ることなく、1577年10月3日夜にネーデルラントへと向かった。しかし、まだ若く政治的な経験もないマティアスは、ほどなくオラニエ公ウィレムに頼らざるをえなくなり、名ばかりの総督となった。それでもマティアスは、カトリックとプロテスタントとの間の和平を試みたが、うまくいくことはなかった。1581年10月までマティアスはネーデルラントに滞在することとなったが、最終的に資金も底をつき、オーストリアへの帰国費用もルドルフに負担してもらうほどであった。こうして、ネーデルラントでの経験はマティアスにとって非常に苦々しいものとなったのである。

オーストリア大公領の統治

オーストリア帰国後、マティアスはルドルフが宮廷を置くプラハから離れ、オーストリアのリンツで過ごした。この期間に、マティアスはミュンスターなどの司教職を得ようと画策したり、ポーランド王位について探りを入れたりしていた。1595年、兄エルンストの後を継いで、マティアスはルドルフの代理としてオーストリア大公領の統治を担うことになった。彼は、ここでも宗派問題に直面した。オーストリア大公領では、先帝マクシミリアン2世によってルター派の信仰が容認されており、多くのプロテスタントが存在していた。ルドルフは再三プロテスタントを禁ずるよう命じていたが、プロテスタント貴族の抵抗にあっていた。そのうえ、重税に耐え切れなくなった農民たちの蜂起が起き、信仰の自由を求める要求も加わり、大規模な農民戦争（１５９５～１５９７）へと発展していた。このとき、マティアスを支えたのが、メルヒオール・クレースルであった。クレースルはカトリック聖職者として、オーストリア各地でプロテスタントを追放することに成功しており、そのことでルドルフの信任を得ていた。マティアスもクレースルの手腕を高く評価し、彼を自らの側近とした。以後、クレースルは野心を持ちながら優柔不断なところがあるマティアスを先導していき、宗教と政治の両面でマティアスを支えた。

兄弟関係の破綻

１６００年ごろから、ルドルフはますます人前に姿を見せなくなっており、ルドルフの精神障害も噂されるようになっていた。マティアスもルドルフの無為に悩まされることが増えていき、後継者の地位を要求していた。このマティアスの要求がルドルフの勘気に触れ、ルドルフはマティアスを遠ざけるようになった。マティアスの方も、この頃から自らがルドルフに取って代わることを考え始めたのかもしれない。両者の関係が破綻したのは、ハンガリーにおける対オスマン戦争のときであった。ハンガリーでは、オスマン帝国との戦争が続いており、マティアスもこの戦いに参加していた。この戦いの最中、事態に窮したマティアスは、ルドルフに対してハンガリーにおける総指揮権と和平交渉開始を求め、ルドルフは１６０５年にこれを了承した。マティアスによるボチュカイとの交渉、オスマン帝国との交渉はそれぞれウィーンとジトヴァトロクで行われ、１６０６年に両者との和平が結ばれた。この和平で、ハンガリー王国では信仰の自由が認められている。しかし、和平締結に不満だったルドルフは12月に戦争を再開した。

これらの出来事に先立って、ハプスブルク家内ではすでにルドルフを権力の座から追い落とすことが話し合われていた。１６０６年4月、マティアス、その弟マクシミリアン、グラーツ系のフェルディナント、その弟マクシミリアン・エルンストがウィーンに集まり、マティアスをハプスブルク家の当主にすることで一致した。さらに、マティアスは１６０８年2月にハンガリー、モラヴィア、オーストリア大公領の諸身分を味方に引き入れることに成功し、ルドルフと戦うことを決心した。マティアスの軍がプラハに迫るなか、プラハではボヘミア領邦議会が開催されており、ルドルフはボヘミア諸身分に信仰の自由を認める代わりに、彼らの支持を得ることに成功した。しかし、ルドルフはマティアスの軍事的圧力に屈し、１６０８年6月25日プラハ近郊のリベニュにおいて両者の和平が成立した。これにより、マティアスは、オーストリア大公領と

マティアスの肖像
ハンス・フォン・アーヘン工房、1600 ～ 1625、油彩
Wikimedia Commons

モラヴィアの君主権とハンガリー王位をルドルフから譲られ、ルドルフは神聖ローマ皇帝位とボヘミア王位だけを保持することになった。この後、1611年にルドルフがパッサウ司教レーオポルトを動かし、マティアスに対して反撃を試みた。しかし、すでにボヘミア諸身分もルドルフを見放していたため、ルドルフの計略はうまくいかず、ルドルフはボヘミア王位も失ってしまった。

君主となったマティアス

この「ハプスブルク家の兄弟喧嘩」によって、マティアスは望んでいた君主としての地位を手に入れることができた。しかし、マティアス側についたプロテスタント貴族は信仰の自由を求めて、マティアスに激しく抵抗していた。彼らは1608年10月「ホルン同盟」を結成し、マティアスに圧力を加えた。結局、マティアスは彼らに譲歩し、信仰の自由を認めざるをえなかった。1612年6月、マティアスは神聖ローマ皇帝（在位1612～1619）となったが、帝国におけるカトリックとプロテスタントとの対立は激しさを増しており、もはや策略家のメルヒオール・クレースルの手にも負えない状態であった。継嗣がなかったマティアスは、1617年6月にフェルディナントにボヘミア王位を譲り、ボヘミアでの叛乱が続くなか、1619年3月20日に逝去した。

（石井大輔）

33 フェルディナント2世
——カトリックの大義に従った皇帝

皇帝フェルディナント2世（在位1619〜1637）は、皇帝フェルディナント1世（在位1556〜1564）から内オーストリア諸邦（シュタイアーマルク、ケルンテン、クライン）を相続したカール大公の長男であったが、皇帝位を引き継いだ系統が断絶したために皇帝となった人物である。母がバイエルン公アルブレヒト5世の娘であるマリア・アンナであったことから、フェルディナントはバイエルン公家の影響を強く受けた。その最たるものがフェルディナントのカトリックへの敬虔さであった。フェルディナントはバイエルンのインゴールシュタットでイエズス会教育を受け、厳格なカトリック信者として成長した。さらに彼の、日々のミサも欠かすことなく、カトリック教会への奉仕を行う「敬虔なカトリック君主」像は、後のハプスブルク家君主の模範ともなった。

しかし、そのようなフェルディナントが生まれた1578年は、父カール大公が治める領内でプロテスタントが最も勢いづいた年であった。この年、カールはプロテスタント勢力の圧力に屈し、彼らの権利を保障する「ブルック宗教和解」を発布していた。1590年7月にカールが亡くなった後、フェルディナントが父の後を継ぎ、内オーストリア諸邦の君主となった。フェルディナントがまず着手したのが、領内の「再カトリック化」であった。フェルディナントはプロテスタント教会や学校の閉鎖、プロテスタント説教師や教師の追放を命じ、この命令を徹底させるために各地に監視団を派遣した。また、ハンス＝ウルリヒ・フォン・エッゲンベルクなどのカトリック貴族を取り立てて優遇し、プロテスタント貴族がカトリックへと改宗するよう促した。これらにより、多くのプロテスタントは改宗するか、故郷を離れなければならなかった。フェルディナントによる内オーストリア諸邦の「再カトリック化」の成功は、帝国とハプスブルク家領内のプロテスタントの警戒心を高める結果となった。

「三十年戦争」の始まり

1617年6月、フェルディナントはボヘミア王に即位する。ボヘミアでは、ルドルフ2世の「国王勅書」によってプロテスタントの信仰が認められており、フェルディナントも即位に際してこれを承認せざるをえなかった。同じく、翌1618年ハンガリー王に即位するときも、フェルディナントは不本意ながらプロテスタントの要求に屈しなければならなかった。このとき、ボヘミアで起きた事件の一報が届いた。それが、1618年5月23日に起きた「窓外放擲事件」である。ボヘミアでは、プロテスタントたちが国王代官らをプラハ城の窓から投げ捨てるという事件が起きていたのである。この事件をきっかけにして、「三十年戦争」につながるボヘミア叛乱が勃発した。ボヘミアのプロテスタント勢力は、1619年7月に王国諸邦の諸身分と「ボヘミア連合」を結成し、8月にはオーストリア大公領のプロテスタント貴族もこれに加わった。さらに、ボヘミア諸身分はフェルディナントのボヘミア王廃位を宣言し、プファルツ選帝侯フリードリヒを新たな国王に選んだ。

一方、フェルディナントはボヘミア王廃位の2日前に神聖ローマ帝国皇帝に選出されており、ボヘミア叛乱軍に対応するために、バイエルン公との秘密協定を結んだ。この協定に基づき、バイエルン公は軍をボヘミアへと進め、皇帝軍と合流した。皇帝・バイエルン連合軍は、1620年11月8日プラハにほど近い白山（ビーラー・ホラ）にてボヘミア・プロテスタント軍との決戦に臨み、これに勝利した。フェルディナントはこの決戦後、叛乱に加担した貴族と有力市民27名を処刑し、プロテスタント貴族を追放して、彼らの領地を没収した。没収した領地の多くがカトリック貴族の手に渡り、彼らの勢力拡大に寄与した。たしかに、フェルディナントはボヘミアのプロテスタントに対して厳しい態度で臨み、ルドルフ2世の「国王勅書」を廃止し、「改訂領邦条令」を発布して、ボヘミア王国を事実上ハプスブルク家の世襲領とした。しかし、他領邦と同様に、ボヘミア諸身分の特権が廃されることはなかった。フェルディナントが圧倒的に優位な立場を占めて

フェルディナント2世
ジョヴァンニ・ピエトロ・デ・ポミス画、1619、油彩
Wikimedia Commons

いたものの、諸王国・諸領邦の国制に変更が加えられることはなかったのである。特に、下オーストリアではプロテスタント貴族の存在が容認された。

「復旧令」への固執

ボヘミアにおける戦いは決着がついたが、帝国内での戦乱が収まることはなかった。後に「三十年戦争」と呼ばれることになる戦いにおいて、フェルディナントはバイエルンやスペインと協力して戦い続けた。ヴァレンシュタイン将軍を総司令官とする皇帝軍は、1625年に参戦してきたデンマーク軍とプロテスタント諸侯軍に勝利し、フェルディナントは1629年3月、プロテスタント諸侯に教会領の返還と同盟締結の禁止を命じる「復旧令」を発布した。この「復旧令」はプロテスタント諸侯の反発を招いただけでなく、カトリック諸侯からも批判された。「復旧令」については、フェルディナントの側近たちの間でも意見が分かれていた。ネーデルラントでの戦争に助力してほしいスペイン・ハプスブルク家は、帝国の混乱が続くことを望んでおらず、プロテスタント諸侯との和解を求めていた。その代弁者の1人がエッゲンベルクであった。一方、ローマ教皇を始めとするカトリック教会は帝国におけるカトリックの復興を望んでおり、フェルディナントの懺悔聴聞司祭ラモルマイーニなどを通じて「復旧令」の実施を求めていた。カトリック復興を自らの召命と考えるフェルディナントは、ラモルマイーニ神父の意見を聞き入れ、「復旧令」に固執した。このフェルディナントの頑なな態度が、戦争の長期化につながったのである。

1631年のスウェーデン王グスタフ・アドルフの参戦によって、戦争は新たな局面を迎えた。グスタフ・アドルフは「復旧令」に反発するプロテスタント諸侯を糾合し、皇帝軍と相対した。リュッツェンの戦いで、グスタフ・アドルフは戦死してしまうものの、スウェーデン軍は帝国に留まり続けた。1634年9月、息子フェルディナントを新たな総司令官に据えた皇帝・スペイン軍が、ネルトリンゲンにおいてスウェーデン・プロテスタント諸侯軍に勝利したことで、フェルディナント2世はプロテスタント諸侯との交渉に入ることができた。今回の交渉では、「神意」ではなく「現実」が優先された。フェルディナントは「復旧令」を撤回して、1635年5月にプロテスタント諸侯と「プラハの和」を締結した。しかし、依然としてスウェーデン軍が帝国内に駐留し続けており、フランスがスペインに宣戦布告し、帝国領内に侵攻してきたことで、戦争は継続された。

フェルディナント2世の霊廟
Hiltibold/Wikimedia Commons, CC-BY-SA-4.0

1636年12月、息子フェルディナント3世がドイツ王に選出された。加えて、フェルディナント2世は遺書のなかで、すべての領地を息子フェルディナントに相続させることとし、ハプスブルク家の長子単独相続への道を開いた。1637年2月15日、フェルディナントは逝去し、彼の亡骸は故郷グラーツに自ら建立させた霊廟（マウソレウム）に収められた。

（石井大輔）

34 フェルディナント3世
——和平をもたらした皇帝

父帝を模範として育った後継者

フェルディナント3世は、1608年7月13日に父帝フェルディナント2世（在位1619～1637）と母マリア・アンナとの間に生まれた3番目の男子であった。彼はグラーツで生まれ、そこで幼年期を過ごした。父の後継者としては兄ヨハン・カールがいたが、フェルディナントも将来何らかの政治的な役割を担い、軍を指揮することが期待されたため、さまざまな学問を学び、騎乗術や剣術を教え込まれた。また外国語教育も重要視されており、フェルディナントは「イタリア語は完璧、ラテン語は流暢、スペイン語は十分であり、ドイツ語は言うまでもない」と評価されていて、これらに加えて支配領域の言語であるチェコ語とハンガリー語も学んでいた。

フェルディナントの宗教観は、バイエルン公家出身の母マリア・アンナの影響もあり、イエズス会と強く結びついていた。フェルディナントは君主の代理として、グラーツのイエズス会大学（現グラーツ大学）の式典に参列しており、1621年には彼のために披露された日本の殉教劇を観劇している。1622年にウィーンに移転した後も、フェルディナントは父帝とともにウィーンでの宗教行事に参列した。フェルディナントは敬虔なカトリック教徒であったという点で父帝と同様であり、政治的にも父帝を模範としていた。１６１９年12月23日、兄ヨハン・カールが14歳で早逝したことで、フェルディナントは急遽、父帝の後継者としての道を進むこととなったのである。

マリア・アンナとの婚姻

フェルディナントは１６２５年、ハンガリー王に即位した。この即位は、フェルディナントとスペイン・ハプスブルク家のマリア・アンナとの婚姻が決まっており、スペイン・ハプスブルク家がフェルディナントに王位を求めたために急がれたものであった。その後、フェルディナントは１６２７年にボヘミア王に即位し、残るは次代皇帝となるドイツ王の地位であった。しかしこの時期、皇帝と帝国諸侯との関係が悪化しており、プロテスタント諸侯に教会領の返還と同盟締結の禁止を命じた「復旧令」をめぐって両者の亀裂は深

フェルディナント3世
フランス・ルイクス画、1637 〜 1638、油彩
Wikimedia Commons

フェルディナント3世とマリア・アンナ
ユストゥス・スステルマンス画、1628～1630、油彩
Wikimedia Commons

まっていた。さらに1631年9月、ブライテンフェルトの戦いで皇帝軍がスウェーデン・ザクセン軍に大敗を喫したことで、フェルディナントのドイツ王選出は実現しなかった。

遅れていたマリア・アンナのオーストリア入りがようやく実現し、1631年2月、2人の結婚を祝う祝祭が盛大に催された。マリア・アンナは多くのスペイン人廷臣を連れてきており、これ以降、ウィーン宮廷でのスペインの影響力が増した。

ネルトリンゲンの戦いでの勝利

「三十年戦争」も中盤を迎え、当初抜群の冴えを見せていたヴァレンシュタインも、その冴えに陰りが見えてきた。1632年11月のリュッツェンの戦いでは、スウェーデン王グスタフ・アドルフを戦死させたものの、戦い自体には敗れた。その後、皇帝に対する謀反を疑われたヴァレンシュタインは、1634年1月に皇帝軍総司令官の任を解かれ、2月には殺害された。

ヴァレンシュタインの後任となったのが、フェルディナントであった。しかし軍の方針は皇帝、スペイン、バイエルン選帝侯による合議によって決められたので、フェルディナントが軍の全権を掌握していたわけではなかった。1634年9月、フェルディナントは従弟フェルナンドとともに皇帝・スペイン軍を率いて、スウェーデン軍との決戦に臨んだ。このネルトリンゲンの戦いで、皇帝・スペイン軍が勝利したことで、フェルディナントの名声が大いに高まった。1635年5月「プラハの和」によって、プロテスタント諸侯との和睦が成立し、1636年12月フェルディナントがドイツ王に選出された。翌1637年2月、父帝の逝去を受けて、フェルディナント3世として新皇帝（在位1637～1657）となった。

ウェストファリア条約の締結

フェルディナントが皇帝に即位した後も戦争は続いたが、戦況は悪化していた。新たに総司令官となった弟レーオポルト・ヴィルヘルムによる指揮の不味さもあり、戦いに勝利することができなくなっていた。さらに1640年代に入るとスペインからの資金援助も滞り始め、フェルディナントは劣勢に追い込まれていった。このような状況のなかで、フェルディナントは和平を模索し、帝国諸侯、スウェーデン、フランスと個別に交渉を行ったが、いずれも不調に終わった。1642年11月、ブライテンフェルトの戦いで、皇帝軍が大敗を喫したことで、ウェストファリアでの講和会議開催に向けて事態が進み始めたのである。

戦争と平和の寓意的な表現に囲まれたフェルディナント3世の肖像画
アブラハム・ファン・ディーペンベーク画、1645
Wikimedia Commons

実際に和平交渉が本格化したのは、1645年3月ヤンカウの戦いで皇帝軍が壊滅した後、フェルディナントの最側近であるトラウトマンスドルフがミュンスターに到着してからであった。和平交渉を進めるにあたって、フェルディナントはスペイン・ハプスブルク家と距離を置くことを決断した。これは、両ハプスブルク家の覇権の確立よりも、宗教や領土などの問題で妥協して、神聖ローマ帝国とオーストリア・ハプスブルク家領の安寧（あんねい）が優先されたことを意味していた。トラウトマンスドルフは帝国諸侯に対して譲歩することで、条約が規定する信仰の自由からオーストリアとボヘミアを除外することに成功し、オーストリアとボヘミアにおける再カトリック化への道を開いた。1648年10月、長きにわたった戦争の終わりを告げるウェストファリア条約が締結された。条約締結後も戦後処理に関する交渉は続いたが、1650年代以降フェルディナントは自領の統治に注力することになる。

ハプスブルク家による安定的な統治の実現

フェルディナント3世はさながら、「粘り強く、几帳面な労働者」であったという。彼は政策方針が決定される枢密顧問会議には必ず臨席しており、報告書類にも目を通していた。また、フェルディナントは宮廷改革に取り組み、宮廷の秩序を回復させる法令を発布し、儀式を定式化するために記録を残すよう命じた。フェルディナントによって威光を取り戻したウィーン宮廷は、国内外の有力貴族を引き付ける、カトリック世界最大の宮廷となったのである。さらに、地方の貴族たちに官職や地位を与えることで、フェルディナントは求心力を高め、地方統治を安定させることにも成功した。フェルディナントは領内の「再カトリック化」をめざして、1552年に法令を発布し、領内のプロテスタントに6週間以内に改宗する、さもなくば移住することを命じた。この法令の実施を徹底させるために、「宗教改革委員」が各地に派遣された。こうして、ハンガリーを除くオーストリア・ハプスブルク家領ではカトリックが圧倒的多数を占めることとなり、オーストリア・ハプスブルク家による安定的な統治が実現されたのである。

「三十年戦争」という未曾有の大戦争を終わらせ、オーストリア・ハプスブルク家隆盛の基盤を築いたフェルディナント3世は、1657年4月2日に逝去した。

（石井大輔）

第V部

18世紀のオーストリア・ハプスブルク家

35 レーオポルト1世
——ハプスブルク家大君主

2度の厄災に見舞われた皇帝

ウィーンのシュテファン大聖堂に至る目貫通りグラーベンに巨大なペスト記念柱がある。1679年、ペストがウィーンを襲った。人口10万のところ死者が1万というのだから大惨事であった。この惨禍から脱したことを神に感謝する記念碑が完成したのは1693年である。しかしそれにしても建立までずいぶんと時間がかかっている。それはウィーンがペスト襲来のわずか4年後の1683年にオスマン・トルコによる「第二次ウィーン包囲」に見舞われたからである。そしてこの2度にわたる災厄に皇帝として遭遇したのがレーオポルト1世（在位1658～1705）である。

さて、記念柱だが、ここで注目してほしいのは台座に跪き（ひざまず）神に感謝する皇帝レーオポルト像である。面長、輝きのない大きな目、弓型の鼻、そして下唇と突き出た下顎。よくぞここまで顕れたものか。これぞハプスブルク家の顔！　どこかユーモラスでさえある。しかし一見、魁偉（かいい）に見えるこの容貌はマクシミリアン1世、カール5世、フェルディナント1世という歴代大君主のそれでもある。そしてレーオポルトもこの大君主の列に連なるのだ。以下、その事績をみてみよう。

バロック大帝の理想と現実

レーオポルト１世には「バロック大帝」という異名がある。たとえばベラスケスの肖像画で知られるスペイン王女マルガリータとの結婚式の馬鹿馬鹿しくも目にも鮮やかな祝宴は、延々と2年も続いた。まさに圧倒的物量による驚異と美の構築にすべてをかけても悔いぬというバロック魂そのものである。

（上）ウィーンのペスト記念柱
2015 Thomas Ledl/ CC BY-SA 3.0, Wikimedia Commons
（下）台座の跪くレーオポルト1世
2015 Thomas Ledl/ CC BY-SA 4.0, Wikimedia Commons

ほかにもルイ14世のヴェルサイユ宮殿の向こうを張ってのシェーンブルン宮殿造営着手がある。これはヴェルサイユ宮殿、バイエルンのニンフェンブルク宮殿、プロイセンのサンスーシー宮殿と続いた17世紀後半から18世紀半ばにかけてのヨーロッパの新宮殿造営ラッシュの1つであり、王権の絶対主義支配の建築的表現でもあった。なるほどバロックと絶対主義はよく似合う。

だがバロック的祝祭気分とレーオポルトを取り巻く現実ははなはだ乖離（かいり）していた。彼が皇帝即位にあたって発した統治の要諦は「思慮と勤勉をもって」であった。とてもバロック大帝のものとは思われない。あるいは彼は美に耽溺しながら、冷静に現実を見なければならなかった、というべきか。

皇帝選出から続いたフランスとの緊張関係

彼はそもそもドイツ王（帝位継承者）ではなかった。それが兄が急逝し、その3年後、父帝フェルディナント3世（在位1637～1657）もドイツ王不在のまま崩御した。こうして彼にお鉢が回ってきたのだ。しかし純粋選挙王政である神聖ローマ帝国では新たに皇帝選挙が必要となる。そもそもドイツ王は皇帝の指名ではなく、選帝侯の選挙で選出されるのだ。

フランスの宰相マザランはバイエルン選帝侯フェルディナント・マリアに多額の選挙資金をちらつかせながら、皇帝選挙への立候補を促した。もちろんこれはワンポイント・リリーフでゆくゆくはフランス王ルイ14世をドイツ王に選出させ、やがて皇帝に、という魂胆である。しかしレーオポルトの母方の従弟であるフェルディナントはこのマザランの申し出を固辞した。

皇帝即位からしてこうである。その後、レーオポルトはたえずフランスとの緊張関係を強いられる。

レーオポルト1世とマルガリータの結婚を祝う花火
メルヒオール・キューセル画、1666年頃、エッチング
Wikimedia Commons

彼の47年の治世はこの現実に「思慮と勤勉をもって」対処するそれであった。

混沌をきわめた継承問題

そのうち大きな難局は「第二次ウィーン包囲」と「スペイン継承戦争」であった。ただし前者に関しては別項に譲ることにする。

ご存じの通りハプスブルク家はカール5世（在位1519～1556）の後、オーストリア・ハプスブルク家とスペイン・ハプスブルク家に系統分裂をした。しかし分裂といってもいがみ合ったわけではない。レーオポルトの母はスペイン王フェリペ3世（在位1598～1621）の娘で、自身もフェリペ4世（在位1621～1665）の娘マルガリータを最初の妃に娶っている。両家の関係はおおむね良好で、こうした近親婚にもなる通婚をたびたび重ねてきた。

そのためなのかレーオポルトの義理の弟にあ

たるスペインの当代のカルロス2世（在位1665～1700）は「生まれたときから死に瀕している」と言われたほど虚弱な君主であった。

そこでレーオポルトとマルガリータの娘マリア・アンナがバイエルン選帝侯に嫁いで儲けたヨーゼフ・フェルディナントがスペイン王継承者に指名されたが、この子は7歳で息を引きとった。これでスペイン王の継承問題は混沌を極めることになる。そこでオーストリアとフランスのつばぜり合いが始まる。

というのもフランスのルイ14世もまたレーオポルト同様に、カルロス2世の姉マリアを王妃に迎えていたからである。2人の相婿は、我が家こそがスペイン王位の継承者であると主張し、互いに譲らない。スペイン宮廷も両派に分かれる。

結局、カルロス2世はスペインとフランスが統合しないことを条件にブルボン家にスペイン王位を譲るという遺言書を書く。しかし孫のフィリップをフェリペ5世としてスペイン王に押し込むことに成功したルイ14世はカルロスの死後、さっそく、ピレネー山脈（国境）は存在しない！　と両国の統合に動く。

ハプスブルク家の権威を世に知らしめた大君主

この突如としての超大国出現を危惧したイングランド、オランダはオーストリアと対フランス大同盟（ハーグ条約）を結んだ。こうして1701年、この後13年も続くスペイン継承戦争が勃発した。このとき、レーオポルトの余命はあとわずか4年しかない。いったい何ができたのだろうか？

ただ１つ言えることは、レーオポルトが戦争前夜の１７００年、ブランデンブルク選帝侯フリードリヒと王冠条約を結んだことである。すなわち、フリードリヒは８千の兵を差し出す。その代わり皇帝は選帝侯がプロイセン王フリードリヒ１世と名乗ることを承認する、というのだ。

むろん、レーオポルトはブランデンブルクの軍事力が欲しかっただけかもしれない。しかし彼は皇帝が王を承認するという形で、「三十年戦争」（１６１８〜１６４８）で地に堕ちたハプスブルク家の権威を図らずも再び世に知らしめることができたのだ。歴代大君主の１人である所以だ。

（菊池良生）

レーオポルト1世の肖像
作者不詳、1670年頃、油彩　Wikimedia Commons

36 第二次ウィーン包囲
――バロック都市への変貌

城塞都市ウィーン

１４９４年、フランス王シャルル8世がナポリ王国継承権を主張して、９万の軍勢でイタリアに侵攻した。一説によるとこれをもってヨーロッパの近代が始まった、というが、少なくとも築城術に関してはその通りである。なにしろフランス軍の大砲は青銅製で砲身が2メートル半もあり、おまけに車輪付きの砲架にのせてあるので移動がたやすい。これでは中世の垂直でやたら背の高い城壁は無用の長物となる。イタリアはフランス軍が引き上げた後、城壁の改修に取り組む。いままでより背は低いが分厚くして、容易なことでは破壊されない土やレンガで固める。城壁と城壁の間の円柱の塔は塔の前が死角になるので四角形ないしは五角形の稜堡（りょうほ）に代える。このイタリア式築城術は瞬く間に全ヨーロッパに広がった。

第一次ウィーン包囲を経験したウィーンもまた、イタリアから多数の築城技師を招聘している。そしてそれから約2世紀、時の皇帝レーオポルト（在位１６５８～１７０５）は年２０００グルデンという破格の報酬で当代随一の築城技師ゲオルク・リンプラーを雇った。

リンプラーの指揮でウィーンは12の星型稜堡とその各稜堡をつなぐ、厚さ20メートル、長さ２００

ウィーンを包囲するトルコ軍
フラン・ゲフェルス画、1683 〜 1694、油彩　Wikimedia Commons

メートルの傾斜付き幕壁、さらには幕壁の前に矢型の角面堡を建造し、その外側には幅20メートル、深さ6〜8メートルの堀を掘り（ほとんど空堀）、そして高さ6メートルのジグザグ外壁斜面、それに沿って幅5〜7メートルの覆い付きの通路と防御柵を設け、さらに斜堤を300メートル先まで広げた。まさしく城塞都市ウィーンである。

トルコを迎え撃つ籠城戦

1683年7月14日、大宰相カラ・ムスタファが率いるトルコ軍がウィーンの南の丘に姿を現す。さっそく2万5千張りの天幕を張ったトルコ軍は実戦部隊12万、輜重隊5〜6万の陣容である。

迎え撃つウィーン籠城軍は防衛司令官シュターレンベルク麾下の1万6千である。これに塹壕掘りをはじめ防衛強化の作業に携わる多くの市民が加わる。人口10万のうち富裕層中心に3万が逃げ出したが、こうして踏みとどまったものたちのなかには市民軍に身を投じるのが2千近くいた。これは4年前のペスト禍の折、市幹部として医師ゾルバイトとともに捨て身の働きをなし、やがて市長となったリーベンベルクの日頃の毅然たる立ち居振る舞いに魅かれたからであった。この2人のほかに主として兵站（へいたん）を受け持ったのがウィーン総督ズデニェク。これが非常時のウィーンの軍事・行政を担った防衛トリオであった。そしてウィーン司教をはじめ多くの高位聖職者がさっさと逃げだすなか、ヴィーナーノイシュタット司教コロニッチェは逆にウィーンに乗り込み、市民を督励し、逃げた司教たちの財産を押収し、それを兵士の給料に、とシュターレンベルクに差し出している。

皇帝と救援軍

ところで、このとき、皇帝レーオポルトはどこにいたのか？　主としてリンツにいた。逃げ出したのではない。トルコによるウィーン包囲はキリスト教世界の危機である。救援軍の編成が必須である。これを組織できるのは皇帝をおいて他にいない。皇帝はウィーンに留まることで籠の鳥になる愚を避け、ローマ教皇インノケンティウス11世とタッグを組み、必死の外交戦を繰り広げていたのである。

さて、その救援軍。ポーランド王ヤン・ソビエスキ率いる2万1千、バイエルン選帝侯、ザクセン選帝侯はともに1万1千を率いる。ほかに幾人かの帝国諸侯領とスペイン等諸外国からの援軍、さらにロートリンゲン公カールが率いる皇帝軍2万1千を加えてざっと8万である。フランスは例によって中立を決め込んだ。

それではこの混成救援軍の指揮を誰が執るのか？　もちろん戦場となるウィーン近郊の地形その他

ウィーンを守って戦う市民たち
ロメン・デ・ホーゲ画、17世紀、エッチング　　Wikimedia Commons

にいちばん精通しているのは、皇帝軍総司令官カールである。しかしこういうとき、物を言うのは称号である。こうして救援軍のなかで唯一、王の称号を持つソビエスキが総司令官となる。カールもそこらへんは心得たもので、自ら率先して指揮権をポーランド王に譲った。するとソビエスキは気をよくし、カールに参謀長の役を振り、作戦その他を任せた。ちなみにこのカールの孫フランツは後にマリア・テレージアの婿におさまり、皇帝フランツ1世（在位1745〜1765）となる。これ以降ハプスブルク家はハプスブルク・ロートリンゲン朝と呼ばれるようになるのである。

2か月に及ぶ包囲とトルコ軍の潰走

トルコ軍は7月14日に攻撃を始め、斜堤、外壁斜面、堀を突破し、角面堡を破壊し、8月15日、幕壁前（現在のブルクリングあたり）に陣を置いた。この日、ポーランド王ソビエスキは当時の首都クラカウをようやく進発している。

9月3日、トルコ軍は幕壁前を完全制圧し、いよいよ壁の突破を試みる。しかしそれから一進一退で膠着状態が続く。トルコ軍に焦りの色が見える。

9月12日、救援軍がウィーンの森の小高い丘、カーレンベルクにその雄姿を現した。ここから城壁までのなだらかな丘陵は一面、ワイン畑である。ここが主戦場となる。それゆえこの戦いは別名「ワイン畑の戦い」ともいう。

ともあれ、城壁を背にしたトルコ軍と丘を下る救援軍の戦いが始まった。激闘12時間、救援軍の圧勝であった。やはり2か月に及ぶ包囲はあまりにも長すぎたのだ。厭戦気分に陥っていたトルコ兵は算を乱して潰走した。

バロック都市に変貌したウィーン

むろん、ウィーンの損害は計り知れないものであった。ウィーン市とその周辺の人的損失は、一説によると5万に上ったという。貴重な税収源であるワイン畑は壊滅した。

しかし古川に水絶えずというが、古都ウィーンもこれくらいでは干上がらない。

ワイン畑の壊滅とは、逆に言えば広大な空間の出現である。ここにベルベデーレ宮殿を代表とするバロック建築様式の貴族たちの巨大な居館が次々と建てられる。そしてこの復興の槌音に魅かれて人々が集まってくる。これら新住民には数年間の免税措置が取られた。そのため、ウィーンとその郊外は大膨張した。そこで１６８９年の城内平和特許状により、郊外が法的にウィーン市に編入され、

ベルベデーレ宮殿
Cheeky76/ CC BY-SA 4.0, Wikimedia Commons

大ウィーン市が誕生したのである。つまり、城塞都市ウィーンはトルコを撃退することで、そのトルコの残したオリエントの美をも摂取し、ヨーロッパとオリエントが混然一体となった他に例を見ない独特のバロック都市に変貌したのである。

（菊池良生）

37 ヨーゼフ1世
――意気軒昂で自負心の強い皇帝

神聖ローマ帝国皇帝レーオポルト1世（在位1658～1705）の治世は盛期バロック時代、彼の2人の息子ヨーゼフ1世（在位1705～1711）とカール6世（在位1711～1740）の治世は後期バロック時代と言われている。この親子2代3人にわたる皇帝の時代に「オーストリア・バロック」という独特の様式が誕生・発展し、とりわけ豪華絢爛な建築・彫刻・絵画は、見るものを圧倒されずにおかない、あふれんばかりの感動を放ったのだった。

この2人の王子は、父帝レーオポルトの第3の妃、ドイツの公女エレオノーレ・フォン・ファルツ＝ノイブルクの息子であった。これが今後のオーストリア・ハプスブルク家に重大な変化をもたらすことになる。言わずもがなであるが、オーストリア・ハプスブルク家のいわば兄分に当たるスペイン・ハプスブルク家のフェリペ3世とフェリペ4世の2人の国王は、政治と軍事にはまったく無能かつ無責任で、ただひたすら狩猟や芸術、そして淫らな女性関係に埋没し、お気に入りの貴族に政治を完全に任せる「寵臣政治」を行った。最後のスペイン国王になってしまうカルロス2世はフェリペ2世以来の長年の近親結婚（叔父と姪の関係）のために生まれつき心身ともに衰弱であり、宮廷で「呪われた王」と陰口をたたかれ、2回も結婚しても嗣子をもてず、38歳の不幸な生涯を閉じたのだった。

オーストリア・ハプスブルク家が、こんな体たらくを絵に描いたようなスペイン・ハプスブルク家と縁を切ろうとするのは当然であろう。

血気盛んな青年期

ヨーゼフは、9歳でハンガリー王、11歳でドイツ王（次期皇帝予定者）となり、26歳の時に父帝の逝去によって、ヨーゼフ1世として帝位を継承する。ヨーゼフ1世は、今までのハプスブルク家の当主たちとは似ても似つかぬ顔つきであった。第一に、一目でわかる「ハプスブルクの顎」は持っていない。さらに優柔不断で意志薄弱、さらに怯懦な父帝レーオポルトとは異なり、意気軒昂で自負心の強い性格の皇帝であった。

ハプスブルク家の家長という絶対的な権力意識を持ったのは、13歳の彼が、父帝の指名による、著

レーオポルト1世からヨーゼフ1世への皇位継承の寓意画
ロメイン・デ・ホーホ画、1687、エッチング
Wikimedia Commons

名なドイツ・ナショナリスト系の歴史家ハンス・ヤーコブ・ヴァグナー・フォン・ヴァーゲンフェルスから歴史学を学んだことが大いに影響していたと思われる。彼が皇帝に即位してまもなく、長年の宿敵ルイ14世下のフランスと盟約していたとの廉により、バイエルン侯とケルン侯の2名の選帝侯を帝国の敵として厳格に断罪し、ライヒス・アハト（帝国追放。皇帝選挙権の剝奪）を宣言し、次いでフランス製品は必需品以外輸入禁止処分とすると公言した。また王妃探し問題にけりをつける段階になって、「余は、いかなるフランス女も南欧の女も欲しくない」と言い放って、ドイツの公女を王妃に選んだのだった。

親子3人が戦ったウィーン包囲戦

ハプスブルクは地政学的にいっても、宿痾というべきか、東の対トルコ防衛戦、西の対フランス対抗戦といった緊張関係が途方もなく長年続いてきた。父帝レーオポルトの治世、1683年7月14日、大宰相カラ・ムスタファ麾下の十数万のオスマン軍がウィーンを包囲した。ウィーン包囲が始まって2か月が過ぎ、ようやく皇帝支援の同盟国側で編制された救援軍が到着し、それも帝都ウィーンが落城寸前の危機的状況であった。9月12日、ウィーンの森の500メートルの小高い丘カーレンベルクで決戦が行われた。12時間の激戦だった。オスマン軍の戦死者は1万人、救援軍の戦死者は多くて1500人位、救援軍が圧勝したのだった。こうしてオーストリア・ハプスブルク家はヨーロッパ一帯を震撼させてきたオスマン・トルコ軍を撃退したことで、「三十年戦争」で低下した権威を回復し、オーストリアは超大国フランスに対抗するもう1つの軸となり、さらにキリスト教諸国のなかで神に選ばれた一家であるという矜持を保つことができたのだった。

1700年11月24日、スペイン・ハプスブルク家のカルロス2世（在位1665～1700）の遺言で、フランスの太陽王ルイ14世の孫アンジュー公フィリップがスペイン王フェリペ5世として即位する。内心穏やかではない列強諸国は、フェリペ5世がフランス王を兼任しない、という条件で新国王の即位を承認したのだった。ところが、ルイ14世がこの列強の干渉に不満を表明したかったのか、フェリペ5世のフランス王位継承権の放棄を撤回すると示唆し、オランダ軍が駐屯しているフランドルをフランス軍に占領させようとする動きを見せた。こうしたルイ14世の不用意な言動が、今やヨーロッパのバランス・オブ・パワーに関して神経質になっている列強諸国を刺激したのだった。

ヨーゼフ1世
フランス・ファン・スタンパルト画、1705、油彩
Wikimedia Commons

スペイン継承戦争（1701～1714）
イングランド、オランダ、プロイ

セン、オーストリアは、ルイ14世陣営と対峙して１７０1年9月ハーグにて「大同盟」を結成し、１７０2年5月、フランスとスペインの両国に宣戦布告し、自らのスペイン王としてハプスブルク家のカール大公（皇帝レーオポルト1世の次男、後の皇帝カール6世）を擁立した。すでに１７０1年、以前から列強の植民地の草刈り場であったイタリアで「スペイン継承戦争」の戦端が開かれ、１７０3年に、ポルトガルとサヴォイア公国が大同盟軍の戦列に加わった。これは伝統的な王位継承戦争とは異なり、スペインの覇権をめぐって、また海外の植民地の権益争奪戦をも加わり、ヨーロッパ中を巻き込むことになった。戦場は、スペイン、イタリア、南ドイツ、オランダ、さらに北海、地中海、大西洋にも及ぶ、まさに史上初の世界戦争であった。

緒戦は大同盟軍が有利に展開する。１７０5年7月、カタルーニャ議会はイングランドの提案を受けて、同年11月にバルセロナに上陸したカール大公をスペイン国王カルロス3世として承認した。これとほぼ同時にカタルーニャに隣接するアラゴン王国とバレンシア王国もこれに従った。こうしてスペインでは、マドリードとバルセロナにそれぞれ宮廷が置かれることになる。これがスペイン国内での王位をめぐる、スペイン継承戦争の幕開けであった。

この年、大同盟軍最高指揮官レーオポルト帝が逝去したために、長男がヨーゼフ1世として即位し、陣頭指揮にあたる。彼のスペイン継承戦争の目標は明確だった。スペイン・ハプスブルク家の遺産目当て、弟カール大公のスペイン王の即位、さらに宿敵フランスからの脅威の除去であった。１７０6年、大同盟軍は一時、マドリードを制圧したが、カスティーリャ議会でカール大公の王位に関する承認を得られず、マドリードの支配はかなわなかった。そうこうしているうちに、フランス軍の支援を受けたフェリペ5世軍は反攻作戦を発動し、１７０７年にバレンシア西方１１０キロメートルにあるアルマンサの戦いで大勝し、バレンシア王国、アラゴン王国を制圧する。両国が保持している地域諸特権（フェロ）の廃止を宣言する。

ローマ時代からの古都レリダの占領によって、イベリア半島の戦争の帰趨はフィリペ5世軍に傾いた。１７１１年になり、カール大公指揮の大同盟軍が支配しているのは、カタルーニャとマヨルカだけであった。

イベリア半島以外での継承戦争は、半島と真逆の展開であった。１７０８年、大同盟軍は意気揚々とサルデーニャ島をはじめ、シチリア島、メノルカ島を制圧しフランドルでも有利に展開し、さらにフランスの大凶作も加わり、フェリペ５世の後見人であるルイ14世も撤退を考えたという。

ところが、１７１１年4月11日、事態が急変する。カール大公の兄ヨーゼフ1世がウィーンで天然痘に罹患し亡くなった。皇帝在位6年間、享年わずか33歳。急遽、カール大公が後継者カール6世として戴冠することになった。この青天の霹靂で、スペイン継承戦争は一気に終結へと向かう。

（川成　洋）

38 カール6世
――あまりにもラテン的な皇帝

皇帝カール6世（1685～1740、在位1711～1740）は、若いときに数年間スペインの宮廷で生活していたという。それがいつ頃かはっきりしないが、おそらくスペイン国王カルロス2世（在位1665～1700）の時代であろう。スペイン滞在中、カール青年はカスティーリャ語（スペイン語）を嚆矢として、カタラン（カタルーニャ語）までも習得し、さらにスペイン独特の芸術や文化にも積極的にかかわったという。おそらく「大のイスパノフエロ（愛西家）」を自認していたのかもしれない。後にハプスブルクの高官のなかには、「カール6世はゲルマン的というよりも、むしろあまりにもラテン的な皇帝だった」と述懐した人もいたそうだが、さもありなんと思う。

スペイン継承戦争（1701～1714）前から、すでにヨーロッパの覇権をめぐってフランスのルイ14世とつば迫り合いを演じていた父帝レーオポルト（在位1658～1705）は、消滅寸前のスペイン・ハプスブルク家をフランスのブルボン家ではなく、断固としてオーストリア・ハプスブルク家が継承するべきであると考え、ゆくゆくは長男ヨーゼフにオーストリアを、次男カールにスペインをそれぞれ委ねたいと密かに期待していた。それで、継承戦争の勃発時に、カールを大同盟軍の将帥としてスペインの戦場に投入したのだった。継承戦争中に、カール大公はカタルーニャ議会でスペイン国王カルロス3世として承認されるが、この名前を名乗ったのは、38歳の若さで逝去したスペイン・ハプスブルク家最後の国王カルロス2世を追悼し、彼の後継者でありたいと意図していたはずである。また彼が神聖ローマ帝国皇帝カール6世として即位したが、この名前も、都合8世紀におよぶスペインのレコンキスタ（国土再征服戦争）を終了させ、イスラーム王国を潰滅させた（1492）カトリック両王の孫で、スペイン王カルロス1世（在位1516～1556）であり、さらにスペイン人の最初の神聖ローマ帝国皇帝カール5世（在位1519～1556）の後継者を意図していたはずである。

スペイン風の宮廷衣装を身にまとったカール6世
ヨハン・ゴットフリート・アウエルバッハ画、1730年頃
Wikimedia Commons

「国事詔書」＝「相続順位法」の公布

従来からハプスブルク家の領土の相続は、男子のみの分割相続であった。この制度だったために、後になって兄弟喧嘩、仲たがいなどを引き起こし、ハプスブルク家の結束が何よりも必要なときに限って、内紛や騒動などを引き起

こし、国力が削がれるという弊害が生じた。ハプスブルク家以外の列強諸国は、伝統的に長子相続制を実施しているので、速やかに中央集権体制が構築され、予想外の外敵や理不尽な外圧などに対して即刻対応できたのである。

ちょうど、スペイン継承戦争の終結にともなって、皇帝カール6世を除く大同盟諸国とフランスとの間でユトレヒト和議が締結された1713年、カール6世は重臣会議を招集して、「国家詔書」を発表した。これは、従来の領土の分割制度を廃止し、長子相続制を明確に打ち出したもので、さらに継承順位、領土の永久不可分、男系の断絶した場合、女系の継承の容認、諸邦の従来からの自立性と特権の再確認などがしたためられていた。この10年後の1723年、遺産を相続する原理が国内で法的拘束力をもつ帝国法として公布され、遺産分割の可能性は最終的に消滅したのである。

ついで彼はこの「国事詔書」をハプスブルク諸邦はじめ近隣の列強諸国からの承認を得るために獅子奮迅の働きをする。1720年代初頭にはハプスブルク諸邦から承諾を得たが、近隣の列強諸国はそうスムーズにはいかなかった。自国の遺産相続のシステムはどうであれ、ハプスブルク家のような大国が遺産相続の順位を変更するとは、カール6世は何かを目論んでいるにちがいないという猜疑心が湧いたのだった。結局相当な貢物を贈与して、ようやくスペイン（1725）、ロシア（1726）、イングランド（1731）、神聖ローマ帝国（1732）、フランス（1738）と承認を得ることができた。

それにしても、カール6世にはいつまでも後継者問題が付きまとう。待望の嫡子レーオポルトが1716年に、1歳の誕生日を迎える前に亡くなった。これで男子の後継者の誕生を諦めたのだろうか。翌1717年、マリア・テレージアが生まれる。いよいよ「国事詔書」を活用する時期が到来した。

マリア・テレージアがハプスブルク家世襲領の女君主となるはずであった。

カール6世の海外政策と海外戦争

少し話が戻るが、かつて青年時代のカールは、スペインに滞在した。ヨーロッパの内陸王国であるオーストリアから海洋王国スペインで暮らしたのだった。それもかつては大航海時代に他の追随を許さない絶大な覇権国家として鎮座していたスペインである。カールが海洋などに興味を抱かないはずがない。とりわけ海外貿易の重要性を認識していた。こうした海洋に対する認識は、歴代の皇帝のなかで初めてであったと思われる。

それにしてもオーストリア領内に流れているエルベ、オーデル、ドナウの3つの航行河川は、その河口がいずれも他国の領土であったために、大洋への進出は妨げられていた。それにもかかわらず1719年、列強と同様に初めてオーストリアの貿易会社（東インド会社）を創設し、いろいろな国の港湾都市を海外進出するための基地として利用した。とりわけアドリア海の港湾都市トリエステおよびトリエステ湾の振興に大いに貢献した。オーストリアは小規模であるがアドリア海に艦隊を保持していた。それにしても、地図を見ればわかるとおり、アドリア海と内陸部との接続に難があった。それがオーストリアの伝統的な陸軍偏重体制と相まって、オーストリア海軍建設を阻む要因となった。結局、オーストリア海軍はいわば「大陸国家の愛情薄き継子」に甘んじなければならなかった。

カール6世がかかわった戦争で最大だったのは、1717年の墺土戦争（オーストリア・トルコ戦争）であった。この戦争には、不世出の総司令官プリンツ・オイゲン公（後述）が7万人の兵卒を率いて

15万のトルコ軍が立てこもるベオグラードを占領した。当時、ベオグラードはトルコ人に「聖戦の家」と呼ばれ、バルカン半島ににらみをきかすトルコ軍の重要な戦略拠点となっていた。1718年のバッサロヴィッツ条約でトルコはオーストリアにベオグラード全域を割譲する。オーストリア・ハプスブルク家の版図は今までで最大となる。その後ハプスブルク家は繁栄を謳歌する。当時としては珍しくほぼ15年も続いた平和だったが、ハプスブルク家とはさほど関係のない2つの不幸な戦争、ポーランド継承戦争（1733～1738）およびオスマン戦争（1737～1739）にロシア側に加担して参戦し、大敗したために、先のバッサロヴィッツ条約で得たトルコ領を全部返還させられ（ベオグラード条約）、さらに南・西・東部において大規模な領土を喪失することになった。ハプスブルク家にとって惨憺な結果であった。

オイゲン公とカール6世

オイゲン公（1663～1736）は、ルイ14世の愛妾だったオランプ・マンシニの息子だったので、ルイ14世の御落胤（ごらくいん）ともささやかれていた。それにしても、彼はサヴォイア公家の傍系の出身であり、彼が望んでいた軍人の道をルイ14世に閉ざされ、宮廷人から「古臭い女々しい奴」と嘲笑され、1683年パリを出奔し、ライン川を越えてフランスと犬猿の仲であるオーストリアへ赴いた。運よく皇帝レーオポルト1世への拝謁を許され、ハプスブルク家に忠誠を誓い、軍の将校として仕えることができ、1683年ウィーンを包囲中のトルコ軍と戦い、オイゲンの軍功が認められる。やがて指揮官として彼の名将の名を不動のものにしたのは、1697年のティサ川河畔のゼンタの戦いで皇帝軍の倍近い10万余りのトルコ軍を粉砕する大勝利であった。そののち戦争は事実上終了した。

スペイン継承戦争（1701～1714）においても、オイゲン総司令官の活躍は目覚ましかったが、ヨーゼフ1世の急逝で戦況が逆転した。墺土戦争でトルコ軍は壊滅的な敗北を喫した。勝利者オイゲン公は教皇クレメンス11世（在位1700～1721）から帽子と剣を授与される。実は、カール6世が公布した「国事詔書」はオイゲンの、「広範にして荘厳な君主国」を確立するために、長子相続制の原理を導入すべきという助言に従ったのである。

1740年、カール6世は毒キノコを食べて落命したといわれている。カールの存命中は、娘マリア・テレージアの王位継承は列強諸国からも保障されていたが、彼の死後、列強諸国の保障は実際には「空手形」にすぎなかったことが速やかに判明する。これがオーストリア継承戦争（1740～1748）の要因となった。マリア・テレージアにとっては、ハプスブルク家の存亡をかけての初めての戦いであった。

（川成　洋）

オイゲン公の記念像（ウィーン）

39 ベートーヴェンゆかりのシュレージエン
――オーストリア継承戦争

1986年。NHKホールにて、ピアニストのマウリツィオ・ポリーニは万雷の拍手のなか、深々と頭を下げていた。大曲を弾ききった満足感と高揚感が聴衆の1人であった私にも伝わってきた。ブラーヴォ！　ベートーヴェンの《熱情》に魅せられた夜であった。

1806年8月の下旬から、ベートーヴェンは、シュレージエンにあるリヒノフスキー侯爵の居城に滞在し、さまざまな支援のもと、曲想を練っていた。侯爵は当地に駐留するフランス貴族を邸宅に招き、ベートーヴェンにフランス軍歓迎の演奏をさせようと目論んだ。しかし、ベートーヴェンは断った。なおも演奏するよう強要する侯爵に誇り高き男は殴りかかり、憤懣やるかたないまま、荷物をまとめてウィーンに帰ることにした。帰る途上、突然の雨が空から落ちてきた。ああ、大切な楽譜が！　その楽譜こそ、ピアノソナタ第23番《熱情》であった。

古くからの交易の要衝であり、天然資源や穀物生産で知られるシュレージエン。この地に、のちに勇名を馳せたフリードリヒ2世率いるプロイセン王国軍が侵攻し、オーストリア継承戦争の戦端を開いたのは、1740年12月16日。ベートーヴェン誕生のちょうど30年前のことである。

カール6世の後継者問題

18世紀初めのこと、神聖ローマ帝国皇帝であり、ハプスブルク君主国君主のカール6世（在位1711～1740）は、男子が生まれないという大きな悩みの種を抱えていた。それは、そのまま君主国の存亡に直結する。そこで、彼は他国からの干渉がある前に先手を打っておいた。それが、「国事詔書」（1713）である。そこには、王位継承について、女子相続ができる旨、明記されていた。21世紀では、「法の支配」のもと、他国を侵略すれば、「国際秩序を武力で破壊する暴挙」と非難されるが、18世紀のヨーロッパにおいては、人（国王、皇帝）が支配しており、彼らが自国の生存・繁栄のために他国を侵略するのはよしとされるわけである。したがって、カール6世の後継者問題は、周辺の国々にとって、利権を獲得する千載一遇のチャンスととらえられた。

開戦とオーストリア包囲網

カール6世は、周辺各国に「国事詔書」を認めさせたのち亡くなったが、君主一族の涙も乾かぬうちに、まずプロイセン王国が動き出した。28歳の若き国王フリードリヒ2世は、かつて自分が父との確執で幽閉された折、カール6世にとりもってもらった恩義をわきに置いて、ハプスブルク君主国領内のシュレージエンに侵攻した。出兵の名目は、ハンガリー女王を守護するため。宣戦布告なきこの急襲は成功し、当地を占領することとなった。

ハプスブルクの全家領を相続していたマリア・テレージアは、激怒し、反撃を命じた。そのさなかの1741年3月、彼女は待望の男児を出産する。のちのヨーゼフ2世である。国内の士気は大いに

ホーエンフリートベルクの戦いで前進するプロイセン軍
カール・レヒリンク画、1913年頃
Wikimedia Commons

盛り上がったが、翌4月のモルヴィッツの戦いでハプスブルク君主国は惜敗する。この戦いによって、フリードリヒ2世率いるプロイセンは歴史の大舞台にかけあがった。

一方、バイエルンはプラハを占領した。ここまで静観の構えだったフランスはついにハプスブルク君主国に牙を剝いた。5月、ニンフェンブルク宮殿において、フランス、スペイン、バイエルンの3国が同盟関係を結んだ。その後、フランスはプロイセンと結び、オーストリア西方の包囲網が構築されたのである。

ハンガリーの支援

1741年6月、マリア・テレージアは子どもを抱えてハンガリーの都、ポジョニ（プレスブルク）に赴いた。ハンガリー女王として戴冠式に臨み、9月には、議会にて演説した。「この子を抱いた私を助けられるのはあなた方だけなのです」。議会での熱弁ぶりにハンガリーの貴族たちは深く感銘を受けた。そして、敵対諸国側の予想を翻して、ハンガリーはハプスブルク君主国を全面的に支援することとなった。

ハンガリーのこの動きは、プロイセンをはじめとする敵対諸国に少なからぬ衝撃を与えた。そこで、バイエルンは、フランスの後方支援のもと、チロル、ボヘミア、上オーストリアを占領した。12月、バイエルン選帝侯カール・アルブレヒトはプラハにてボヘミア王に即位し、翌1742年には神聖ローマ帝国皇帝カール7世（在位1742～1745）として選出されたのである。

1742年5月、ボヘミアの小村、コトゥジッツでハプスブルク君主国軍はプロイセン軍に対し、手痛い敗北を喫した。これを機に、イングランドの仲介で両国はブレスラウ条約を締結した。この条約で、プロイセンはシュレージエンのほとんど全域を手にし、戦争から離脱した。

マリア・テレージアの反転攻勢

プロイセンとの講和を完了させたマリア・テレージアは、反転攻勢に出た。まず、すでに回復していたオーストリア諸邦に続き、ボヘミアを奪還、つぎに、国防の手薄なバイエルンに侵攻した。1743年春には首都ミュンヘンを占領、そして、占領地はバイエルン全土に及んだ。神聖ローマ帝国皇帝カール7世は驚愕した。1745年、彼は失意のうちにその生涯を終えている。

イタリアからスペインを駆逐し、イングランド・オランダと結んだハプスブルク君主国軍は、ライン川を渡ってフランス領内に侵攻する動きを見せた。この一連の動きから、フリードリヒ2世は、マリア・テレージアがシュレージエン奪還の意志ありと確信し、軍備増強を進めていった。

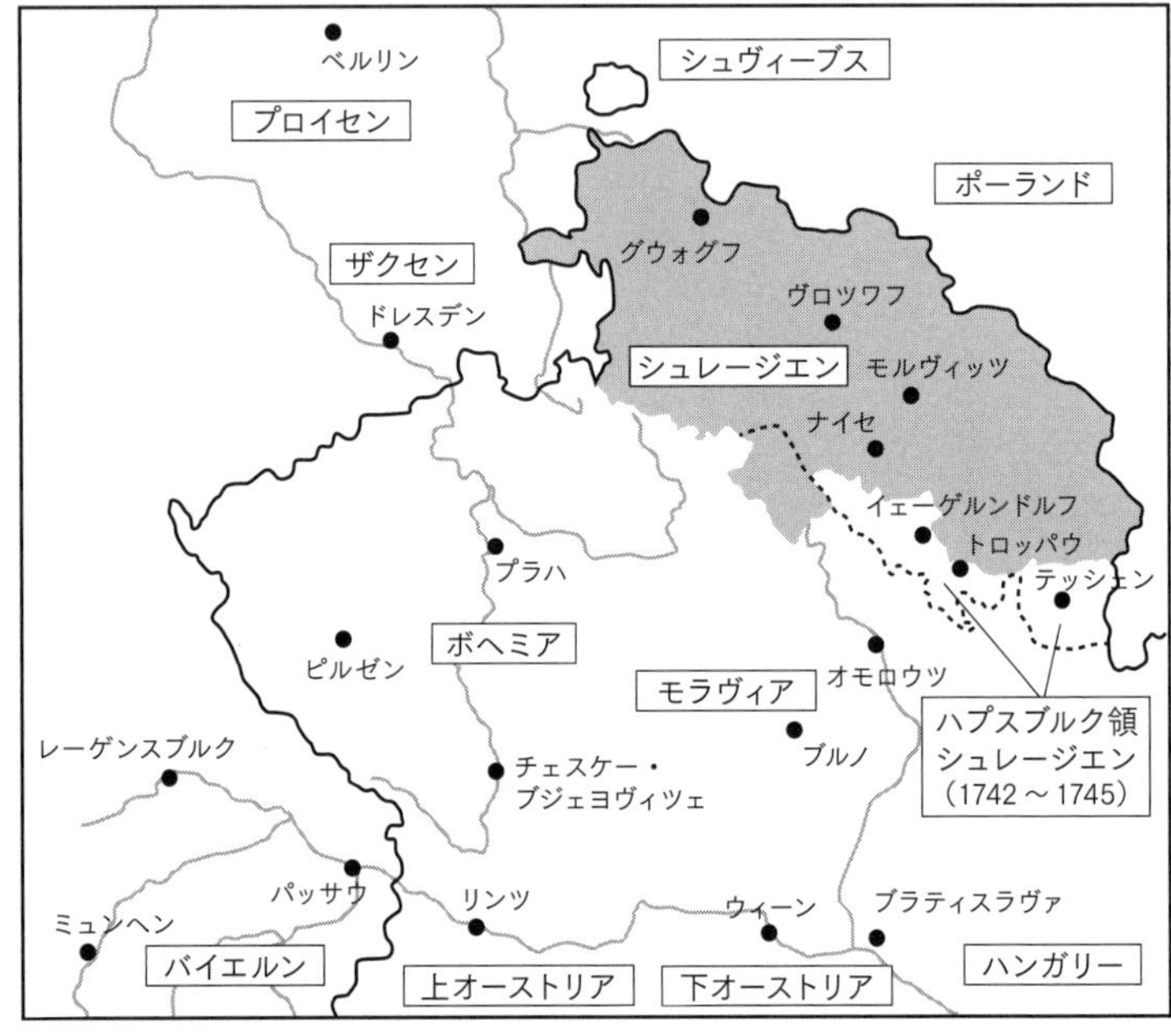

オーストリア継承戦争当時の地図
岩﨑周一『ハプスブルク帝国』（講談社現代新書、2017）p. 213の図をもとに作成

1743年冬、フリードリヒ2世は、神聖ローマ皇帝を支援する名目で、フランス、バイエルンと同盟交渉を始め、ハプスブルク君主国と戦う体制を整えた。

失意のドレスデン条約

1744年7月、ハプスブルク君主国軍が因縁の係争地、エルザス・ロートリンゲン（アルザス・ロレーヌ）を取り返すべく侵入したと耳にしたフリードリヒ2世は、すぐにプロイセン軍をボヘミアに向かわせた。フランスと示し合わせてハプスブルク君主国軍を挟み撃ちにする作戦である。8月、ふたたび戦争の火蓋は切られた。マリア・テレージアは、バイエルンやエルザスに駐屯していた軍を急ぎプラハに向かわせた。そして、彼女はふたたびハンガリーに協力を要請した。プラハをめぐる攻防戦は9月中旬に決着し、この美しい町はプロイセンの手に落ちた。

その後、ハプスブルク君主国は、1745年6月にホーエンフリートベルクにて、9月にはゾーアにてプロイセン軍に手痛い敗北を喫し、12月、ザクセン軍がケッセルスドルフにてプロイセン軍に敗れて壊滅的打撃を被るに及んで、マリア・テレージアは、ついにシュレージエン奪還をあきらめ、ドレスデン条約を締結した。そして、豊潤なるシュレージエンの地がハプスブルクに帰ることは二度となかった。

オーストリア継承戦争は、1744年より英仏植民地戦争を伴うものとなった。北米大陸では、ニューイングランド（イングランドの植民地）がフランスのルイブール要塞を占領した（ジョージ王戦争）。インドでは、フランスがイングランドの東インド会社相手に有利に駒を進めた（カーナティック戦争）。8年の長きにわたったこの一連の戦争は、1748年のアーヘン条約でようやく終結をみた。ハプスブルク君主国は、シュレージエン、パルマ公国などを失ったものの、上オーストリア、ボヘミア、ネーデルラント、ミラノなどハプスブルク家領の相続が承認された。また、神聖ローマ皇帝の地位も確保した。

ヨーロッパにおける勢力地図をめぐって、マリア・テレージアはこの後再びフリードリヒ2世と相まみえることになった。

（藤井光葉）

40 マリア・テレージア
──ハプスブルク君主国を守護した女神

1985年7月から8月にかけて、私はドイツのミュンヘンに語学留学をした。とはいえ、ろくすっぽドイツ語が話せなかったのだから、いい度胸だとわれながら思う。ホームステイ先は、地下鉄ミュンヘン駅から数駅のテレージエンヴィーゼ駅を下車し、徒歩数分のマンションであった。3人の乳幼児を抱えた仲睦まじい若夫婦の家で、私は1か月半ほどご厄介になった。ご主人のローマンは毎日5時過ぎに帰ってくる。残業があたりまえの日本から来た小僧にはそれが驚きであったが、夕食が6時に始まり、8時前に「グーテ・ナハト（おやすみなさい）」となるのもびっくりだった。そこで、8時ごろから日没までの1時間足らずが私の散歩時間となった。

散歩はもっぱらテレージエンヴィーゼだった。「テレーゼの緑地」という名の公園が「オクトーバーフェスト」の会場であることは聞かされていたが、「はて、テレーゼとは？」と思っていた。そんな折、留学生の間で、「あれはマリア・テレージアの公園だ」という話がささやかれた。「そうか！」公園には、見上げる大きな女性像が立っていた。これが、私が幼いころ、夢中になった池田理代子の『ベルサイユのばら』で、マリー・アントワネットにきびしくも心温かく接し続けた母、マリア・テレージアか。心が踊った。

両親の愛情

マリア・テレージアは、1717年5月13日にウィーンで生まれた。神聖ローマ皇帝カール6世（在位1711～1740）とエリーザベト・クリスティーネの最初の子、長女である。両親の喜びようは、遠くヨルダン川の水で洗礼を受けさせたエピソードでも明らかで、「テレーゼ」「小さなレースル」とよばれ、愛情深い両親のもと、学芸一般を熱心に学びつつ、輝く美貌の女性に育っていった。

マリア・テレージア像
Dennis Jarvis/ CC BY-SA 2.0, Wikimedia Commons

テレーゼは、従来なら家督を相続することはできない。父カール6世は、男児誕生が叶わない場合に備え、あらかじめ「国事詔書」の形で近隣諸国に女子相続を認めさせておいた。

1736年、18歳のテレーゼは、初恋の相手、ロートリンゲン公フランツ・シュテファンと奇蹟の恋愛結婚を果たし、3人の娘を順に産んだ。1740年、父帝崩御後、テレーゼは国事詔書に則り、ハプスブルクの全家領を一括相続した。

ハプスブルク君主国を守る戦い

ところが、それを認めず、軍隊を動かしたプロイセン、バイエルン、フランスとの間でオーストリア継承戦争が勃発した。シュレージエンをめぐるこの戦いで、テレーゼはプロイセン国王フリードリヒ2世を「不倶戴天の敵」「泥棒」とみなし、かの地を絶対死守すると誓って攻勢に出たが、思惑通りにはいかなかった。ハプスブルク君主国は包囲網が敷かれて孤立無援、フリードリヒ2世は卓越した軍事力を発揮するも、どちらも決定的な勝利をあげることができなかった。結局、イングランドの仲介もあって、ハプスブルク君主国はプロイセンと講和し、シュレージエンを手放さざるをえなかった。

戦いのさなか、300年にわたってハプスブルク君主が独占してきた神聖ローマ皇帝位も奪われてしまった。テレーゼは再び反転攻勢に出るも、勝利を収めることはできなかった。その後、オーストリア継承戦争は英仏植民地戦争も含んで大きく様変わりした。戦争終結のアーヘン条約（1748）において、シュレージエンこそ奪還できなかったものの、テレーゼは、ハプスブルク君主国の解体危機から同国を守り抜き、夫君フランツ1世の神聖ローマ皇帝位（在位1745～1765）と自らの王位継承を各国に認めさせたのである。

近代国家への改革

テレーゼは、この戦争を通じて、改革の必要性を痛感した。そこで、内政にハウクヴィッツ、軍事にダウン、外交にカウニッツを起用し、積極的に改革を推進した。ほかにも適材適所の人事をおこなった。ハウクヴィッツは、監理府指示の行政組織づくりと住民調査に基づく租税制度改革を通じて中央集権体制を確立しようと試みた。カウニッツは、宿敵プロイセンの打倒を念頭に国際情勢を分析し、同盟国をイングランドからフランスに変更する外交政策を実現させた。これが「外交革命」である。さらに、フランスのポンパドール夫人（フランス国王ルイ15世の愛妾）、ロシアのエリザヴェータ女帝とともに、プロイセンを包囲する「3枚のペチコート同盟」を整えた。

1756年、プロイセンのザクセン侵攻に始まった七年戦争では、これらの改革が実を結び、プロイセンに対し、圧倒的な勢力で優勢に駒を進めた。しかし、この戦争でも、テレーゼは憎き敵を叩き潰すことはできず、豊穣の地シュレージエンは永久に失われた。

2つの戦争の教訓から、テレーゼは、母国を近代国家とするべく、ふたたび改革の先頭に立った。宮廷軍事庁を頂点とする軍事機構を整備し、一般徴兵制（全国民の兵役義務）を採用した。また、全国一律に小学校を新設し、義務教育を課した。一律の教科書と各地域の言語による教育が施された。司法改革、医療制度改革、教会改革なども徐々に進んだ。

運命の伴侶と子どもたち

改革が緒についた1765年、終生の伴侶、フランツ1世ステファンの死が突然テレーゼを襲う。さかのぼること30年、「すでに5歳のころより、私の心と精神は、ただ1人の男性によって占められ」、ウィーンに長いこと滞在していたフランツが、彼の父の死に際して帰国してからは、「夜は彼のことを夢見、昼は女官たちを相手に、彼にまつわる話を絶え間なく聞かせ」たテレーゼの恋は、紆余曲折を経て、奇蹟的に成就した。結婚式を挙げるまでの1か月ほどの婚約期間に交わされた膨大な手紙に

ミュンヘンのバイエルン像

は、フランツに向けたテレーゼの一途な愛があふれている。

２人は11人の娘と5人の息子をなし、テレージエン・イエローのシェーンブルン宮殿でのびのびとした楽しい家庭生活を過ごした。子どもたちは無邪気に遊び、歌や踊りや芝居に興じ、それを宮殿の特設劇場で発表した。そして、ほとんどの子どもたちは、ブルボン家の一族と結婚した。温かな家庭と政略結婚。一見矛盾するこの2つを結びつけたのは、良妻賢母で英明な君主テレーゼなればこそだろう。

しかし、悲しみの喪服を身につけ続けることになっても、長男ヨーゼフ2世（在位１７６５～１７９０）との共同統治が待っていた。共同統治は不協和音の連続で、たとえばポーランド分割のさいも、テレーゼはしばしば遠ざけられた。１７８０年11月、テレーゼは散歩のあと、病に伏し、フランツのガウンをまとった床で、63年の生涯を閉じた。

さて、短期留学を終え、語学の未熟さを恥じた私が、東京・青山のドイツ語学校に通い始めてすぐ、テレージエンヴィーゼの「テレーゼ」は、マリア・テレージアではなく、バイエルン王妃のテレーゼ・シャルロッテ・ルイーゼであることが判明した。かの王妃は、国王ルートヴィヒ1世の妃で、国民にとても人気のある良妻賢母であったという。そして、あの像は、バイエルンの地を守護するバイエルン女神であった。恥ずかしい勘違いがあったものだ。森鷗外の『うたかたの記』に記されるバヴァリア女神像であることものちに知った。でも、と私は思う。40年前に見上げたあの荘厳で慈愛に満ちた女性の像は、やはり、ハプスブルク君主国を守護するマリア・テレージアそのものだったのではないかと。

（藤井光葉）

マリア・テレージア（在位1740～1780）の16人の子どもたち
菊池良生『ハプスブルク家』（図解雑学シリーズ、ナツメ社、2008）p. 31を参考に作成。

1	長女	マリア・エリーザベト	幼年のうちに病没
2	次女	マリア・アンナ	結婚せず、母の没後修道院に入る
3	三女	マリア・カロリーネ	幼年のうちに病没
4	長男	ヨーゼフ	父帝フランツ1世没後、皇帝ヨーゼフ2世となる
5	四女	マリア・クリスティーネ	母テレージアに愛され、政略結婚はしなかった
6	五女	マリア・エリーザベト	結婚せず、母の没後修道院に入る
7	次男	カール・ヨーゼフ	成人する前に病没
8	六女	マリア・アマリア	政略結婚でパルマ公国に嫁ぐ
9	三男	レーオポルト	兄ヨーゼフ2世の没後、皇帝レーオポルト2世となる
10	七女	マリア・カロリーネ	生まれてすぐ死亡
11	八女	マリア・ヨハンナ	幼年のうちに病没
12	九女	マリア・ヨーゼファ	ナポリ王国に嫁ぐ直前に病没
13	十女	マリア・カロリーネ	姉マリア・ヨーゼファの代わりにナポリ王国に嫁ぐ
14	四男	フェルディナント	モデナ公国公女と結婚
15	十一女	マリー・アントワネット	フランス王ルイ16世と結婚
16	五男	マクシミリアン・フランツ	ケルン大司教となる

41 フランツ1世
――「心優しき」ハプスブルクの名脇役

ウィーン、ホーフブルク王宮。王宮南西に大きく弧を描いて広がる英雄広場には、ハプスブルクきっての名将カール大公とプリンツ・オイゲンの大騎馬像が雄々しく屹立している。この英雄広場から王宮を東側に抜けると瀟洒な緑地帯、王宮庭園に出る。この花園はモーツァルトやフランツ・ヨーゼフ1世の像で有名だが、実は園内にもう1人、歴史的人物がいるのをご存知だろうか。庭園の少し奥まった小径（こみち）の脇、英雄広場の2人と比べると随分と小ぶりな騎馬像で控え目に記念されたこの馬上の紳士こそ、本章の主人公フランツ1世ことフランツ・シュテファンである。

入り婿としての屈辱の日々

1708年、神聖ローマ帝国とフランス王国に挟まれたロートリンゲン公国、レーオポルト公とエリザベート公妃の次男としてフランツ・シュテファンは産声をあげた。国境を幾度（いくど）となく脅かすフランス軍に対抗するためハプスブルク家との縁組を画策する父公は、長年にわたる根回しの末、1736年2月12日、皇帝カール6世（在位1711～1740）の長女マリア・テレージアとフランツ・シュテファンの結婚にこぎ着ける。

この日から「入り婿」として扱われる屈辱の日々が始まる。国境すれすれの弱小公爵家出身の婿殿を前に、ウィーン宮廷人の出迎えは冷ややかだった。軍才の欠如、夫妻の間に立て続けに女児が生まれたことも風当たりをいっそうきつくさせた。1740年にマリア・テレージアがハプスブルク家を継ぎ、フランツ・シュテファンがその共同統治者となっても、1745年に神聖ローマ帝国皇帝フランツ1世（在位1745～1765）に即位し、欧州列侯の頂点に立っても宮中の逆風は止まなかった。

神聖ローマ皇帝フランツ1世の騎馬像（筆者撮影）

フランツ帝はあくまでもお飾りの陛下であって、実権を握るのはご当主であられるマリア・テレージア様。帝室に仕える家臣もウィーンに駐在する外国使節も夫妻の力関係をこのように評価して憚らなかった。

皇帝としての評判

同時代人の声に耳を傾けてみよう。1757年、侍従長ケーフェンヒュラー伯爵はこう綴る。

「我々は主（あるじ）を2人戴いている。

皇帝、そして皇后である。皇帝は軍事も財務も指揮なさりたいと思し召されている。両分野において、皇帝の御同意なくしては肝心な事柄は前に進まない。しかし、この大役を果たすにはこの御仁は呑気に過ぎる」。この言葉は夫たる者は妻に毅然とした態度で臨まねばならないという、当時の男女観を反映している。侍従長はマリア・テレージアに対するフランツ帝の遠慮がちな姿勢を軟弱と解釈していた。どうやら男と女のジェンダー役割の逆転を甘受したことが許せなかったようだ。

１７４０年代のウィーンに駐在したプロイセン使節ポデヴィルスも、フリードリヒ２世にあてた報告書の中で異口同音に書き残している。「皇帝はことのほか穏やかで、お怒りになったと耳にしたことがありません。ご夫妻の間に小競り合いが起これば、譲歩するのは皇帝と相場は決まっております」。同時代人による月旦（げったん）評は時空を超え、後世においてフランツ帝の影が薄くなる要因の１つとなった。王宮庭園の騎馬像はこのような歴史的評価の所産だが、フランツ帝がウィーン国政の中心に参与していたのは紛れもない事実である。

妻を支えたフランツ帝

宮中の脇役に徹したフランツ帝が表立って妻と対立した珍しい一件がある。継承戦争でプロイセンに敗北を喫したマリア・テレージアは、打倒フリードリヒ２世の切り札としてフランスとの同盟を計画していた。１７５６年の末娘マリー・アントワネットのフランス王室輿入れとして結実する「外交革命」である。対してフランツ帝は宿敵フランスとの関係改善は絵空事（えそらごと）であると考えていた。かつて結婚の承認と引き換えに故郷ロートリンゲンを割譲させたフランスを許しておらず、何よりプロイセ

フランツ1世夫妻と子供たち
ヨハン・ゴットフリート・ハイン画、1760　Wikimedia Commons

ンを帝国諸侯として庇護することは皇帝の責務と自任していたためだ。名ばかり皇帝が見せた矜持である。フランツ帝は対決姿勢を崩さなかったが、最終的にマリア・テレージアの前に譲歩を余儀なくされる。

「外交革命」の一件が示すように皇帝夫妻の対立が皆無だったわけではない。しかし基本的に夫妻はとても仲睦まじく、老臣タロウカ伯爵などは「一心同体」と目を細めた。先のポデヴィルスもこう記している。「皇帝は良き父で、子供たちをとても可愛がり、ご長男のヨーゼフ殿下を皇后と同じくらい深く深く愛しておられます。誠実で、義理堅く、できない約束を交わすこともありません。心優しく人間的で、皇帝と関わ

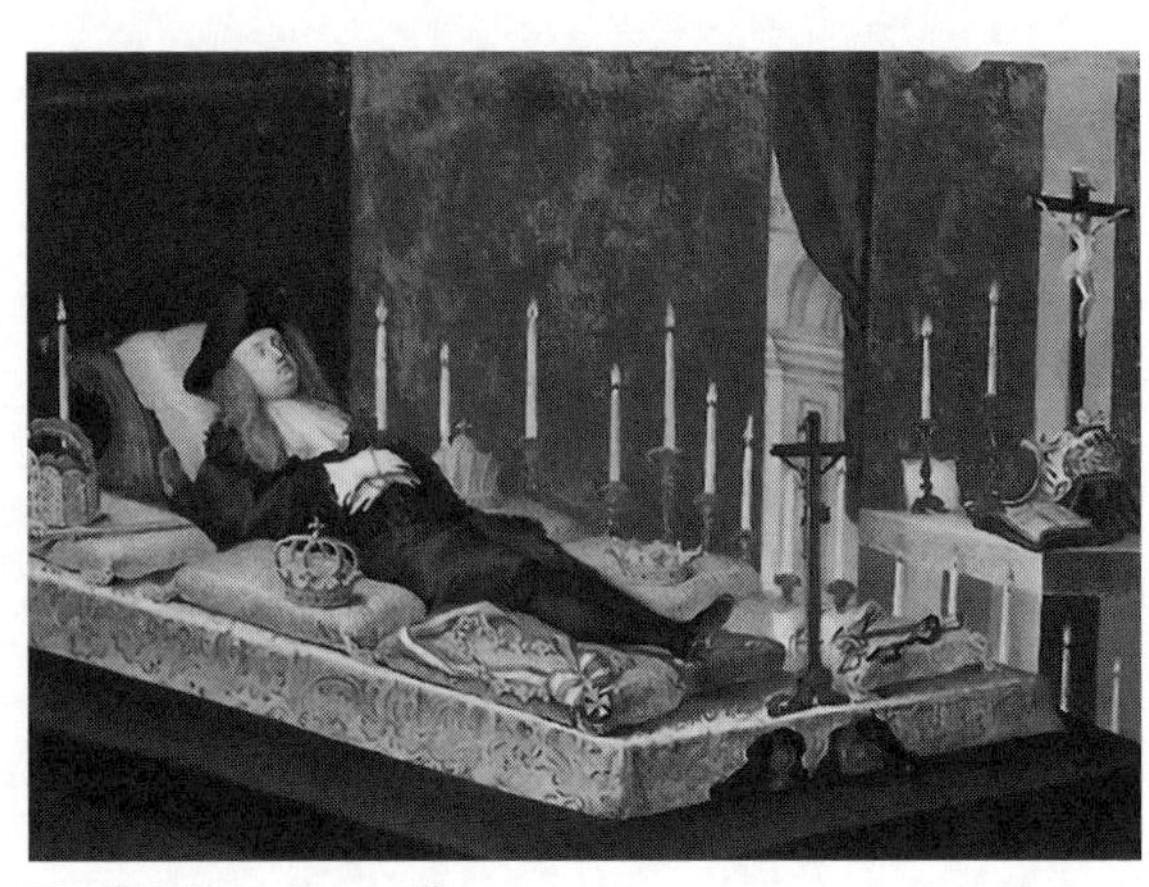

死の床にあるフランツ1世
作者不詳、1765、水彩　Wikimedia Commons

る者は誰もが幸せを覚えるでしょう」。ときには弱腰と宮廷人の気を揉ませたフランツ帝の性格は、場面が変われば好意的に受けとめられることもあった。そして何より、前代未聞の政権運営に挑む妻にとって忍耐強く温和な夫は心の支えであった。必要とあらば妻を立て己を殺す強さを持ったフランツ帝の存在は共同統治体制の安定にも直結し、複雑に絡み合う君主としてのお互いの立場を補完し合った見事さは、現代の歴史研究者も評価するところである。

突然の崩御

そんなフランツ帝夫妻の別れのときは突然訪れた。1765年夏、三男レーオポルトの結婚式に参列するため皇帝一家はウィーンを発ち、インスブルックに逗留していた。同年8月18日夜、婚礼記念オペラを観劇し長男ヨーゼフとともに帰途についたフランツ帝は、途上で卒中に襲われ、そのまま泉下（せんか）の人となる。享年56歳、9歳年下の妻と11人の子供たちを遺した唐突すぎる旅立ちであった。

夫帝の崩御はマリア・テレージアの前半生の終幕であり、カトリック祈禱書に挟まれたメモにはその深い悲しみがこう綴られている。「皇帝フランツ、私の夫、56年と8か月と10日生き、1765年8月18日、夜9時半に世を去った。月にすれば680か月、週にすれば2958週、日なら2万7778日、時間なら49万6992時間生きた。私の幸せな結婚は29年6か月と6日、あの人が私に手を差し伸べてくれた日と同じ日曜日、あの人は私のもとから奪われた」。

マリア・テレージアは長男ヨーゼフ2世（在位1765～1790）を新たな共同統治者に任命するが、功を焦る息子とは衝突が絶えなかった。母はどこまでも亡き夫の面影（おもかげ）を求め、息子はひたすらに君主としての自立を求めた。そして1773年11月、遂にヨーゼフ2世は「私は亡き父上のようにはなれませんでした」と母に積年の思いの丈をぶつけるに至る。

今日のオーストリアに残された皇帝フランツ1世の事績はけっして目立つわけでもなければ、ましてや多いわけでもない。しかしそこには、名脇役としてハプスブルク家を支えた「心優しき」フランツ帝の足跡が確かに刻まれている。

（山下泰生）

42 シェーンブルン宮殿
――フランツ1世の科学の園

ウィーン旧市街から南西へ4キロメートルほど行くと、ウィーン川の畔に広大な宮殿が現れる。宮殿北面の正門を守る一双のオベリスクを抜け表敬の庭に立てば、壮麗なバロック宮殿が観る者を圧倒する。ここはシェーンブルン宮殿、激動の18世紀にハプスブルク家を率いたマリア・テレージア畢生(ひっせい)の御殿である。シェーンブルン宮殿のいわば主役ともいえる本館は、幅約175メートル、奥行約55メートルを誇り、神童モーツァルトの御前演奏からハプスブルク帝政に終止符を打った国事不関与宣言（1918）まで、数々の歴史的局面の檜(ひのき)舞台となってきた。

ただ本章の主役はこの本館ではない。王朝絵巻さながらの本館の歴史を語った類書はすでに豊富にある。ここでの主役は、広大な敷地内の最西端、目も綾(あや)な本館から叢林(そうりん)で隔てられた閑静な区域だ。現在ここには、約4500種の植物を揃えた世界でも稀に見る大温室や、ジャイアントパンダやコアラといった貴重な動物が暮らす動物園といった自然科学系施設が建っている。王朝絵巻と自然科学、シェーンブルン宮殿の魅力の1つは双方の要素を合わせ持つ点にあるが、後者について語られることは多くない。そこで本館の喧騒を離れて佇むこの一帯を取り上げ、自然科学との関係から大宮殿の歴史を探ってゆきたい。

皇帝フランツ1世の科学熱

先述の大温室や動物園は、かつて「オランダ庭園」や「メナジェリー（小動物園）」と呼ばれた18世紀の宮廷庭園を前身としており、その造営者こそ皇帝フランツ1世（在位1745～1765）であった。宮廷の脇役という損な役回りを甘受したフランツ帝であったが、当時一世を風靡した自然科学、とりわけ動植物の研究には並々ならぬ情熱を注いだ。フランツ帝の父レーオポルト公も自然科学に熱

科学機材や博物コレクションに囲まれたフランツ1世
ヨハン・ゾファニー画、1776～1777、油彩
Wikimedia Commons

メナジェリーの様子
© Schloß Schönbrunn Kultur- und Betriebsges.m.b.H.

心な人物で、リュネビルの居城に庭園を造営し、天気のよい日には青空のもと子供たちに科学を教えた。フランツ帝の科学熱は父の教えの賜物ともいわれる。

皇帝と動植物との接点はこれだけではない。皇帝即位以前、まだロートリンゲン公を名乗っていた頃の若きフランツ・シュテファンは実によく旅をした。訪問先の中でも大きな影響を受けたのはフランスとオランダである。パリではヴェルサイユ宮殿のメナジェリーを見学し、ライデンでは名医ブールハーフェの植物園を訪れ、その弟子ファン・スヴィーテンとの知遇（ちぐう）を得た。この後ファン・スヴィーテンはウィーンに招聘され、科学を愛する者どうし、皇帝の良き助言者となる。

カリブ海探検

１７５０年代初頭、若かりし頃の各国訪問で得た見識を糧に温めていた作庭計画がいよいよ始動する。メナジェリーは1752年に、オランダ庭園は1753年に造営された。計画のハイライトともいえるのがカリブ海の探検である。1751年に動物園が完成に近づくと、フランツ帝は動植物の調達にとりかかった。ここに集める動植物はウィーンはおろか、ハプスブルク帝国中でもお目にかかれないような代物でなければならない。海を渡って異国に乗り込む気骨ある冒険者を求める皇帝に、ファン・スヴィーテンが弟子のジャカンを推挙する。ここに27歳の若き植物学者を隊長とする勅令カリブ探検隊が発足し、エキゾチックな動植物はいわずもがな、鉱物・貝殻・剝製といった科学の発展に資する資料の収集に出発する。ジャカン探検隊は、1754年から1759年にかけて西インド諸島を踏査し、サトウキビ、シナモン、カカオ、パンノキといった植物、ハイイロギツネやオポッサムといった動物をウィーンに持ち帰った。ただし動植物の管理・飼育といった面では、ウィーン側の準備は不十分で試行錯誤であったとされる。

国家事業としての側面とバロック君主たちとの違い

一連の事業はあくまで皇帝の私的活動と説明されることも多いが、ウィーン政府も関与する国家事業としての側面も持ち合わせていた。世界中の動植物を豊富にそろえた宮廷庭園の造営は、ハプスブルク家の威信に直結したためである。すでに1751年にはウィーン政府はオランダの政商アルダーヴェルトに動物の手配を正式に依頼し、珍しい水鳥やインド産のキジが献上された。またフランツ帝がトスカーナ大公として君臨していたフィレンツェ政府にもお触れがかかり、ボーボリ庭園やリヴォルノ港からさまざまな動植物がシェーンブルンに輸送された。

マリア・テレジアの傍らで薔薇の手入れにいそしむフランツ1世（創作画）
フランツ・ヴァルター画、1770年頃
Österreichischen Nationalbibliothek

ただ国家的事業とはいえども、フランツ帝の造園は従来のバロック君主たちとは異なる動機で推進されていた。メナジェリーの例を引こう。フランツ帝が範と仰いだルイ14世の動物園は、壮大な敷地もエキゾチックな動物も、国王が放つべき威光の一条であった。何より太陽王は動植物そのものに興味を示さなかった。対してシェーンブルンのメナジェリーは、あくまで皇帝個人の科学的興味に沿って企画・実行された。フランツ帝は百科全書派（『百科全書』編纂に携わった啓蒙知識人たち）が台頭する西欧知識界との架け橋となり、ハプスブルクにおける科学発展の礎を築いたことになる。

造園にかけるフランツ帝の意気込みに関しては、同時代人の証言も残っている。皇帝の侍従長を務めたケーフェンヒュラー伯爵は、1752年7月31日のメナジェリーお披露目会の様子をこう綴る。

「皇帝は年かさの若君方と数人の観衆を連れて、ヒーツィング近郊のシェーンブルン公園に私財を投げうって造営された動物園を再訪なされた。完成は目前だ。一昨日オランダからさまざまな珍獣（目下ほとんどが鳥である）が到着し、御前に献上された。とりわけ貴重な動物については、根気よく丸5時間もかけて陛下手ずから園内に配置なさった。動物園にはたいへんな熱の入れようで、日に2度は足を運ばれている」。旧臣も舌を巻くほど庭づくりに精を出し、手塩にかけた科学の園を披露するフランツ帝の姿が目に浮かぶ。完成間近の動物園に子供たちを案内したというその姿は、故郷で過ごした幼き日々に科学の魅力を説いた亡き父レーオポルト公を彷彿とさせる。

子供たちのなかでも父といちばん仲が良かったとされる次女マリア・アンナは、父と科学愛を共有する娘でもあった。1765年夏にフランツ帝がインスブルックに赴いた際には、助手さながらに父のウィーンでの科学振興活動の一部を任されたほどだ。留守中マリア・アンナは「お父様のお戻りを待ち申し上げます」とその帰還を待ちわびたが、旅先で父帝は帰らぬ人となり、父娘が再び科学を語り合う日は二度とやってこなかった。

引き継がれる科学の夢

皇帝崩御の後、息子のヨーゼフ2世（在位1765〜1790）や孫のフランツ2世（在位1792〜1806）らによって自然科学の振興は続けられた。18世紀末にはかの博物学者フンボルトをはじめ、ハプスブルク国外からも著名な博物学者たちが、研究のためにシェーンブルンを訪れるまでになる。今日のシェーンブルン宮殿を訪れるとき、華やかな本館の脇で花開いたフランツ帝の科学の夢に想いを馳せてみてはいかがだろうか。

（山下泰生）

コラム 16

カウニッツ――外交革命

マリア・テレージアの覚醒

父帝カール6世（在位1711～1740）の死後2か月足らずで起きたオーストリア継承戦争を何とか乗り切ったマリア・テレージアは「その頃の私はお金も信用も軍隊も経験もなく、助言すらもらえないまったくの徒手空拳であった」と『政治遺言』のなかで書いている。彼女は亡き父の重臣たちがこの未曾有の危機に右往左往し、なかにはプロイセンにシュレージエン割譲やむなしとまで言い出すものが現れたことに愕然とした。

そしてそのシュレージエンは「アーヘンの和約」（講和条約）後も依然としてプロイセンに奪われたままであった。何ゆえにこうも簡単にシュレージェンを奪われたのか？　多くの世襲領の間延びした緩やかな連合体に過ぎない王朝組織がプロイセンに隙を与えたのだ、とマリア・テレージアは悟った。

ハウクヴィッツの国政改革

以降、彼女は国政改革にまい進する。諸領地を緊密に結びつける行政機構の整備である。彼女は中央集権化を進めるために新たに国家行政管理庁を設立し、その長官にシュレージエンの中流貴族の家系であるハウクヴィッツを抜擢した。

彼女はハウクヴィッツを「神からの授かりもの」と述べるほど、彼の行政手腕を激賞した。ところでハウクヴィッツの改革は、いってしまえば縦割り行政の弊を廃し、すべての懸案をワンストップサービス機関である行政管理庁で処理するということである。

しかしそうなると必然的に管理庁の処理件数は膨大なものとなり、やがて機能不全となる。官僚組織は仕事の重要性とは無関係にひたすら増殖するという、あのパーキンソンの法則がここでも働くというわけである。

外交官生活で磨かれたカウニッツの柔軟さ

このことをいち早く見抜いたのがカウニッツである。もちろん彼はハウクヴィッツの改革に一定の評価を与えている。ただし彼はハプスブルク王朝の統治形態である諸領邦の緩やかな連合体を、絶対悪とはみなさなかった。こうして彼はハウクヴィッツの改革の失敗を承けて宰相となり、緩やかな連合と緊密な連携をハイブリッドした国務会議を創設したのである。

カウニッツの肖像
マルティン・ファン・マイテンス画、1749-1750、油彩
Wikimedia Commons

カウニッツのこの柔軟さはもちろん持って生まれたものである。そしてこれに磨きをかけたのは、約10年にわたる外交官生活である。

1742年から1744年までのトリノ公使を皮切りに、オーストリア領ネーデルラント大行政区顧問、1748年にはオーストリア継承戦争の講和条約である「アーヘンの和約」の全権大使を務めている。そして1750年から3年間、駐フランス大使を拝命している。これだけのキャリアを積んで1753年に宰相となったのである。

以降、彼は1793年に引退するまで、マリア・テレージア、ヨーゼフ2世（在位1765～1790）、レーオポルト2世（在位1790～1792）と3人の君主に仕える（もっともレーオポルトの時代には出る幕がほとんどなかった）。

この長い宰相生活のなかで特筆すべきことは、対フランスとの関係改善である。逆に言えばプロイセンに対する断固たる姿勢である。

1756年、カウニッツはヴェルサイユ条約によりフランスと防衛同盟を締結した。翌年に七年戦争が勃発するとロシアもこの同盟に参加することになる。

しかしそれにしても、約300年近くヨーロッパの覇権争いを続けてきたフランスと同盟を結ぶとは！　この同盟国の組み換えはまさに「外交革命」であった。

（菊池良生）

コラム 17

七年戦争――「世界大戦」

3枚のペチコート

オーストリア継承戦争でプロイセンに奪われたシュレージェンを奪還すべく、マリア・テレージアは不倶戴天の敵であるプロイセンのフリードリヒ大王（在位1740～1786）に戦いを挑んだ。七年戦争の勃発である。カウニッツの「外交革命」によりオーストリア陣営にはフランスとロシアがつく。

鉄の意志を持つ女帝マリア・テレージア。フランス王ルイ15世の公妾で国政を壟断するポンパドール婦人。広大で空漠としたロシアに君臨する陰鬱な女帝エリザヴェータ。成熟した社会では女性と権力が癒着するといわれるが、まるでその典型の布陣だ。いわゆる「3枚のペチコート同盟」である。

対するにプロイセンは勃興著しい新興勢力である。徹底した女性蔑視論者であるフリードリヒ大王は、マリア・テレージア、ポンパドール、エリザヴェータを「3人の娼婦」と毒づいた。

フリードリヒ大王の勝因

そのフリードリヒ大王は戦闘中に服毒自殺を考えたほど追い詰められた。だがすんでのところで大王は負けを逃れることができた。シュレージエンを手放さずにすんだのである。戦争は両陣営の痛み分けで決着がついたが、圧倒的な不利のなかで最後まで戦ったプロイセンは、戦後のヨーロッパのなかで列強に伸し上がることができた。これは勝利と言ってよい。

それでは大王の勝因は何か？　第1はロシアの政変である。すなわち女帝エリザヴェータが1762年1月に没し、ピョートル3世が後を襲った。新帝はフリードリヒ大王の心酔者である。彼は直

戦いの後のフリードリヒ大王と擲弾兵
作者不詳、1830、紙、石版画　Wikimedia Commons

ちにプロイセンのために戦線を離脱する。かくして鉄壁のプロイセン包囲網はもろくも崩れた。

次にフランスの動向が戦線に影響を及ぼすことになる。つまりフランスは同時期に行われた北アメリカでの植民地戦争（フレンチ・インディアン戦争、1754〜1763）とインド亜大陸での第三次カーナティック戦争で宿敵イングランドに敗戦に追い込まれ、ヨーロッパでの戦争遂行能力を失ったのである。

100万の人命を奪った「世界大戦」

ところでこの七年戦争は、参戦国により戦場ごとにさまざまな名称で呼ばれている。右記のイングランド対フランスのフレンチ・インディアン戦争、第三次カーナティック戦争のほかに、スウェーデンでは対プロイセンのポメラニア戦争、オーストリアでは対プロイセンの第三次シュレージエン戦争と呼称されている。

つまりそれほど戦場が多地域に広がり、グロー

フレンチ・インディアン戦争当時の、イングランドのフランス領カナダ（ルイブール要塞）に対するプロパガンダ

作者不詳、1755　Wikimedia Commons

バルになったということである。交戦国もオーストリア、フランス、ロシア、プロイセン、イングランド、スウェーデンのほかにアイルランド、ポルトガル、バイエルン、ハノーファー、ブラウンシュヴァイク、ムガル帝国、そしてザクセンと多岐にわたっている。

戦端はプロイセンが機先を制するために、オーストリアと同盟関係に近かったザクセンに「防衛戦争」と称して軍事侵攻したことで開かれた。しかしそれにしても「防衛戦争」とはよく言ったものである。以来、世界はこうした軍事侵攻がまかり通ることになる。

つまり七年戦争とは、フリードリヒ大王からシュレージエンを奪い返そうとして始めたマリア・テレージアの単なる意地に駆られた戦争ではなく、旧大陸ヨーロッパに留まらず、新大陸、またインド亜大陸にまで広がり、終結までに100万の人命を奪った「世界大戦」となったのである。

（菊池良生）

43 マリー・アントワネット
――不滅の恋

カルロス・ゴーン氏の背任事件が日本で話題をさらっていたときのことである。氏にはさまざまな疑問が呈されていたが、現夫人との結婚式をヴェルサイユ宮殿で挙げ、費用を経費で落としたことも問題視されていた。貴族館がこうした便宜に供されるのはよくあることだが、個人的に驚きを禁じ得なかったのは一般人があのヴェルサイユで挙式できることであった。

熱烈な歓迎と庶民の反感

ヴェルサイユ宮殿の最後の女主人はマリー・アントワネットであった。

1755年11月2日、マリー・アントワネットは神聖ローマ皇帝フランツ1世（在位1745～1765）と英邁（えいまい）な女帝マリア・テレージア夫妻の11番目の皇女として生まれた。そしてハプスブルク家とブルボン家の同盟を固めるために送り出され、1770年にフランスの王太子ルイ・オーギュストの妃となった。

初々しい15歳のマリー・アントワネットが初めてパリを訪問した際、熱烈な歓迎を受けた。ド・ブリサック元帥が「妃殿下の御前には、妃殿下に恋をしている20万の人々が立っております」と告げた言葉は有名である。アントワネットはこれに感動するが、同時に庶民の心を征服するのは容易で自分は国民に愛されていると思ってしまったのである。

当初は彼女の感じた通りであったかもしれない。しかし、王妃となった後は享楽的な生活を送るのみならず政治にも容喙（ようかい）して自身の寵臣のみ厚遇するように計らうなどの行動をとり、庶民の反感を招くようになった。

マリー・アントワネットの肖像
エリザベート＝ルイーズ・ヴィジェ＝ルブラン画、1788
Wikimedia Commons

首飾り事件の真相

ところで度重なる戦争の莫大な戦費で、この頃のフランス王家の財政はすでに事実上破綻していた。王家は1777年にスイスの高名な金融家ネッケルを財務長官に招聘して打開を試みた。1781年に『王に寄せる国家財政報告書』を出版したとき、平民出身のネッケルは巧妙にも戦費を伏せ、国民の目に宮廷費を明らかにしたのだった。奢侈に耽る王妃への非難が高まった。

そして決定的にマリー・アントワ

ネットの権威を失墜させたのが、１７８５年の「首飾り事件」であった。これは王妃の名を騙った詐欺で、アントワネットはむしろ被害者であったのだが、重税に喘いでいた大衆の受け止め方は真逆だった。彼らの不満と怒りが先鋭化する契機ともなり、憎悪はことさら王妃に向けられたのだった。

沈みゆく船での奮闘の果てに

１７８９年7月14日、市民はバスティーユを襲撃し、フランス革命の幕が開けた。ここに至って沈みゆく船を立て直そうとするキャプテンのごとく奮闘したのは、優柔不断なルイ16世ではなく、かつてはヴェルサイユで軽佻浮薄な日々を送ったこともある王妃マリー・アントワネットなのであった。夫に代わり彼女が諸外国と連絡をとり、キーパーソンと話し合った。だが彼女の努力も空しく１７９２年末には国王ルイ16世の処刑が決まり、翌１７９３年1月21日に実行された。マリー・アントワネットは10月16日に処刑されたのだった。彼女はハプスブルク家の皇女に生まれフランス王妃であった矜持を持したたまま毅然として生を終えた。

伝説的なフェルセンの素顔

フランス国民からは諸悪の根源のように思われていた彼女であるが、最後まで寄り添い暴徒に虐殺されたランバル公妃や生命を賭して救出しようとしたフェルセン伯などの存在があったことも忘れてはなるまい。

伝説的なフェルセンと王妃はどのような関係であったのか。完全にプラトニックないわば騎士道的な関係であったとする説もあれば、アントワネットの次男で王太子となったルイ・シャルルの父親はフェルセンであると唱える歴史家もいる。

だが、そもそもフェルセンとは何者なのであろうか。スウェーデンの名門貴族フェルセン家は、男女とも才色兼備の家系として名が通っていた。マリー・アントワネットと同じ1755年に生まれたハンス・アクセル・フォン・フェルセンも、玲瓏(れいろう)とした美貌と才知を併せ持つ男性だった。

フェルセンの肖像
グスタフ・ルントベリ画、1786頃
Wikimedia Commons

アントワネットとの邂逅は、1774年にパリで催された仮面舞踏会だった。そのときフェルセンは相手が王太子妃だとは知らず、長く談笑したのだった。2人の関係が口さがない宮廷人たちに噂されるようになったのは1780年頃であった。フェルセンはそれを振り切るかのようにヴェルサイユを後にして、アメリカ独立戦争に身を投じた。ヴェルサイユに帰還した1783年に、仲睦まじい妹ソフィーに自分は愛する人と一緒にはなれないので誰とも結婚しない決心をした、と書き送っている。事実、寄ってくる蝶は多く何人かの愛人はい

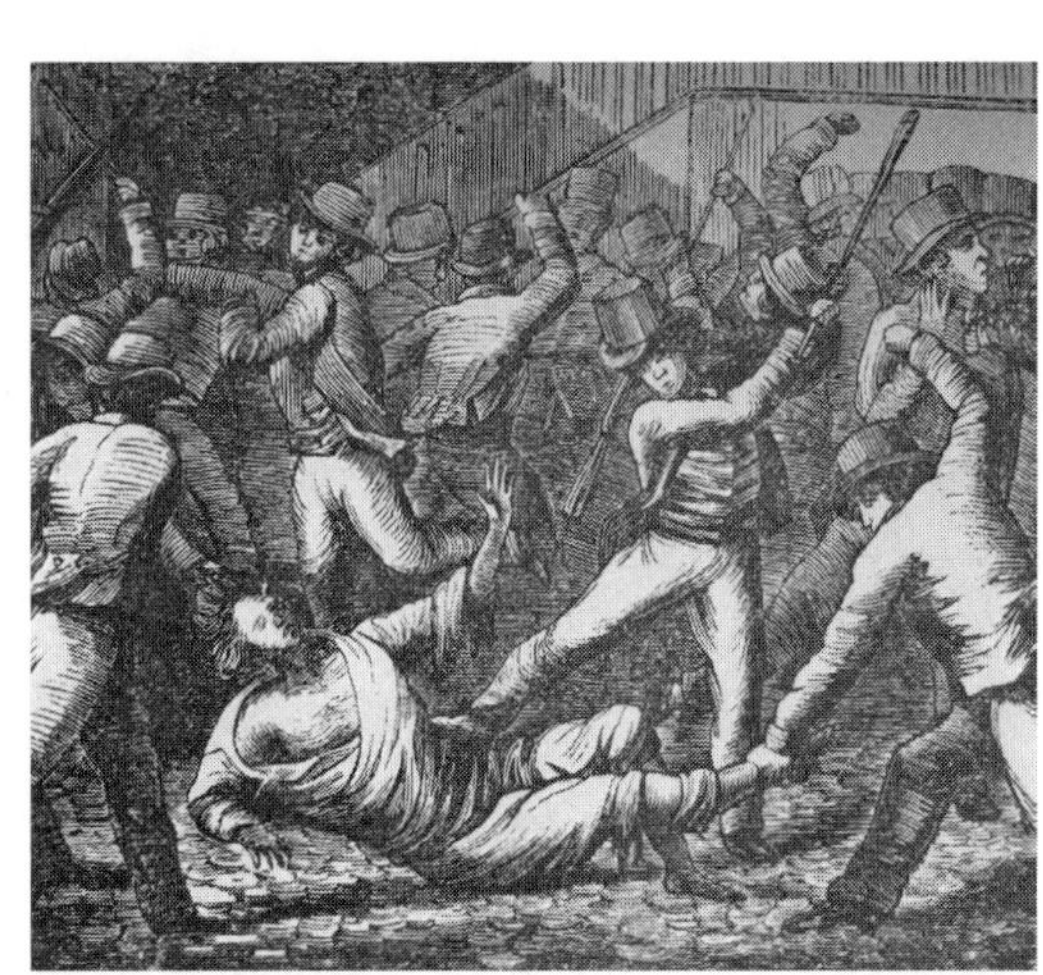

民衆に殺害されるフェルセン
作者不詳　Wikimedia Commons

たものの、生涯独身を貫いたのであった。

献身と絶望

これ以降フェルセンは影のように王妃の傍らに侍し、離れているときには書簡を交わし合った。1789年10月6日に民衆がヴェルサイユに押しかけ、王家の人々をパリに連行したとき、追従する馬車の1つにフェルセンの姿もあった。彼はテュイルリーのアントワネットの部屋に通い、共に逃亡計画を練った。「氷のような外見の下に燃えるような魂を秘めている」と言わしめた彼は私財を投じ、さらに借金までして馬車や通行証の手配をし、各地の協力者たちと連絡をとりあい国王一家をパリから脱出させたのである。1791年6月20日の夜のことだった。フェルセンはボンディまで自らが馬車を御して同行するが国王の意向でそこで別れた。そして終生これを悔いることになる。なぜなら一行は翌日ヴァレンヌで身元が発覚して、パリに連れ戻されてしまったからである。フェルセンは離れるのではなかった、なぜ自分はあのとき死んでしまわなかったのか、と後に何度も記している。

2人が最後にあい見えたのは1792年だった。ヴァレンヌ逃亡事件を手引きした彼の首には賞金がかけられていたにもかかわらず、密かに王妃を訪(おとな)ったのである。その後も彼は諦めることなくヨーロッパを駆け巡った。妹から父が病に臥したと知らせがあっても帰国せずアントワネット救出のために奔走し続けたのだった。

マリー・アントワネットの処刑後スウェーデンに戻った彼は、シュテファン・ツヴァイクの言葉を借りると「親しみ難い過酷な男」となった。愛する人を奪った「賤民」を憎み、有能であったがゆえに図らずも権力者となり圧政の象徴のごとき存在となっていたフェルセンを彼らは憎悪し返したのである。そしてついに彼は1810年に民衆に撲殺された。それは6月20日のことだった。運命の符牒(ふちょう)を感じずにはいられない。

時空を超えた不滅の恋人

2人の往復書簡でエヴリン・ファーが近年読み取りに成功した箇所には、以下のような言葉が刻まれていた。「気も狂わんばかりにあなたを愛し、そして命尽きるまで愛し続けます」（フェルセン）。「気も狂わんばかりにあなたを愛している……そしてほんの一瞬たりともあなたを愛さずにいられない」（アントワネット）。

このように2人が愛し合い信頼し合っていたことだけは確かである。もしかしたら、彼らはトリスタンとイゾルデやパオロとフランチェスカのような、時空を超えた不滅の恋人なのかもしれない。

（太田美智子）

44 アンビヴァレンツなヨーゼフ2世
――啓蒙君主？　専制君主？

ウィーンに留学していた頃、神父をめざすチェコ人青年から、「なぜそんな悪魔のような人物を研究しているのか」と問われたことがある。一方、ウィーンのプロテスタント教会の文書館のアーキヴィストは、皇帝批判本を出版した書籍商を「こんなに素晴らしい人を中傷するなんて」と断罪した。自由どこから眺めるかで、現在でも評価が分かれるのがヨーゼフ2世（在位1765～1790）だ。自由をもたらすリベラルな啓蒙君主と捉えられることもあれば、伝統的な価値を脅かす専制君主と捉えられることもある。彼の治世をハプスブルク君主国衰退の始まりとみなすか、それとも近代化の先駆けとみなすか、研究者間でも意見が割れてきた。

マリア・テレージアの即位（在位1740～1780）直後に生じたオーストリア継承戦争が繰り広げられている最中の1741年3月13日にヨーゼフは生まれた。ハプスブルク家待望の男子だったが、あと1年早ければ、戦争を回避できたかもしれない。このタイミングの悪さは、彼の生涯を通じて付いて回る。

啓蒙時代の新しい君主像

君主にとって統治の正統性を確立するメディアイメージは、いつの時代でも不可欠である。特に啓蒙の時代には新しい君主像が求められていた。神の後光は陰りを見せている。この文脈において、ヨーゼフとその弟レーオポルトが描かれた肖像画には、モンテスキューの『法の精神』が意図的に描き込まれている。ヨーゼフ2世の自己表現のスキルは、特に民衆との交流において顕著だった。彼は旅の多い皇帝だったが、その旅先で伝統的な君主と比べてより頻繁に民衆と触れあった。旅先では宿泊場所で数時間にわたり請願書を受け取り、ウィーンでも1日に数回、執務室前の巡視回廊（コントローラー・ガング）に顔を見せ、民衆から直接嘆願書を受け取った。1783年の「教書」のなかで、ヨーゼフ2世は「すべての人々に耳を傾け、公衆が各人に対してどのような意見を持っているかを特に知る」必要があると官僚に説いているが、その精神を皇帝自らが実践していたのである。

ヨーゼフ2世と弟のレーオポルト大公
絵の右側には『法の精神』が描かれている。
ポンペオ・バトーニ画、1769、油彩　Wikimedia Commons

　ほかにも民衆を助けるエピソードには事欠かない。1769年にモラヴィアのスラヴィコヴィツェで農民の鋤を手に取り畑を耕し、ボヘミアの飢饉の際は母マリア・テレージアの反対を押し切り現地視察に出かけ、1785年ウィーンのドナウ川氾濫の際には、迅速に救援活動に参加した。1766年ヨーゼフは皇室の狩猟場であったプラーターを、1775年アウガルテンを市民に開放した。アウガルテンの入り口には今でも「あらゆる人々の楽しみのために捧げられた場所、彼らを尊重する者より」という銘が残っている。1781年には検閲を緩和し、一定の言論の自由を保障した。こうして人民の皇帝、農民の皇帝というイメージは、版画やパンフレットによって強化された。

改革の副作用

ヨーゼフ2世は、啓蒙思想の影響を受け、一見するとリベラルな政策を推進した。しかしこうした政策は、抵抗運動などの予期せぬ結果を引き起こした。民衆への配慮も、ときに裏目に出ることがある。たとえば、トランシルヴァニアでは貴族に虐げられた農民に同情した結果、農民が皇帝の名を掲げて貴族に対して叛乱を起こした。また、言論の自由を広げた検閲の緩和は、結果として皇帝自身やその政策の批判につながった。

もともとヨーゼフ2世が検閲を緩和したのは、自らの改革実現に向けた戦略の一環でもあった。ハプスブルク君主国ではカトリックが事実上の国教だったが、ヨーゼフ2世はルター派やカルヴァン派、ギリシア正教徒に対しても信仰の自由を認める寛容令を発布した。この政策は、初めてプロテスタントに市民権を与えたが、カトリック教会から猛反発を招いた。1782年にはローマ教皇ピウス6世

鋤で畑を耕すヨーゼフ2世
作者不詳、1769　Wikimedia Commons

（在位1775～1799）がウィーンを訪れ、撤回を要求するほどだった。検閲緩和はカトリック教会批判のパンフレットを生み、改革をあと押しした。さらに、社会福祉の充実のために、公益に貢献していない修道院を解散し、没収財産を財源にウィーン総合病院を建設、運営させた。ただし、彼には教会を弾圧する意図はなく、啓蒙的な聖職者を活用し、地方の民衆に政策や実用的知識を広めようとした。聖職者も国家に仕え、公共の利益に貢献すべきだと考えていたのだろう。こうしたヨーゼフの考えを受け入れた聖職者は、あくまで一部にとどまった。

貴族の反発と改革の挫折

ヨーゼフ改革に最も強く反対したのは、多くの特権を享受してきた貴族だった。ヨーゼフは即位前から貴族の特権を解体し、伝統的国制に囚われず、すべての地域を画一的に扱いたいと

旧総合病院（現ウィーン大学キャンパス）内にあるヨーゼフ2世の銅像
（筆者撮影）

考えていた。貴族は所領経営において農民に肉体労働などの賦役を課していたが、ヨーゼフはこれに制限をかけ、農民の経済的自立を促進する手段を講じた。この政策は、貴族の経済的利害と対立し、特にハンガリー貴族の激しい抵抗を招いた。マリア・テレージアも農民保護を推進したが、貴族に対して配慮していた。一方、ヨーゼフはよりラディカルな実施をめざしたため、貴族との深刻な対立は避けられなかった。この改革の過程はヨーゼフの改革精神をよく表している。

ハプスブルク君主国は多言語・多文化の複合国家だったが、ヨーゼフは１７８４年に言語令を発布し、ドイツ語を一律に公務語として採用しようとした。こうした政策に民族問題の萌芽を見てとる研究者もいる。たとえば、ロバート・Ａ・カンは、ヨーゼフを穏健なナショナリストと位置づけ、19世紀後半のドイツ人主導の中央集権やドイツ文化優位論の先駆けとみなしている。一方で、ヨーゼフはこの言語令と並行して学校教育の中で各領邦語を保護した。さらに、ヨーゼフ主義に共鳴する各地方の知識人が、国民語の復興を牽引していくようになる。表面上矛盾するように見える政策であるが、ヨーゼフにとっては行政効率を最優先する結果にほかならなかった。

ヨーゼフ２世の政策や行動を深く理解するためには、19世紀以降の国民史的評価から距離をとり、時代背景を十分に考慮する必要がある。彼が統治した時代は財政的に厳しい状況であり、そのなかで彼は専制的な手法を用いて、多様な領邦が集まる複合国家を効率的な統一体国家（ゲザムトシュタート）へ変革しようとした。改革に抵抗したハンガリーと南ネーデルラントで叛乱が起きるなか、死の間際に改革の多くを撤回することとなった。彼の墓碑銘には、「よき意図を持ちながら、何事も成し遂げなかった者、ここに眠る」という言葉が刻まれている。

（上村敏郎）

45 レーオポルト2世
――啓蒙改革のもう1つの可能性

1790年夏に神聖ローマ皇帝として即位したレーオポルト2世（1790～1792）は、急進的な啓蒙改革君主であった兄ヨーゼフとウィーン体制の象徴となった息子フランツの間に挟まれ、評価が定まりにくい君主である。彼をヨーゼフと並ぶ啓蒙改革君主として扱う論者もいれば、その治世をヨーゼフ改革に対する「反動」の端緒に置く論者もいる。その理由としては、レーオポルトが皇帝即位前のトスカーナ大公時代にヨーゼフとは異なるタイプの啓蒙改革君主として一定の成功を収めながら、ハプスブルク君主としてはわずか2年あまりの治世に留まり、改革の成果を見せられないままこの世を去ったことが挙げられる。その意味では、性急すぎたヨーゼフとは異なる洗練された改革者としての経歴によって世論の期待を一身に背負いながら、彼の改革の方向性がヨーゼフのそれよりも時間を要するものであったにもかかわらず、その短い治世をヨーゼフの後始末のために費やさざるをえなかったことは彼の不幸であった。そしてまた彼の治世の間に急進化の一途をたどったフランス革命に対して牽制者として振る舞わざるを得なかったことも、改革者としての評価が定まりにくい一因であろう。

トスカーナ大公レーオポルトとその家族
ウィリアム・バーツィ画、1781 ～ 1782、ガッシュ
Wikimedia Commons

トスカーナ大公時代

トスカーナ大公時代のレーオポルトの事績としては、重農主義的な経済改革と、トスカーナ国民議会の創設を伴う憲法試案が挙げられる。トスカーナ大公国は都市国家フィレンツェの有力市民であるメディチ家が周辺の自治体を吸収合併する形で形成された大公国であるが、ハプスブルク家がメディチ家から大公位を引き継いだ18世紀前半には、メディチ君主が宮廷に引き入れた周辺都市の有力市民が農村部の土地を領有する地主貴族化し、産業資本主義に向かう時代に不可欠な国家生産力向上の妨げとなっていた。したがって1765年に大公位を継承したレーオポルトにとっての喫緊の課題は、独立自営農を創出して彼らを支援すると同時に、フィレンツェの都市共和政的伝統を復興させて非有力市民層から「パトリオータ（愛国者）」としての評価

を引き出し、地主市民層を牽制することにあったのである。１７８０年代に起草が進んでいたレーオポルトの憲法試案にある国民議会は身分別編成を持たないものであり、同時期のアメリカ合衆国憲法にも準えられる形でその先進性が評価されるが、イタリアの都市共和政的伝統に棹差すものとしても解釈できるだろう。

皇帝レーオポルト2世への期待と早すぎた死

さて、皇帝即位後のレーオポルトは、以上のようにトスカーナで培った「議会主義的伝統の重視とその民主化」という政策群を、ハプスブルク地域全土に導入しようと試みた。彼はヨーゼフの改革をいったんすべて撤回し、諸邦議会の伝統的国権を遵守することを改めて誓う一方、諸邦貴族層と対立する勢力の支援に注力したのである。ハンガリー王国地域ではドイツ系諸都市を密かに支援し、イリリア政庁やセルビア国教会の創設を認可した。ボヘミアについては賦役労働の廃止を指示し、ヨーゼフ改革に抵抗する形で独立したベルギー諸邦に対しては貴族勢力と対立する民主派と結び、１７９０年末には再びブラーバント大公として復位するに至った。

反貴族政的な意思を内に秘めながらも、慎重で立憲主義的、議会主義的な彼の姿勢には、ヨーゼフ改革を一度は支持しながらもその専制的姿勢に対する批判を強めていた多くの啓蒙知識人からの期待が集まった。レーオポルトのもとには彼らから多くの国制改革案が送られ、そこには帝国議会の創設や農民層への選挙権拡大といった民主的な提言が多く含まれていたが、それらはすべて日の目を見ることなく、レーオポルトは１７９２年春にこの世を去った。あくまでトスカーナの都市共和政的伝統のもとで培われたレーオポルトの政策群が、ハプスブルク諸邦の貴族共和政的伝統のなかで効果を発揮するにはそれなりの時間を要し、彼の余命はそれを待つにはあまりにも短すぎたのである。

後継者フランツとレーオポルトの対比

レーオポルトの早すぎる死と後継者フランツの政治姿勢は、レーオポルトの支持者たちのハプスブルク君主政からの離反を招いた。レーオポルトの秘密諜報員であったリーデルはドイツ全土での市民の決起を鼓舞する文書を流布したかどで、またマルティノビッチやハイノーツィはハプスブルク君主を廃したハンガリー連邦共和国を構想したかどで逮捕された。レーオポルトの復位による民主的改革を期待したベルギーの民主派は、やがて革命フランスによるベルギー併合を支持するようになった。ハプスブルク諸邦で「ジャコバン」と呼ばれた彼らの顚末は、フランツ治世下におけるハプスブルク帝国「反動」化への抵抗として論じられることも多い。

だが一方で、帝国はフランツ治世の間に飛び地のベルギーや西南ドイツ諸邦を放棄する代わりにアドリア海沿岸地方やザルツブルクを獲得し、１８０４年にはフランツは正式に「オーストリア皇帝」を名乗った。レーオポルトの棹さす西中欧の都市共和主義の精神を手放す代わりに、フランツ治世下のハプスブルク帝国は地域横断的な近世複合国家から、中東欧を基盤とした凝集力の高い近代王朝国家への脱皮を開始したといえる。近世と近代の端境期において、何が「進歩」で何が「反動」なのかは一概には論じ難いのである。

近代の基礎

たしかにレーオポルトは目立った改革の成果を残すことなくこの世を去った。ウィーン三月革命がその生誕日に勃発したことに見られるように、晩年には専制的な姿勢に批判が集まっていたヨーゼフの方が、啓蒙改革君主としての後世の評価は高い。またベルギーではレーオポルトの政治姿勢があまりに慎重で現実主義的だったことが早々と民主派の離反を招くことにも繋がった。だが三月革命後に現れたシュタディオンやシュメアリングによる大オーストリア的な議会／憲法案はリーデルのそれと軌を一にするものであり、マルティノビッチやハイノーツィの提唱した民族別連邦共和政思想は、後のハンガリー国制思想史に確かな刻印を残している。あるいは1830年以後のベルギー王国は、レーオポルトの復位に立憲君主政の期待を寄せたベルギー民主派の想像力の延長線上に生まれたものともいえる。仮にレーオポルトが長生きしていたとして、どの程度まで「近代的」な改革を成し遂げていたかは定かではない。だが、少なくとも彼に期待を寄せていた人々の想像力は、たしかに後のハプスブルク諸邦／継承諸邦における「近代」の基盤となっていったのである。

（阿南　大）

第Ⅵ部

19世紀のオーストリア・ハプスブルク家

46 オーストリア帝国の成立と神聖ローマ帝国の終焉
――ナポレオンに立ち向かったフランツ2世の苦闘

皇帝の併存、皇帝の兼任という異常事態

読者のみなさんは、1人の君主がヨーロッパ内で複数の皇帝を兼任する状態を想像できるだろうか。王ではなく皇帝を、である。歴史書を紐解くと、その事例はほぼ皆無であることがわかる。なぜなら、ヨーロッパ・キリスト教圏における「皇帝」（emperor）とは、「全人類の支配者」「地上の支配者」などを意味する、古代ローマ帝国の「インペラートル」（imperator）に由来するからである（ドイツやロシアでは絶対権力としてのカエサルに起源をもつKaiser/царьが使用された）。この「地上の支配者」の命令権が及ぶ範囲がインペリウム、すなわち「帝国」だった。つまり、ヨーロッパでは、395年の東西ローマ帝国の分裂という非常事態もありはしたが、基本的に皇帝はいつの時代もたった1人、帝国も1つであると想定されていた。これに対して、「個別領域の支配者」たる王（king）は、イングランド王、フランス王、スペイン王、スウェーデン王、ポーランド王……というように、枚挙にいとまがない。個別領域の支配者は何人いてもよいが、地上の支配者だけは2人いてはならなかった。

こうしたヨーロッパの常識を覆し2つの皇帝に即位したのが、ハプスブルク＝ロートリンゲン家の神聖ローマ帝国皇帝フランツ2世（在位1792～1806）であった。そして、その直接的な原因を作ったのが、フランス皇帝ナポレオン・ボナパルト（在位１８０４～１８１４）だった。ヨーロッパ君主政史において稀有といわれる１８０５年のヨーロッパ地図を見てもらいたい。前年の１８０４年にナポレオンがフランス皇帝即位を宣言した直後に、神聖ローマ皇帝フランツ２世はオーストリア帝国の成立を宣言し、オーストリア皇帝フランツ１世（在位１８０４～１８３５）を名乗っていた。従来、ヨーロッパ・カトリック圏においては、１人の君主が複数の王や大公、侯や辺境伯を兼ねることはいくらでもあった。しかし、フランツとナポレオンという２人の皇帝が併存していること、そもそもフランツ１人で２つの皇帝を兼任することなど、明らかに異常事態だった。１８０４年のオーストリア帝国成立から１８０６年の神聖ローマ帝国崩壊までのわずか２年という短い間であったが、なぜフランツは帝位の兼任という世にも珍しい出来事の当事者となったのだろうか。

フランツ2世
フリードリヒ・フォン・アマーリング画、1832、油彩
Wikimedia Commons

ナポレオンに傷つけられたプライド

フランツ2世にとってナポレオンは厄介者だった。ナポレオンほど軍事と政治の天分に恵まれた君主はそうはいない。ゆえに、ヨーロッパの覇権をめぐって、旧世界の代表者フランツは、新興勢力の代表者ナポレオンと激しく争った。ナポレオンが失脚する1814年まで、フランツが完膚なきまでにプライドを傷つけられた事件は何度もあった。

1つ目は、1796～1797年に、弱冠26歳の若き軍事司令官の奇想天外な戦略によって敗北を喫したイタリア遠征。こうしてフランスとの間にカンポ・フォルミオの和約を締結し、第1回対仏大同盟は瓦解した。2度目の屈辱は、1804年5月にナポレオンが突如、フランス皇帝を宣言した事件。3度目は、第3回対仏大同盟の結成を主導するも、1805年12月のアウステルリッツの戦い、いわゆる三帝会戦での大敗北である。直後のプレスブルクの和議により、フランツ2世はイタリアでのすべての権益を失うことになった。4度目は、イングランドとともに第5回対仏大同盟を結び万全な状態で挑んだにもかかわらず、多額の賠償金を課せられることになった1809年7月のヴァグラムの戦い。ナポレオンが歓喜に酔いしれた分、フランツは失意に沈んだ。

神聖ローマ帝国とオーストリア帝国

ところで、中世以来存続してきた神聖ローマ帝国は、七選帝侯による選挙帝政だった。現代には世襲君主政しか存続していないため想像しにくいが、選挙を通じて即位する皇帝の権威は意外にもきわめて強かった。中世の著名な哲学者オッカムのウィリアムにして、世界最強の君主政は選挙帝政とい

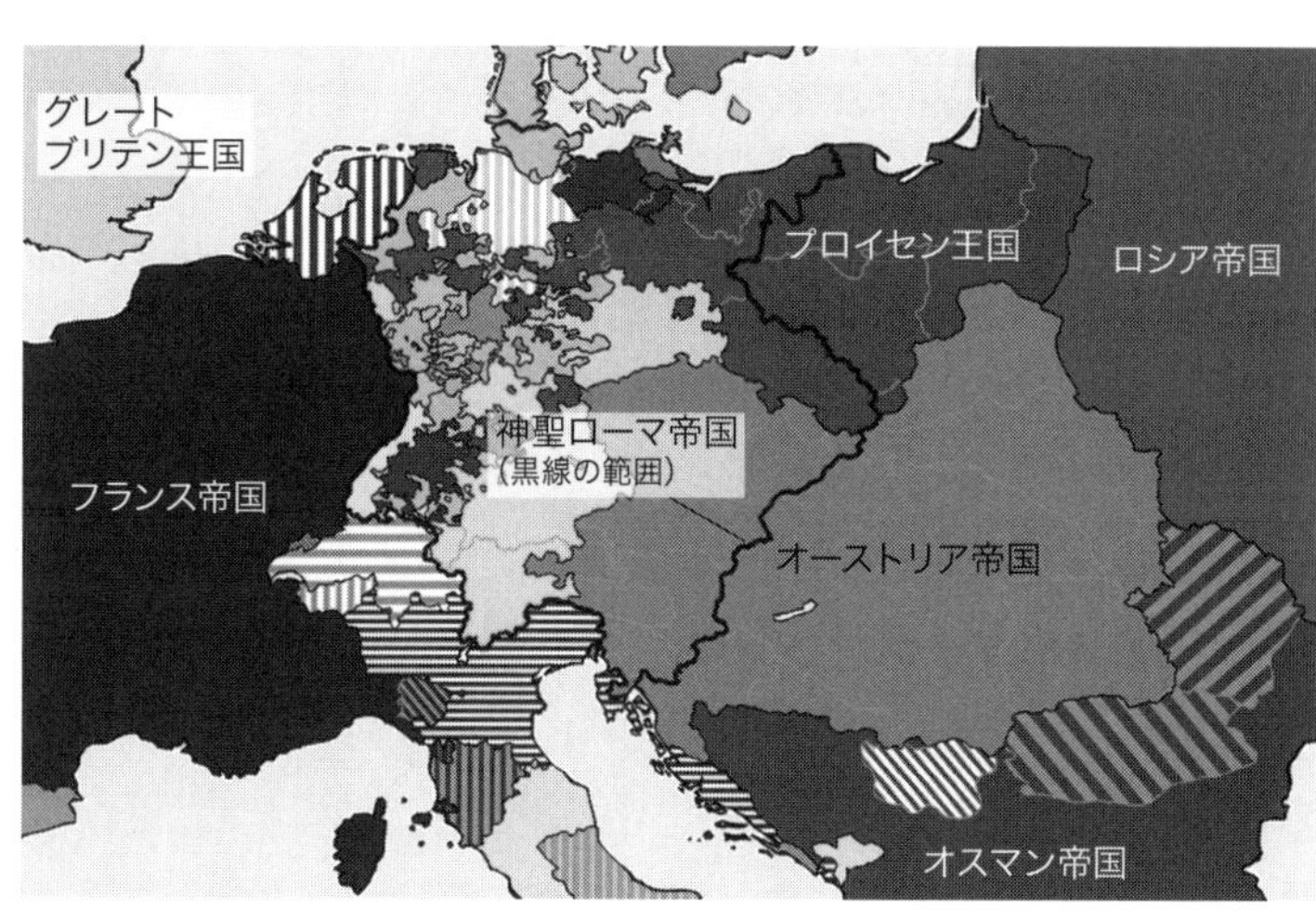

1805年のプレスブルク和議以後の神聖ローマ帝国とオーストリア帝国

わしめるほどだった。とはいえ、1526年以降はハプスブルク家（後にハプスブルク＝ロートリンゲン家）が神聖ローマ皇帝位を半ば世襲することとなった。つまり、ハプスブルク家の嫡子が選挙で選ばれるという、世襲的選挙王政が実現されたのである。

それゆえにフランツは、1804年5月18日にナポレオンがフランス皇帝を名乗るのを目の当たりにし、驚愕したことだろう。ローマ皇帝に由来しない皇帝号を称し、選帝侯ではなく人民選挙で皇帝位に就く「新参者」が現れたからである。とはいえ、この新参者の強大な軍事力と政治力は到底無視できなかった。そこで、フランツは、ナポレオンがフランス皇帝を宣言した3か月後の8月11日、フランス皇帝に比肩する君主号として「オーストリア皇帝」を自称したのだった。ナポレオンが主導権を握って神聖ローマ帝国を滅ぼしてしまう前に、機先を制したのである。神聖ローマ帝国の正式な幕引きは1806年8月6日。つまり、2年ほどの間、フランツは

2つの皇帝――神聖ローマ帝国皇帝とオーストリア帝国皇帝――を兼任したのである。

ハンガリーの勅令の意味

さて、ここで、帝国の一邦ハンガリーの1805年の勅令に着目してみよう。「神の恩寵と憐みによりて選ばれしローマ人の皇帝かつ永遠なるアウグストゥスにして、オーストリアの世襲皇帝であり、ドイツ、イェルサレム、ハンガリー、ボヘミア、ダルマチア、クロアチア、スラヴォニア、ガリツィア、ロドメリア、ラーマ、セルビア、ブルガリアの使徒王であり、オーストリア大公……たる余フランツは……」。冒頭で述べたように、1人の君主がヨーロッパの領域内で、ローマ人の選挙皇帝（=神聖ローマ皇帝）と世襲皇帝（=オーストリア皇帝）を兼任していることがわかる。

注目したいのは、同勅令でフランツは、両皇帝のみならず、ドイツ、イェルサレム、ハンガリー、ボヘミアなどの12の領邦の「使徒王」をも兼任していることである。使徒とはキリスト教の用語で、本来はペテロやパウロなどイエスの愛弟子12名に与えられた伝道者の称号だった。敬虔な信者一般をもさすことがある。まさに同勅令の「使徒王」は、強靱なオーストリア皇帝に追随する十二使徒、つまり、イエスに付き従う信徒団を暗示させる。フランツは伝統的なキリスト教世界の政治リーダーであることを最大限に強調し、明らかに新参のナポレオンを神秘的な威厳をもって見下そうとしたのである。一方、イェルサレム王、ブルガリア王など、実際に即位していない王号まで持ち出したのは、ナポレオンを脅威に感じていることの証左でもあった。

（中澤達哉）

47 ウィーン会議
──会議は踊る、されど会議は進まず

ヨーロッパ最初の大国際会議

1812年末、ナポレオンは40万の将兵を率いてモスクワ攻略戦に臨んだが、敗走した。翌年10月、ライプチヒの戦い（諸国民戦争）でプロイセン、オーストリア、スウェーデンの連合軍はナポレオン軍を打ち破り、さらにパリを制圧し、忌まわしきナポレオン体制を崩壊させた。1814年4月、ナポレオンは退位させられエルバ島に流される。5月3日、ルイ18世がパリに帰還、第一復古王政（～1815）が開始される。5月30日、フランス政府と対仏大同盟諸国との間に第一次パリ条約が結ばれる。同盟諸国はブルボン王朝の強化を望んでいたために、寛大な対応を選んだ。敗戦国フランスは1792年1月1日現在の国境を保有し、ドイツ諸邦は独立を回復してドイツ連邦を組織した。同盟諸国はフランスに対する賠償請求を放棄し、条約の細目は2か月以内にウィーンに国際会議を招集し決定することになった。

ヨーロッパの秩序回復と領土分割を図る国際会議が、ウィーンで、1814年9月18日から翌年6月9日最終議定書の締結まで行われた。会場は、シェーンブルン宮殿だった。

この会議に参加した主な国は、ナポレオン勢力を壊滅させるのに最大の軍事力を発動した戦勝国、

イングランド、オーストリア、プロイセン、ロシアの4大国であり、さらにスウェーデン、ポルトガル、スペインなどであった。この3か国はすでにパリ条約に調印した国だった。ヨーロッパ史上初の大がかりな会議であり、およそ200の国・侯国・大都市の代表が参集し、その会議関係者は1万人を超えると言われた。ロシアのアレクサンドル1世、プロイセンのフリードリヒ・ヴィルヘルム3世、イングランドのカスルーレ外相、およびワーテルローの戦い（1815年6月）でナポレオン軍を粉砕しロンドンで凱旋行進を指揮することになるイングランド陸軍の英雄ウェリントン公爵、少し遅れて参加したフランスのタレーラン外相などを嚆矢として、その他ヨーロッパの多くの大君主や小王侯たちが、このときとばかりに多数の廷臣、政府高官、貴婦人などを従えて姿を見せた。

この国際会議や、さらに会議の舞台裏の外交交渉を取り仕切った議長は、主催国オーストリアの外相クレメンス・フォン・メッテルニヒ（1820年に宰相就任）であった。会議といっても、総会のような全体会議は開かれないまま、まず4大国は主導権を握り、ヨーロッパの領土的再編を取り決め、パリ条約に参加した3か国の主張を取り上げる意図はなく、事後承認で済ませればそれでよしと考えていた。しかし、遅れて参加したフランスのタレーラン外相は、こうした4大国優先主義的な会議進行方式に疑義を示し、しかも蚊帳の外に置かれてしまった3か国側の不満を聞きつけて、この3か国の味方をするわけでもなく、それを方便にして、実に巧妙にもフランスを4大国のメンバーに組み入れることを主張する。そして、1815年1月7日、大国として復活を許されたフランスを対等の構成国とする、5大国委員会（ペンタルキー）を立ち上げることになったのである。

ウィーン会議
ジャン＝バティスト・イザベイ原画、19世紀
Wikimedia Commons

決定した議案

重要な議案は、ロシア帝国のポーランド領併合要求と、プロイセン王国の全ザクセン併合要求であった。この2大国が会議に首席全権を送り込みながらも、君主自らも参加したのは、この要求貫徹のためであった。これに対して急遽、イングランド、オーストリア、フランスは秘密同盟を結び、両大国に反対の構えを見せ、それもあまりにも強固な姿勢だったために、一歩間違えれば戦争勃発かと思われるほど緊迫した状況になった。結局、ロシアが譲歩して、ワルシャワ大公国を同君連合王国として支配下におさめることにしたので、危機は回避された。さらに、ロシア皇帝が大公を兼ねているフィンランド大公国が承認され、オスマン帝国からベッサビアを獲得する。また、ロシアと同様に譲歩したプロイセンもザクセン王国の北半分だけに留まり、その代わりにラインラント、ウェストファーレンを獲得し、スウェーデンから西ポンメルンを獲得する。

メッテルニヒの肖像
フランツ・アイブル画、1830年頃、リトグラフ
Wikimedia Commons

その他の主な議定内容としては、イングランドはフランスからマルタ島を獲得し、オランダからセイロン島とケープ植民地を獲得する。オランダは、ベルギーを併合してネーデルラント連合王国をつくり、オーストリアから旧ルクセンブルク公領の大部分を含む南ネーデルラントを獲得する。フランス王国は、セネガルを植民地に、ブルボン朝の復活とフランス革命前の版図を回復する。オーストリア帝国は、旧神聖ローマ帝国領の大部分にあたる35君主国と4自由都市でドイツ連邦を構成し、オーストリア皇帝をその盟主とし、ベルギーを失った代わりに、チロル、ザルツブルク、ケルンデンなどを獲得したほか、イタリアのロンバルディア、旧ヴェネツィア共和国、トスカーナ、モデルナを支配下におさめた。スウェーデン王国は、デンマークからノルウェーを獲得し、スウェーデン＝ノルウェー連合王国を樹立する。サルデーニャ王国は、旧ジェノバ共和国領を獲得する。スイスは5州を獲得し、永世中立国の保障を受けた。

こうした領土上の取り決め以外に、奴隷売買禁止、国際河川の自由航行の相互承認、外交上の席次の確認といった内容も議定書に盛られた。

会議の成果

この会議の議長であるメッテルニヒは、ナポレオンの失脚以降のヨーロッパを旧体制に戻すことを目指していた。具体的には、大国による「勢力均衡」とフランス外相のタレーランが主張する「正統主義」であった。

そのために各国の利害が衝突し、有利な条件の獲得を狙って相互に腹を探り合い、なかには敵陣営の出方を探るためにスパイを放った国もあったという。したがって、会議はスムーズに進捗せず、すこぶる評判の悪い権謀術策を旨とする舞台裏の饗宴外交に業を煮やして「会議は踊る、されど会議は進まず」と揶揄する名言が飛び出す始末だった。

ところが、1815年3月、エルバ島を脱出したナポレオンがフランスに上陸し、急遽ルイ18世がパリから避難したという電撃的なニュースが会場に伝わった。混乱と騒然の真っ只中で、同年6月9日、イタリア領土の取り決めに反対するスペインを除いて、主要7か国は最後の議定書の調印に漕ぎつけたのだった。ナポレオンの「百日天下」は、6月のワーテルローの戦いで敗れたために、あっけなく頓挫してしまった。彼はイングランド軍に投降し、セント・ヘレナ島に流され、1621年5月、この島で亡くなった。

それにしても、メッテルニヒの「勢力均衡」政策は、たしかに寄る辺なき小国の運命に配慮したと言いながらも、傲慢な大国の覇権主義を無条件に容認する18世紀の遺物と思われがちだが、戦争を仕掛ける軍事力を保持している大国が戦争に対して二の足を踏み、戦争を回避して平和を望むようになったのだった。ウィーン会議から1914年6月28日のサライェヴォの1発の銃声によって引き起こされた第一次世界大戦まで、とにかく平和が続いたのである。

（川成　洋）

コラム 18

ウィーン体制

辣腕外交の名手メッテルニヒの指導のもとに実ったウィーン体制（1815〜1848）は、確立されたヨーロッパの大国の恣意的な勢力均衡のもとに平和を享受しようとするものだった。それにしても、勢力均衡はあくまでも大国の利害を中心にして、数多くの弱小の国々の犠牲の上に実現された体制であった。このウィーン体制は、「メッテルニヒの時代」とか、ウィーン体制を終息させた1848年3月革命の前の時代として「三月前期」とも、またその時代のウィーン市民の生活や文化の特徴から「ビーダーマイアの時代」とも呼ばれている。もちろん、この体制を容認しない自由主義や民族主義運動は徹底的に弾圧された。

さらに1815年9月26日、ウィーン体制の精神的紐帯として、ロシアのアレクサンドル1世が提案した3大保守王国（ロシア・オーストリア・プロイセン）による神聖同盟を結成する。これは、キリスト教精神に基づいて平和を維持するという謳い文句であったが、本当の狙いはフランスの勢力拡大に対する監視と防禦、自由主義や民族主義への糾弾と抑制であった。

ところで、オーストリアは対ナポレオン戦争に多大な軍資金を投入したために、国家財政の破綻を表明せざるをえない情勢であった。それまでふんだんに発行していた大量の銀行券を統制できなくなり、1816年、こうした混乱を解決するために、「特権自立銀行」の設置、銀貨通貨への転換と「会議銀貨」の鋳造などによって辛うじて克服できたのだった。

ウィーン市民の生活

復古体制維持を最優先政治目標とするメッテル

《日曜日の散歩》
ビーダーマイア時代の典型的な表現の絵画。
カール・シュピッツヴェーク画、1841、油彩　　Wikimedia Commons

ニヒと警察長官ヨーゼフ・セドルニツキィ伯爵は、警察体制ならびに検閲体制を強化して、革命を誘発するような思想の流入阻止、不審な外国人のチェックと拘束、国内の政治的活動および動向の監視と取り締まりなどに強権的に取り組んだために、市井の国民は現実の政治から隔離されてしまった。そのうえ、当時のオーストリアの財政的破綻状況から招来したのだろうが、ヨーロッパ諸国の資本主義的発展からも取り残されていた。

彼らはつつましい生活を強いられながらも、その中で自分の生きるべき途を摸索したのだった。とりわけウィーンにおいては「ビーダーマイア文化」と呼ばれる生活様式で暮らしていた。これは、その時代の芸術様式、建築様式、家具調度様式、服装などあらゆる分野に関わっていた。とりわけ家族が中心となって音楽を楽しむ「家庭音楽」が広範囲に流行り、やがてさまざまな「歌唱協会」や「シューベルト協会」が設置され、さらにヨーゼフ・ランナーのワルツ、ヨハン・シュトラウス親子のウィーナーワルツ、フランツ・シューベルトの歌曲などが好まれ、小規模の舞踏会も大いに流行った。

ウィーンの社会生活

ウィーンには次第に人口が増えていった。ちなみに、1830年の31万8千人から、1838年には43万人に急増した。農奴制が廃止され、農村から職を求めてウィーンに流入する非熟練労働者が増大し、これらの俄か労働者の職住環境の劣化、工場の機械化による大量解雇、食料の不足と価格騰貴、慢性飢餓といった状況が日常茶飯事となった。それにもかかわらず、相変わらず市の周辺にたくさんの工場が建ち、市の公的な人口統計に入らない流民たちが城壁の外側に蝟集する。こうした労働者たちの現状に市当局、あるいは政府当局もまったく無関心、無対応だった。彼らに同情したのは学生や若手労働者たちであった。

1848年3月23日、パリの二月革命の影響を受けて、ウィーンの学生たちが行動を起こす。それに支援する労働者が加わり、ウィーンで最初のデモ隊が議事堂を目指す。危機を感じたメッテルニヒは軍の出動を命ずる。軍の発砲で3人が死ぬ。バリケードが至る所につくられ、軍とデモ隊のにらみ合いや闘争が続く。学生や若い労働者たちの果敢な活動に共鳴した労働者がどんどん集まり、身近な道具で武装し市内に突入しようとした。かつて、130年ほど前、20万人のオスマン・トルコ軍の攻撃（第二次ウィーン包囲）を抑えた城壁が、今やウィーンの若い労働者たちの攻撃を阻んだのだった。これがウィーン体制を終息させた「三月革命」だった。これでメッテルニヒは辞任を決意し、変装してウィーンから脱出し、ロンドンへ亡命した。

（川成　洋）

48 フランツ・ヨーゼフ1世
――ハプスブルク家最後のあだ花

1830年8月18日、オーストリア皇帝フランツ1世の次男フランツ・カール大公に、待望の長男フランツ・ヨーゼフが誕生した。後に「宮廷でたった1人の本当の男」と称されるほど政治力に長けたゾフィー妃は、幼い頃から長男に徹底的に帝王学を学ばせた。軍事はもちろん、宗教や哲学、歴史、地理、数学に加え、多民族国家オーストリアを束ねるために母語ドイツ語以外にハンガリー語、チェコ語、イタリア語、そして外交のためのフランス語も必須であった。即位前には、イタリア戦線のラデツキー将軍のもとで実戦経験も積んだ。

シシィとの結婚と不遇

1848年に18歳で即位（在位1848～1916）すると翌年、皇帝は抵抗を続けるハンガリーを徹底的に弾圧し、百人以上が処刑された。このときの恨みによって4年後彼は襲撃を受け、傷は後頭部の骨に達したが一命をとりとめた。1853年のこのテロの当日、ゾフィー妃の妹バイエルン公爵夫人ルドヴィカはフランツ・ヨーゼフの見合い相手である長女ヘレーネを伴ってウィーンを訪れていた。しかし、この騒ぎでそのまま帰国。再びその席が設けられたとき、皇帝は姉娘ヘレーネではなく一緒に来た16歳の妹シシィ（エリーザベト）に魅せられてしまう。初めて母の意に逆らった彼は、シシィが求婚を受け入れたことを知って天にも昇る気持ちだった。

1854年4月に2人はウィーンで式を挙げた。美しい皇妃は人々に好意的に迎えられるが、それはまた、厳格な宮廷作法を身に付けさせようとする義母ゾフィー妃との確執の始まりでもあった。しかしフランツ・ヨーゼフにはゆっくり妻の気持ちに向き合うだけの時間的・精神的余裕はなかった。前年に始まったクリミア戦争（1853～1856）、経済恐慌（1857）、イタリア独立戦争、そして敗戦（1859）。皇帝として対処しなければならない案件が目白押しだったのである。

我が子さえ自分で育てられずに、すべてのスケジュールが義母ゾフィー妃によって決められていくなか、シシィは病み、1860年マデイラ島での転地療養を決める。これが生涯を通して続く彼女の放浪の旅の始まりとなった。夫婦仲は修復できず、皇帝は皇后も認める女優カタリーナ・シュラットを愛人とした。

フランツ・ヨーゼフ1世とシシィと子どもたち
エドゥアルト・カイザー画、1856、リトグラフ
Wikimedia Commons, public domain

二重帝国の誕生

その頃、プロイセン王国の用意周到な鉄血宰相ビスマルクは、オーストリアを排除したプロイセン中心のドイツの成立を虎視眈々と狙っていた。見事に彼の術中にはまったフランツ・ヨーゼフは、普墺戦争（1866）で決定的な敗北を喫し、ビスマルクの目論見どおりドイツ連邦は解体して、オーストリアはドイツの盟主の座から転落した。

国家としての新しい形を模索するなかで、ハンガリー贔屓（びいき）の皇后の後押しもあり、コッシュートらハンガリー国内の急進派の反対を抑えて1867年アウスグライヒ（妥協）が成立、ハンガリーに譲歩する形でオーストリア＝ハンガリー二重帝国が誕生した。オーストリア帝国とハンガリー王国はそれぞれ自立した政府を持ったが、依然としてフランツ・ヨーゼフ皇帝は大きな権限を保持していた。注意すべきはこの時点でのオーストリアもハンガリーも現在の国家規模ではなく、前者はボヘミア、モラヴィア、ガリツィア、シレジア、ティロル、ダルマチアなどを、後者はクロアチア、トランシルヴァニア、スロヴァキアなどを含んでいた。つまりオーストリアのドイツ人とハンガリーのマジャール人の間の「妥協」であったため、スラヴ人やイタリア人等、他の民族の不満は募った。

それを和らげるために自国語の使用を許す「言語令」が次々と発せられた。スラヴ地域のボヘミアとモラヴィアでは1880年のターフェ言語令により、役所の窓口ではドイツ語とチェコ語を対等にするとされた。その17年後に出されたバデーニ言語令では、結果的にこの地域のすべての官吏はこの両言語を理解しなければならないことになり、ドイツ系住民の猛反発を招いてフランツ・ヨーゼフは帝国の首相バデーニに内閣総辞職を命じた。この言語令の撤回は、今度はプラハでの暴動を呼び、国内は混乱に陥った。このように、多民族国家という性格上、常に難しい舵取りを迫られながらも、オーストリア＝ハンガリー二重帝国は第一次世界大戦の終了時まで続いた。

ウィーンの都市開発と世紀末文化

外交と軍事では失敗続きのフランツ・ヨーゼフであったが、1857年ウィーン市の大規模な都市開発プランにサインしたことは後世、評価されている。市を巡る城壁は、オスマン帝国軍による2度のウィーン包囲（1529、1683）のときには大いに役立ったが、19世紀に入るとナポレオンの侵攻やウィーン革命時にはかえって不利に働いた。先述した皇帝暗殺未遂事件もここで起こった。そこで市壁を撤去して環状道路（リングシュトラーゼ）を敷設し、1869年に完成した帝室オペラ座を皮切りに、帝国議会議事堂、市庁舎（いずれも1883）、新ウィーン大学（1884）、新ブルク劇場（1888）と多くの公共建築物が建てられていった。市が整備され面積が増える

フランツ・ヨーゼフ1世
Carl Pietzner / Wikimedia Commons, public domain

とともに、他地域からの人口流入も増え、ウィーン市は飛躍的な人口増を遂げる。
それに伴い帝国内のさまざまな民族の文化が融合し、いわゆる「ウィーン世紀末文化」が花開いた。なかでもユダヤ人は文学、学問、音楽など各方面で活躍し、また出資者としても幅広く影響を与えた。しかし根強い反ユダヤ主義は、1873年ウィーン万博のさなかに起こった株価大暴落を契機に強まった。反ユダヤ主義者のカール・ルエーガー（キリスト教社会党）のウィーン市長就任をフランツ・ヨーゼフは3度にわたって拒否したが、4度め（5度め、という説もある）にはそれを認めざるをえなかった。

あらゆる不幸が私を襲う

フランツ・ヨーゼフは、常に「去られる」側だった。弟マクシミリアンはヨーロッパでは叶わぬ「皇帝」という座をアメリカ大陸のメキシコで望んだために彼の地で銃殺され（1867）、唯一の男子である皇太子ルドルフは、表向きは心中だが暗殺とも噂される非業の最期を遂げた（1889）。絶世の美女とうたわれ、国民、特にハンガリー人に絶大な人気を誇った妻エリーザベト（シシィ）には、わずかな時を除いてともに暮らすことさえ拒否された。それでも常に手紙を送り合っていた彼女が、旅の途上スイスで無政府主義者によって刺殺されたとき（1898）、「あらゆる不幸が私を襲う」と嘆くしか彼にはすべがなかった。

けれどもそんな彼には、絶対に守り通さなければならないものがあった。それは、さまざまな地域の民族と言語の危ういバランスをとりつつ何とか機構を保ってきた、オーストリア帝国そのものである。彼にはビスマルクはいなかった。同じ理想をもって帝国をともに担ってくれる皇后も皇太子もおらず、気さくで人気者の弟には、ときに嫉妬や猜疑の目を向けなければならなかった。敵は国外（プロイセン、フランス、ロシアなど）だけではなかった。国内の民族主義とのせめぎ合いのなかで、あるときは強硬に対処し、またあるときは妥協をみせながら、たった1人で帝国を維持しようと戦う彼に、帝国内の民はその立場により、主権と庇護という相反するものを求めて、敬愛したり憎んだり攻撃したり揶揄したりした。それらをあるいは受け止め、あるいは無視しながら、彼は何とか領邦国家としての生き残りの形を模索した。その結果としてのアウスグライヒであり、言語令であった。

18歳で帝位について以来、彼は午前4時、ときには3時半に起きて5時から政務を執ることを常とした。自分勝手な君主や、遺伝的要因でこれを全うできない君主が多いハプスブルク家の人々のなかで、彼のように誠実にその職務に相対した者はどれほどいただろうか。ある意味で、彼はハプスブルク朝が最後に咲かせたあだ花であった。しかし悲劇は続き、1914年6月28日、皇位継承者である甥フランツ・フェルディナント大公夫妻がサライェヴォで暗殺される。これにより、皇帝としてセルビアに宣戦布告。第一次世界大戦が勃発することとなった。帝国の終焉を意味するこの決断の結果を見届けることなく、1916年11月21日、86歳の老皇帝は静かに息を引き取った。人生からの劇的な退場を余儀なくされた弟や一人息子、そして妻にはけっして成しえなかった務めを果たして。わずかに命脈を保っていた650年にわたる彼の帝国は、その2年後に完全消滅の日を迎えたのである。

（志賀裕美）

コラム19

メキシコ皇帝マクシミリアン1世――ハプスブルク家の矜持（きょうじ）

1867年6月19日の午前7時5分過ぎ、メキシコ南部のケレタロの鐘の丘でメキシコ皇帝マクシミリアン1世が銃殺刑に処せられた。即位後わずか3年のことである。

ナポレオン3世の火事場泥棒

メキシコは1822年のスペインからの独立以来、44年間で大統領が40人代わっている。これはもはや内戦と変わらない。各派は戦費獲得のためにヨーロッパ各国に銅、錫の採掘権などの権益を売り飛ばす。外債は膨れ上がる。

そんなとき鋼鉄の男ファレスが大統領となる。彼は教会財産の没収と外債支払停止を宣言する。この突然のモラトリアムに驚いたのは、フランス皇帝ナポレオン3世である。彼はスペイン、イングランドと謀り、ファレス政権打倒を掲げメキシコに出兵する。折しもアメリカは南北戦争の真っ最中で、この火事場泥棒はうまくいき、ファレスは政権を追われた。

そこでナポレオン3世はメキシコに新たに帝国を創建し、皇帝にはヨーロッパのしかるべき王室のプリンスを据えるというプランを立てる。このころになるとイングランドとスペインは利あらずと手を引いており、このメキシコ出兵はフランス単独となっていた。おのずと新皇帝の人選はナポレオンに任せられた。

マクシミリアンの野心

彼が白羽の矢を立てたのは、オーストリア皇帝フランツ・ヨーゼフ1世の2歳下の弟マクシミリアン大公である。ハプスブルク家はカール6世のとき、相続順位法により長子単一相続制を正式に導入した。つまり、マクシミリアンにとって兄帝とのわずか2歳という指呼の間は、千里の径庭となるのだ。なぜ自分は皇帝になれないのか、とマクシミリアンは日々、野心の虫に魂を食い破られていた。

彼の妃シャルロッテはベルギー王レーオポルトの娘である。王はドイツ300諸侯のなかでどうということのないザクセン・コーブルク家の出だが、同家は小が大を食らう形で、イングランドのビクトリア女王をはじめとして華麗な王朝ネットワークを築き上げた家である。初代ベルギー王になったレーオポルトも野心満々の人物であった。こんな父の気質をそっくり受け継いだシャルロッテは、自分の夫マクシミリアンが陛下と呼ばれないことに鬱々として楽しまぬ日々を送っていた。

2人はナポレオンの申し出に飛びついた。マクシミリアンはオーストリア皇位継承権を放棄してまで、はるかメキシコまでやってきたのだ。しかし自前の軍隊も官僚組織も何ひとつない典型的飛び入り皇帝である。しかも頼みのフランス軍は野に下ったファレスが仕掛ける執拗なゲリラ戦に手を焼き撤兵してしまうのだ。

マクシミリアンとシャルロッテ
撮影者不詳、1857　　Wikimedia Commons

マクシミリアン1世の処刑
撮影者不詳、1867年6月19日
Wikimedia Commons

誇り高い最期

このとき、マクシミリアンは海外逃亡を考えたか？　否、誇り高い彼はメキシコに留まり、自立の道を歩もうとする。むろん、無理な話であった。たちまちファレス軍は首都メキシコ・シティを落とし、マクシミリアンをケレタロで逮捕する。

一方、局面打開のためにヨーロッパに渡ったシャルロッテはにわかに精神闇に包まれ、実家のとある城に60年近く幽閉されることになる。

マクシミリアンは死を従容（しょうよう）として受け入れることにした。彼は処刑前に「私の流される血がこの国の幸福に繋がらんことを望む！　メキシコ万歳！　独立万歳！」と威あって猛からぬ、真の王者のように声を張り上げた。これはハプスブルクに生まれたもののせめてもの矜持だったのかもしれない。

（菊池良生）

49 皇妃エリーザベト

——美貌の皇妃が現代に問いかけるもの

ヨーロッパ有数の観光都市ウィーン。この街の中心部には多くの土産物店が軒を連ねている。それらの店内には、グスタフ・クリムトの絵画やモーツァルトの肖像を付したさまざまなグッズが並ぶ。さらにもう1人、ウィーンの土産物にプリントされる定番の「アイドル」がいる。19世紀ハプスブルク帝国の皇妃エリーザベトである。彼女の美しい肖像は、皇帝フランツ・ヨーゼフや女帝マリア・テレージアといった歴代の君主をしのぐ商品価値をウィーンの観光業にもたらしている。かつての皇帝の居所ホーフブルク王宮には、彼女の名前を冠した博物館（シシィ・ミュージアム）が併設され、連日多くの観光客でにぎわっている。政治や国家の第一線で活躍したわけでもない皇妃エリーザベト。その彼女が死後120年を経ても「ウィーンの顔」となっているのはなぜなのだろうか。

オーストリア国民の歓迎と重圧

エリーザベト（愛称シシィ）は、1837年にバイエルン王国の公女として生まれた。自然をこよなく愛す純真無垢な少女は、15歳のときにいとこであるオーストリア皇帝フランツ・ヨーゼフ（在位1848～1916）に見初められ、翌年、ハプスブルク帝国の皇妃としてウィーンに迎えられた。隣国から輿入れした愛らしくチャーミングな皇妃をオーストリアの国民は熱烈に歓迎し、皇室に新風を吹かせる若き「帝国の母」として期待は高まった。

しかしその重圧は、繊細な性格の持ち主であったエリーザベトを苦しめ、多感で未熟な少女に皇妃の務めは荷が重かった。伝統と規則を重んじる旧態依然の宮廷生活にも、彼女はなじむことができなかった。やがて心身の疲弊とともに彼女が公の場に現れる機会は減り、王宮を離れ遠方へ旅に出ることが多くなった。公務を投げ出し旅に明け暮れる流浪の皇妃。彼女の奔放さに対する世間の目は冷たく、帝国の財政状況を顧みない高額の旅費にも批判が向けられた。ハプスブルク家と因縁を抱えるハンガリーに入り浸ることも、オーストリアの人々の神経を逆なですることになる。

その一方で、美しさと気品は成長とともに磨きがかかり、ヨーロッパ随一と噂される彼女の美貌は国の内外で評判となった。しかし、年齢とともに進む外見の衰えに抗うことはできず、一人息子ルドルフの自殺（1889年1月）による心痛も重なり、皇妃の帝都不在はますます長期化する。帝国内でその影がすっかり薄くなっていた1898年9月、皇妃が旅先のジュネーヴで無政府主義者の凶刃に倒れたという悲報が世間を驚愕させる。この暗殺事件は、人々の脳裏から消えかかっていた彼女の端麗な容姿を改めて思い出させる契機となった。息子に続く彼女自身の非業の死、さらには残された皇帝への哀れみと同情から、「国母エリーザベト」はこのとき実体以上に美化されることになる。それから20年後、長きにわたり栄華を誇ったハプスブルク帝国も滅亡を迎えた。過ぎ去りし帝国の時代を伝える遺物は多く残るが、皇妃エリーザベトの華麗な肖像画もその1つといえよう。

ハンガリー王妃としての戴冠式に臨む皇妃エリーザベト（1867年）
Emil Rabending / Wikimedia Commons

大衆文化で再び脚光を浴びたシシィ

第二次世界大戦後、エリーザベトは大衆文化を通して再び脚光を浴びる存在となる。最初の火付け役となったのが映画《プリンセス・シシィ》3部作（1955～1957）である。この作品には史実とは異なる要素が多く含まれているものの、ロミィ・シュナイダー演じる健気で真っすぐなエリーザベトの姿は観る者の共感を呼んだ。1980年代になると、未公開史料に基づいたブリギッテ・ハーマンの伝記がエリーザベトの知られざる実像を明るみに出し、この著作に着想を得たミュージカルが新たなブームをもたらした。ウィーンで制作されたミュージカル《エリザベート》は、1992年の初演以来、世界各国の劇場で上演され、いまだに高い人気を博している。脚本・作詞ミヒャエル・クンツェ、作曲・編曲シルヴェスター・リーヴァイのコンビが手がけたこの作品は、とりわけ日本の女性層の間で根強い人気を誇る。同作は、宝塚歌劇（1996年～《エリザベート――愛と死の輪舞――》）と東宝（2000年～《エリザベート》）でバージョンアップをくり返しながら公演を重ね、2023年現在、上演回数は双方合わせて2

皇帝がエリーザベトのために建造した皇室別荘ヘルメス・ヴィラ（筆者撮影）

500回を超える大ヒット作品となっている。ミュージカルの成功によりエリーザベトの知名度は一気に増し、関連する出版物やグッズ、彼女を主人公にした映画やドラマの新作も続々と登場している。オーストリアやハンガリーに点在する彼女ゆかりの別荘も、ミュージカルの恩恵を受け今も人気の観光スポットとなっている。

現代の女性への問いかけ

では、ミュージカル《エリザベート》はなぜ現代の女性たちの心をつかんだのだろうか。長年にわたり人気を保ち続ける秘訣はどこにあるのだろうか。舞台作品としての洗練された構成や巧みな演出、多彩な楽曲の魅力、個性的な登場人物の躍動と配役の妙にその理由があるのはもちろんのことである。絶世の美女と擬人化された「死」（黄泉の帝王トート）との愛憎劇という奇抜なシナリオも、エンターテインメント作品としての成功を導いたカギといえよう。しかしやはり何といっても、舞台上で再現される皇妃エリーザベトの生きざまそのものに魅力が潜んでいると見ることもできる。つまり、彼女の波乱に満ちた生涯には、現代を生きる女性が心を動かされ同感するテーゼがいくつも含まれており、それがミュージカルを介してダイレクトに伝わってくるのである。

たとえば、エリーザベトは「女の一生」はどうあるべきかを、現代の女性へ向けて暗に問いかける。人生に幸福をもたらすはずの恋愛、結婚、育児、家庭、それらをめぐる理想と現実の狭間でエリーザベトは苦しみ抜いた。純愛に憧れる無垢な少女が男前の青年皇帝に一目惚れされ、大帝国の妃として迎えられるシンデレラ・ストーリー。ところが、その先に待ち受けていたのは幸せいっぱいの結婚生活ではなく、夢焦がれていた理想の家庭は蜃気楼のごとく消え失せていた。宮廷社会特有の事情があったとはいえ、夫婦の価値観の隔たり、姑との不和、相手の「家」の居心地の悪さ、子供たちとの微妙な心の距離など、彼女が直面した現実は時代や身分にかかわらず普通の女性にも起こりうる事柄であった。そういう意味では、エリーザベトはおとぎ話の世界に出てくるお姫様ではなく、リアルな世界に生きる生身の女性であった。夫婦や親子の関係はどうあるべ

ウィーン・フォルクスガルテンのエリーザベト記念像（筆者撮影）

きか、女の幸せとは何か、美しくなることの意味とは何か、仕事と家庭はどう両立できるのか。エリーザベトの葛藤は、今日の女性が向き合う人生の悩みとさほど大きな違いはないのかもしれない。

自分らしく生きるとは

また、何事にも「自由」を優先させたエリーザベトの生き方は、さまざまなしがらみと束縛のなかで生きる現代の女性に向け、自分らしく生きるとはどういうことか、自問自答を迫っているようである。彼女にとってその答えは、「美」であり「旅」であり、自分に正直に生き、好きなことにとことん熱中する「私」の追求であった。たしかに彼女の行動は、ときにわがままで傲慢で自分勝手であった。しかし彼女は誰よりも自分の心に正直な人間でもあった。「私のように自由に自分らしく生きたいですって？　地位も財力も外見も私に及ばないあなたたちは、それをどうやってつかむの？　自分らしさをどうやって守るの？」もし彼女がこう尋ねてきたとき、あの時代よりもはるかに自由で個性が尊重される現代に生きる我々は、何と答えることができるであろうか。

その地位によって自由を奪われ、逆にその地位を利用して自由を奪い返したエリーザベト。彼女は他人にどう思われるかよりも、まず自分がどう思うかを大事にした。「他人が自分を見る目」を気にするあまり、「自分を見る自分の目」が曇っていないか。自分は何をしたいのか、どう生きたいのか。なぜそれが実現できないのか。自分自身との向き合い方を、彼女は我々に問いかけているのかもしれない。

（大井知範）

50 皇太子ルドルフ
——「マイヤーリング」の謎

早熟な知性と改革への思い

ルドルフは1858年8月21日、皇帝フランツ・ヨーゼフの長男として生まれた。長女ゾフィーと次女ギゼラにつぐ3人目の子供であったが、帝位継承者となる初の男子の誕生に国中が喜びにわいた。当時20歳の母エリーザベト（シシィ）はウィーンの宮廷生活になじめず、心身を病んで大西洋のマデイラ島に療養に出かけ、子供たちの養育は皇太后ゾフィーに任せきりであった。ルドルフが6歳になると宮廷のしきたりで、乳母のヴェルデン男爵夫人や姉ギゼラからも引き離され、教育係となったレオポルト・フォン・ゴンドルクールの軍隊式教練に委ねられた。

虐待ともいえる過酷な指導により、死をも危ぶまれるほどだったルドルフを救ったのは、久しぶりに帰国した母エリーザベトであった。コルフ島での滞在を経て健康を取り戻した皇后は、息子の衰弱ぶりを見て驚き、1865年8月夫フランツ・ヨーゼフに「最後通牒」を突きつけ、子供の養育に関して全権を要求した。エリーザベトが後任に選んだ開明派の軍人ヨーゼフ・フォン・ラトゥールは、国民経済学者カール・メンガーをはじめ、オーストリアを代表する学者たちに皇太子の教育を担当さ

シュテファニーとルドルフ
撮影者 Jules Géruzet、1881　Wikimedia Commons

せた。早熟な知性を持つルドルフは早くから自由主義的な考え方を身につけ、ハプスブルク帝国の現状にも疑問を抱くようになった。ルドルフとメンガーが共同で執筆し、1878年に匿名で出版したパンフレット『オーストリア貴族の国政上の役割』では、国家への義務を忘れ、乗馬や狩猟、舞踏会などの娯楽にしか興味を持たないハプスブルク帝国貴族層の退廃に警鐘を鳴らしている。

社会問題に加えて自然科学、特に鳥類学の研究にも興味を示していたルドルフであったが、彼の教育は19歳で終了し、ボヘミアの首都プラハで軍務に就くことになった。プラハではユダヤ人の少女との悲恋も経験したというが、皇太子の結婚相手はカトリック教徒の王族でなければならず、1881年5月ベルギー王女シュテファニーと結婚する。1883年に長女エリーザベト・マリーが誕生するが、魅力的なルドルフは身分階層を問わず女性たちの憧れであり、妻以外にも多数の女性と関係を持ったことから性病に感染したと考えられる。病気は夫を介して皇太子妃にも感染し、跡継ぎとなるべき男子の誕生は絶望的となった。

1879年にオーストリア首相となったエドゥアルト・フォン・ターフェとの対立も、自由主義的改革の実現を願う皇太子を苦しめた。1881年には「オーストリアにおける現在の政治的状況」と題する覚書を執筆し、ユダヤ系ジャーナリスト、モーリッツ・セプスの編集する『新ウィーン日報』に匿名で論説を発表するようになった。ルドルフは母の皇后エリーザベトと同様ハンガリーびいきで、ハンガリー貴族の間では高い人気を誇っていたが、ボヘミア貴族層とは緊張関係にあり、セプスとの協力の結果だけでなく、ウィーンでもターフェと保守派われていった。この時期ルドルフが皇太子妃シュテファニーとの離婚（結婚無効）を教皇に願い出て、教皇庁から皇帝宛に不

マリー・ヴェツェラ
撮影者 Othmar von Türk、1887　Wikimedia Commons

可の返事が送られてきたことも、親子関係を悪化させる一因となった。

マイヤーリングの悲劇

1889年1月30日朝、ルドルフはウィーン郊外にあるマイヤーリングの城館で、愛人マリー・ヴェツェラ男爵令嬢とともに遺体となって発見された。当時ヨーロッパ中で大ニュースとなり、その後小説や映画の題材ともなったこの事件の真相は不明なままだが、叶わぬ恋に絶望して心中したという説には疑問がある。ルドルフにはほかにも多数の愛人がおり、皇太子妃が嫉妬の炎を燃やすほど寵愛していたのはミツィ・カスパーという女性で、ルドルフは遺言状でこの女性に莫大な財産を遺贈している。マリー・ヴェツェラとの交際は死の前年の秋頃からと考えられ、当時16歳の少女による一方的な憧れから始まり、皇后エリーザベトの姪でルドルフにとっては従姉にあたるマリー・フォン・ラーリッシュ伯爵夫人の手引きによって、マリーは王宮内のルドルフの部屋にも出入りするようになった。

自殺の原因としてしばしばあげられるのは、父皇帝との関係悪化のほか、性病の進行による体調不良や、それによる憂鬱症ないし何らかの精神病の発症だが、実際には死の直前までルドルフは通常通り軍務をこなし、狩猟や旅行に出かけ、皇太子としてのさまざまな活動も継続している。ライフワークとしていた叢書（そうしょ）『文章と図版で見るオーストリア＝ハンガリー』にも、この時期新たな項目の執筆を約束しているし、1889年1月中旬には信頼する外務次官スジェーニ＝マリッチ・ラースロー宛の書簡で、翌年ブダペストで開催が予定されていた鳥類学会の計画について語っており、死を目前にした人物の言葉とはとても思えない。

1月28日午前11時頃、ルドルフは狩猟服姿でウィーンの王宮を出発し、途中でマリーと合流して午後3時半頃マイヤーリングに到着した。狩猟仲間のヨーゼフ・フォン・ホヨス伯と義理の兄フィリップ・フォン・コーブルク公もマイヤーリングでの狩猟に招待されていたが、マリーの存在については知らなかった。翌29日の夜には王宮で皇帝夫妻と皇太子妃、コーブルク公も交えて家族水入らずの晩餐が予定されていたが、ルドルフは風邪を理由にウィーンには戻らず、コーブルク公のみが参加している。

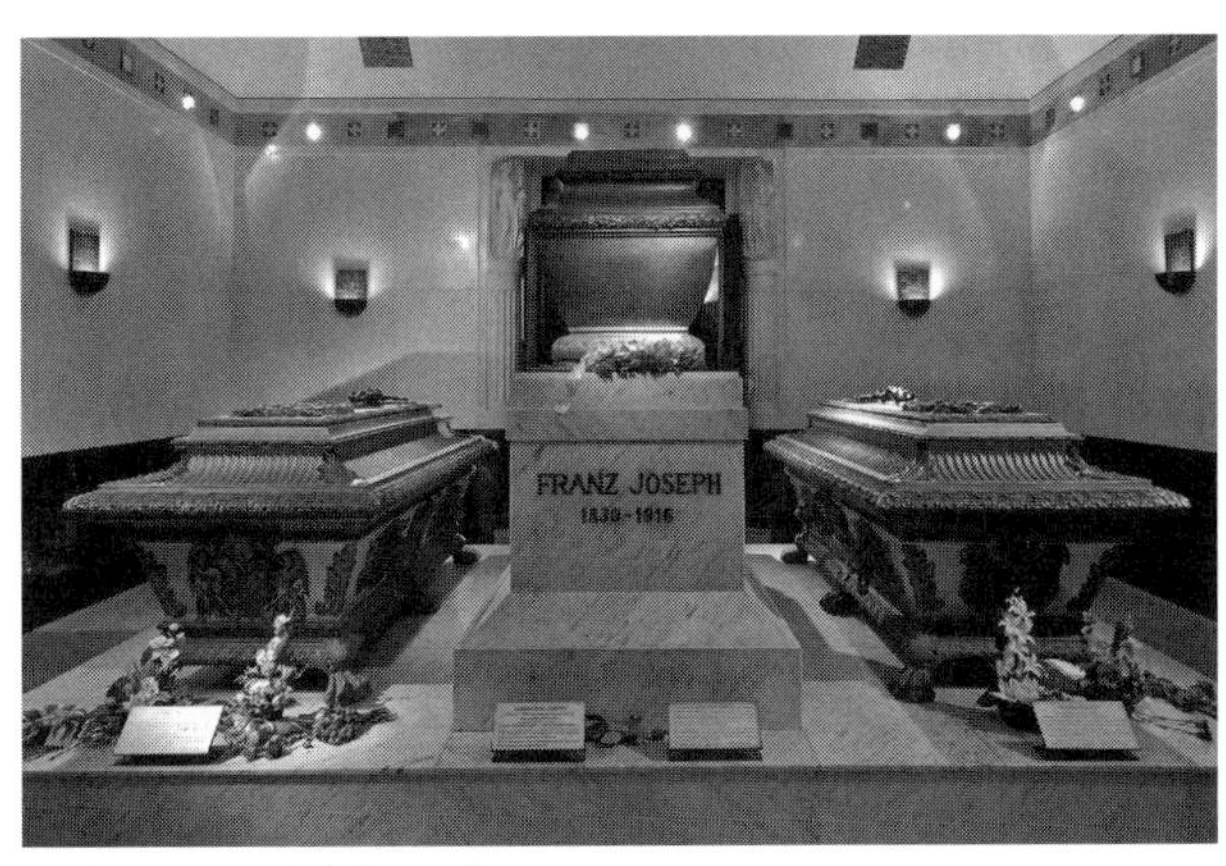

カプツィーナー教会地下の墓所
ルドルフの棺（右）は特別な区画に、フランツ・ヨーゼフ（中央）とエリーザベト（左）の棺と並んで安置されている。

30日の朝6時10分頃、ルドルフの従者ヨハン・ロシェクは2発の銃声を聞いた。しかしルドルフの寝室の扉は施錠されており、ホヨス伯が起床しコーブルク公がウィーンから戻った8時過ぎになってようやく、ロシェクが斧で扉を壊して内部を確認すると、ルドルフとマリーの遺体がベッドに横たわっていた。

　ホヨスが急いでウィーンの王宮に向かい、この悲報を宮廷に知らせたが、当初ルドルフが自殺したとは誰も考えず、マリーがルドルフを毒殺したと報告されていた。宮廷侍医ヘルマン・ヴィーダーホーファー博士らが現地に派遣されたのち、いったん皇太子は心臓発作で亡くなったと発表されたが、医師たちが死因を偽ることに反対し、自殺の噂もすでに広まっていたため、後になって自殺であったことが公表されたのである。ただしマリーの存在はいっさい公にされず、その遺体は親族の男性により1月31日深夜、生きているかのように装われてマイヤーリングの城館から運び出され、ハイリゲンクロイツ修道院近くの墓地に埋葬されている。

直前まで体調にも心理状態にも目立った変化はなく、周囲の人々に明るく将来の計画を語っていた皇太子が、突然自殺を決意した理由は何だったのだろうか。マリー・ラーリッシュ伯爵夫人がのちに発表した回想によれば、ルドルフは皇帝ないしハプスブルク帝国軍への裏切りを意味する何らかの陰謀に加担しており、その発覚を恐れて自ら死を選んだ可能性があるというが、証言の信憑性には疑問が残る。ルドルフは家族や親しい友人に宛てて多数の遺書を残したが、そのほとんどは処分されるか、政府の指示で買い集められ、現在にいたるまで公表されていない。ルドルフ自身はマリーとともに、ハイリゲンクロイツに埋葬されることを望んでいたが、皇太子の棺はその意に反して、ハプスブルク家歴代の墓所であるウィーンのカプツィーナー教会納骨堂に安置されている。

（桑名映子）

51 アウスグライヒ

――ハンガリーとの妥協

中欧の盟主から多民族国家へ

1866年から1867年にかけての時期は、ハプスブルク帝国にとって大きな転換点であった。すでに1859年、皇帝フランツ・ヨーゼフ（在位1848～1916）自ら軍を指揮したソルフェリーノの戦いで、ハプスブルク軍はフランス・サルデーニャ連合軍に惨めな敗北を喫していた。その結果ミラノ、ヴェローナ、そしてのちにはヴェネツィアなどの主要都市を含め、それまで数百年間支配してきたイタリアの領土を失ったことは、経済的にも文化的にも大きな痛手であった。さらに1866年夏には、ケーニヒグレーツの戦いで軍事技術と機動力にまさるプロイセン軍に惨敗し、ドイツへの影響力を最終的に失った。

こうして南のイタリアからも、北のドイツからも撤退を余儀なくされた結果、ハプスブルク帝国自体の立場も根本的に変化した。中欧の盟主ハプスブルク家が周辺地域への覇権を誇った時代は終わり、ドイツ人に加えてチェコ人やポーランド人、クロアチア人などのスラヴ系諸民族、ハンガリー（マジャール）人、ルーマニア人などさまざまな系統の民族を含む、複雑な多民族国家として存続の道を探ることになったのである。

ハプスブルク家とハンガリー――対立の歴史

こうした状況のもと、1866年から翌年にかけての交渉の結果成立したのが、ハプスブルク皇帝とハンガリーの間に成立した「アウスグライヒ」である。「アウスグライヒ」とは「妥協」を意味するドイツ語で、ハンガリー語では「キエジェゼーシュ」と呼ばれ、16世紀以降ハンガリー王位を継承したハプスブルク家とハンガリー指導層との歴史的な和解を意味していた。

1526年にヤゲウォ家のラヨシュ２世（在位1516～1526）がオスマン帝国との戦いで敗死したのち、ヤゲウォ家との二重結婚にもとづき王位継承権を主張したハプスブルク家に対し、ハンガリー貴族の一部は頑強な抵抗を続けてきた。ハンガリー東部を領土とするトランシルヴァニア侯国は、オスマン帝国と手を結んでハプスブルク家に対抗し、17世紀末以降ハンガリーのほぼ全域がハプスブルクの支配下に入ってからも、カトリック信仰を拠り所とするハプスブルク家の君主たちは、新教徒の多いハンガリー貴族をしばしば迫害した。

この対立に終止符を打ったのが、1740年「国事詔書」にもとづき、オーストリアの君主となったマリア・テレージア（在位1740～1780）である。女性君主の誕生を好機とみて侵攻してきたプロイセンやバイエルン、フランスに対抗するため、マリア・テレージアはハンガリーに軍事支援を要請し、引き換えにハンガリー貴族の免税特権をはじめ、憲法に定められた民族の権利を尊重することを約束した。

ハプスブルク家とハンガリー貴族の協力関係はしかし、長くは続かなかった。マリア・テレージアの長男ヨーゼフ２世（在位1765～1790）は歴史ある聖イシュトヴァーンの王冠をウィーンに移し、ドイツ語公用語化政策を強要したため、ハンガリーは一時叛乱を起こしたが、１７９０年に帝位を継いだ弟レーオポルト２世（在位１７９０～１７９２）が譲歩して事態を収拾した。１８４８年革命の際、自由を求めて立ち上がったハンガリーはハプスブルクからの独立を宣言するが、新皇帝フランツ・ヨーゼフはロシア軍の助けを借りて独立戦争を鎮圧し、革命政府の指導者たちを処刑するなど過酷な報復を行い、ハプスブルク家とハンガリーの関係はかつてないほどに悪化した。

ブダペストのデアーク・フェレンツ通りにあるデアークのレリーフ額

小国ハンガリーが生き延びる道

ハプスブルク帝国がイタリアとドイツで直面した挫折は、ハンガリー独立をめざすコッシュートら亡命者たちに希望を与えたが、デアーク・フェレンツの指導する国内穏健派は、まったく異なる方針を選択した。ビスマルク率いるプロイセンと、ポーランドを支配下に置くロシアの間に挟まれた小国ハンガリーが、独力で生き延びることは難しい。ハプスブルク帝国の枠内にとどまり、帝国全体の利害とハンガリーの自立性要求の間で折り合いをつけ、この国をヨーロッパで一目置かれる勢力として存続させることこそが、民族の将来を保障する道であると考えたのである。

デアークとその仲間たちは、こうした立場を表明する論考を次々に発表し、ハンガリーに好意的な皇后エリーザベトの協力もあって、プロイセンとの戦争が始まる前からすでに皇帝との交渉を始めていた。１８６５年12月には、独立戦争の鎮圧以後開かれていなかったハンガリー議会が招集され、アンドラーシ・ジュラの指導のもと、15名の代表からなる委員会がアウスグライヒ法案の作成を開始した。その際に拠りどころとなったのは「国事詔書」である。カール６世（在位１７１１〜１７４０）が発布したこの文書には、女性君主による継承の可能性だけでなく、帝国の「一体不可分性」も定められており、ハンガリー議会は１７２３年にこれを承認したことにより、帝国全体に共通する事項としての軍事と外交、およびそのために必要な予算と宮廷費の分担も認めたと考えられる。

当時オーストリア側の首相を務めていた、ボヘミア出身の貴族リヒャルト・フォン・ベルクレディは「連邦主義」を標榜し、ハンガリーとの妥協には否定的であった。１８６６年秋、フランツ・ヨーゼフがザクセン出身のフリードリヒ・フォン・ボイストを外相に任命したことで、「アウスグライヒ」成立への道が開けた。帝国内にしがらみを持たないボイストは皇帝の意を受けて交渉を推進し、オーストリア側の政治家に対しては、ロシア中心の汎スラヴ主義の影響を受けやすいスラヴ系住民に依拠して国内政治を運営することは難しく、帝国内諸民族のなかで最も「生存能力」があり、互いの利害が一致するドイツ人とハンガリー（マジャール）人の協力のもと、帝国の政治基盤を堅固なものとする必要がある、と主張した。

オーストリア＝ハンガリー二重君主国の誕生

1867年に法制化された「アウスグライヒ」は、皇帝フランツ・ヨーゼフとハンガリー議会の合意の産物であり、15人委員会の原案をほぼそのまま踏襲していた。内政自治権を認められたハンガリーは独自の政府と議会、行政官庁を持ち、「共通事項」の予算の負担比率と通商同盟や関税、間接税などの「準共通事項」については、10年ごとに行われる交渉で取り決められることになった。

「アウスグライヒ」成立の結果、ハプスブルク帝国は「オーストリア帝国」と「ハンガリー王国」からなる「二重君主国」として改組され、国名も「オーストリア＝ハンガリー」となる。このうちオーストリア部分の正式名称は「帝国議会に代

聖イシュトヴァーンの王冠を戴いたフランツ・ヨーゼフ
カロリ・ルシュ画、1867
Wikimedia Commons

表を送る諸王国・諸領邦」であり、オーストリアとハンガリーの間を流れるライタ川を境として通称「ツィスライタニア」、ハンガリー部分は「トランスライタニア」と呼ばれることになる。フランツ・ヨーゼフはオーストリアの君主としては「皇帝」だが、ハンガリーの君主としては「国王」となり、6月に盛大な戴冠式が行われた。

この大転換は、オーストリア国内の政治体制にも影響を及ぼした。ハンガリーとの妥協にオーストリア側の同意を確保するため、ボイストはオーストリアにも立憲主義的改革の導入を約束していた。1867年末にオーストリア議会で成立した「12月憲法」は、責任内閣制にもとづいて皇帝の専制権力をある程度まで制限し、国民の基本的な権利や司法権の独立、国内諸民族の平等と母語で教育を受ける権利についても定めていた。

「アウスグライヒ体制」はフランツ・ヨーゼフにとっても、多くの利点を含んでいた。自治権を求めるハンガリーと立憲制を求めるオーストリアに一定の譲歩を行ったのは確かだが、軍事と外交は皇帝（国王）の専権事項とされ、オーストリアにもハンガリーにも属さない3名の「共通閣僚」、陸軍大臣、外務大臣、財務大臣が担当した。共通事項の審議機関としての「代議団」の活動も形式的なものにとどまり、サライエヴォ事件のような非常事態に直面した際、君主の決定に両国の代表が異議を唱えることは許されなかった。

全体として見ればしかし、ハプスブルク家とオーストリア、ハンガリー3者のバランスの上に成立した二重国家体制が、その後ほぼ半世紀間にわたり帝国のとりあえずの安定を保障し、経済的繁栄と世紀末文化発展の基礎を提供したことは、疑いようのない事実である。

（桑名映子）

52 オーストリアに海軍と植民地?

——ウィーンに残るハプスブルク家の夢の跡

16世紀に世界帝国の建設を夢見たハプスブルク家。ヨーロッパのみならず、アメリカ、アフリカ、アジアにも勢力を広げたこの王朝は、人類史上初めてグローバルな世界帝国の構築に近づいていた。しかしながら、スペイン・ハプスブルク家は次第に力を落とし、王位継承者の途絶とともに王朝は滅亡した。輝かしき「ハプスブルク」の王朝名は、以降オーストリア側の一族が20世紀まで引き継ぐことになる。

オーストリア・ハプスブルク帝国といえば、我々は通常「陸の帝国」を想起する。ボヘミアやハンガリーなど内陸部の広大な領土を支配したオーストリアは、西ヨーロッパ諸国とは異なる「大陸国家」のイメージが強い。この国の命運を左右した数々の戦争も、主たる戦場は陸地であった。たとえば、三十年戦争、オスマン帝国の侵攻、オーストリア継承戦争、七年戦争、ナポレオン戦争、19世紀半ばの戦役、そして第一次世界大戦などは、いずれも陸軍国家オーストリアの真価を問うものであった。周囲を強国に囲まれる広大な版図を維持するうえで、また諸民族の叛乱を抑えるためにも、オーストリア・ハプスブルク家には精強な陸軍が必要であったのである。それを象徴するかのように、ホーフブルク王宮の英雄広場には陸戦の雄オイゲン公とカール大公の巨大な騎馬像が2体そびえ立つ。

ウィーン軍事史博物館（筆者撮影）

さらには、ウィーンの軍事史博物館に足を運ぶと、伝統ある陸軍を顕彰する数々の絵画や展示品を目にすることができる。

2人の海軍提督

軍事史博物館の館内をさらに奥へ進んでみよう。すると我々はそこで予想外のものを目にする。海軍の常設展示である。そう、陸軍国家オーストリアにもかつて海軍は存在していたのである。ウィーン軍事史博物館の海軍展示室には、軍艦の模型やさまざまな海軍関連品が並べられており、壁には提督たちの肖像画も飾られている。そのうちの1人マクシミリアン大公は、1854年に弱冠22歳で海軍総司令官に就任し、海軍の大改革を断行した人物である。皇帝フランツ・ヨーゼフの2歳下の弟である彼は、海軍を陸軍から独立させ組織の近代化と艦隊の拡張を強力に推し進めた若き指導者であった。オーストリア海軍を語るうえでさらにもう1人欠かせないのがヴィルヘルム・フォン・テゲトフ提督である。1866年、アドリア海のリッサ島沖で

ウィーン軍事史博物館内の海軍関連品展示室（筆者撮影）

イタリア艦隊との決戦に挑んだ彼は、劣勢をはねのけ敵艦隊を撃破した殊勲の司令官である。テゲトフの巨大な銅像は、今日ウィーン北面のターミナル駅であるプラーターシュテルン駅前に凛々しい姿で起立している。

しかし、「海軍の父」マクシミリアン大公はメキシコ皇帝に即位するため本国を離れ、その後継者として期待されたテゲトフもわずか43歳の若さで病没した。2人の強力な指導者を相次いで失った後、海軍は再び陸軍の一部局へ格下げとなるが、それでも先人たちが蒔いた種はゆっくりと芽を出していた。トリエステやポーラの軍港を拠点に帝国海軍の強化は続き、第一次世界大戦時には最新鋭の弩級戦艦や巡洋艦、潜水艦などを擁する艦隊が整えられていた。当時オーストリアは世界第8位の海軍国であった。ちなみにミュージカル映画《サウンド・オブ・ミュージック》には、主人公マリアの結婚相手として元海軍大佐であるトラップという紳士が登場する。彼のモデルとなった実在の人物は、第一次世界大戦中に活躍した潜水艦の艦長である。

海をめぐる帝国の夢

このように、ウィーンの軍事史博物館を訪れると、オーストリア・ハプスブルク家が陸だけでなく海とも関わりを持つ王家であったことに気づかされる。この博物館には、サライェヴォ事件で暗殺された皇位継承者フランツ・フェルディナント大公の遺品も展示されている。皇帝フランツ・ヨーゼフとは異なり、海軍や海外に対する関心が高かった彼は、20代の終わりに軍艦で世界一周の旅に出た好奇心あふれる青年であった。想定通りに大公が皇帝になっていれば、オーストリア・ハプスブルク家と海洋世界の距離はさらに縮まっていたかもしれない。宿命のライバルであるイタリア海軍に正面から対峙し、フランスやロシアにも海で侮られない強力な海軍を持ちたい。海をめぐるかつての帝国の夢が博物館の一角にひっそりとその痕跡をとどめている。

オーストリア・ハプスブルクの海をめぐる夢は、単にヨーロッパの海域に強力な艦隊を浮かべるというだけの願望ではなかった。軍事史博物館の展示には、オーストリアの軍艦が世界各地へ何十回と繰り出していた史実も映し出されている。特に目を引くのが、19世紀半ばに実施された「ノヴァラ号」の世界一周航海をめぐる展示品の数々である。この大型帆走フリゲート艦は、学術調査を目的に1857年4月から2年4か月かけて世界を1周し、大量の学術収集品を本国に持ち帰った。それらの膨大な収集品と知見は、オーストリアやヨーロッパの学術界からも広く称賛され、ヨーロッパ有数の自然史博物館と民族学博物館がウィーンに誕生するきっかけにもなった。あの時代、帝国は海軍と科学の連動を通じてグローバル化が進む新しい世界に深くつながろうとしていたのである。

ウィーン自然史博物館（筆者撮影）

学知の力と植民地の野心

それでは、こうした遠征事業の証拠品を探しに自然史博物館と世界博物館（旧・民族学博物館）にも足を延ばしてみよう。ウィーン自然史博物館は、今日約3000万点の収蔵品を誇る世界を代表する博物館の1つに数えられている。双方の館内には、世界中から集められた自然物コレクションや民族学関連品が無数に並び、そのコレクションの形成に「ノヴァラ号」や帝国海軍のさまざまな軍艦が寄与していた事実も紹介されている。海軍と科学を通じて帝国の視野は世界各地に向けられていたのであり、学知の力で世界を疑似的に支配する夢を描いていたとみることもできる。「植民地は他家に任せておけ、幸いなオーストリアよ、汝は科学せよ」とでもいえようか。

しかし実際には、オーストリアはこのとき自身の「植民地」を探し求めていた。「ノヴァラ号」の世界一周航海の折、学術調査を隠れ蓑にオーストリアはベンガル湾のニコバル諸島を狙っていたのである。南アジアにおけるこの植民地獲得計画は、遠征隊の独断ではなく、本国中枢の指示に基づく正式なものであった。獲得のための条件が整わなかったため植民地化はやむなく先送りとなったが、ニコバル諸島は女帝マリア・テレージアと皇帝ヨーゼフ2世の時代にも土地の獲得が検討された因縁深い島嶼であった。

さらには「ノヴァラ号」遠征と同じ時期、青年将校であったテゲトフがソマリア沖のソコトラ島を極秘に調査し、オーストリア政府がこの島をスルタンから買い取る案も検討されていた。ほかにも19世紀半ばから20世紀初頭にかけて、アフリカ、アジア、太平洋各地の地名が植民地の候補として上がっては消えていた。義和団事件の折、オーストリア＝ハンガリー海軍は東アジアへの大規模な派兵を実施しているが、これも中国における領土獲得の動きと無縁ではない。実際、19世紀末にオーストリア海軍は中国南部の港湾を調査し、あわよくば拠点植民地を獲得しようと目論んでいた。

このように、西洋列強が海軍力の強化と海外進出を競っていた帝国主義の時代、オーストリアは「海軍」にも「植民地」にも背を向けていたわけではなかった。たしかにオーストリアは海外に植民地を持つことなく、海軍力の整備も道半ばで王朝の歴史に幕を閉じた。しかし海と世界へ向けられたハプスブルク家の夢は、今もウィーンの街にひっそりとその痕跡を残している。

（大井知範）

第Ⅶ部

20世紀のオーストリア・ハプスブルク家

53 サライェヴォ事件
――ハプスブルクが自ら決断した戦争

1914年6月28日、ハプスブルク帝国の皇位継承者フランツ・フェルディナント大公夫妻が、ボスニアの州都サライェヴォでセルビア人ガヴリロ・プリンツィプにより暗殺された。世に言う「サライェヴォ事件」である。この日は大公夫妻の結婚記念日であるとともに、夫妻にとっては初めての国内の公式訪問だった。フランツ・フェルディナントと妻ゾフィーは、2人の記念すべき日に凶弾に斃れる悲運に見舞われたのである。この暗殺は、「記憶されている過去の暗殺事件のなかで、この大公暗殺ほど、重大な国際危機をひき起こした事件はかつてなかった」（J・ジョル）と書かれるように、第一次世界大戦の直接的な契機をなすことはよく知られている。

なお私たちは、この事件の直前の様子を見ることができる。すなわち、NHK編集の「映像の世紀シリーズ」第1巻《20世紀の幕開け：カメラは歴史の断片をとらえ始めた》である。私もその1人であるが、中学や高校の授業で鑑賞した方も多かろう。これは、暗殺直前の様子をわれわれに教えてくれるきわめて貴重な映像だが、一連のナレーションには重大な誤りが含まれている。たとえば、「オーストリア（ハプスブルク）は混乱するバルカン半島を征服し、ゲルマン民族の手で統一しようとした」事実はなく、暗殺以前にドイツがオーストリアのバルカン政策を「支持」し、「いつでも行動を共に

大公が暗殺時に乗っていた自動車（筆者撮影）

する用意があった」わけではない。また、ハプスブルクが事件を機に「セルビア併合を宣言」したとのくだりも史実とは大きく異なる。暗殺犯プリンツィプが、セルビアの秘密組織「黒手組」の一員だったか否かについては諸説あるが、構成員ではなかったとの見方が強いのである。

事件の概要

以下では、サライェヴォ事件の概要を整理してみよう。大公夫妻は6月25日にボスニア入りし、フランツ・フェルディナントは26、27日の2日間、軍事演習を監察した。6月28日午前10時前、大公夫妻はサライェヴォ駅に到着した。歓迎式典が予定された市庁舎に至る道中には、大公の命を狙う「青年ボスニア」と呼ばれる組織の若者たち7名が潜伏していた。その1人、チャブリノヴィチが車列に爆弾を投げつけたものの、側近が負傷したにとどまり、大公夫妻は市庁舎に到着した。前述の「映像の世紀」は、このひとこまを捉えたものである。歓迎行事後、大公夫妻は博物館の訪問予定を変更し、負傷者の見舞いを希望したが運転手にそれが伝わっていなかった。このため、市庁舎を出発した一行の車列は道を誤り、ラテン橋のたもとで停車を余儀なくされた。その瞬間にプリンツィプが発砲、まず妻ゾフィー、次いで大公が銃弾を受け、夫妻はまもなく絶命した。午前11時半ごろのことである。

開戦決断の背景と経緯

大公夫妻の暗殺は、なぜ戦争に至ったのだろうか。第1の理由は、ハプスブルク中枢におけるパワーバランスの変化である。つまり、ボスニア併合（1908年10月）にともなう外交危機以来、参謀総長F・コンラート・フォン・ヘッツェンドルフを筆頭とするタカ派が存在していたが、それを抑制したのが君主フランツ・ヨーゼフ（在位1848～1916）、共通外務相L・ベルヒトルト、そしてフランツ・フェルディナントである。すなわち、大公の暗殺はタカ派とハト派の力関係を大きく前者に傾けた。第2の理由は、セルビアに対する危機感と自国の威信への不安である。世紀転換期以後のハプスブルクとセルビアの関係が、関税戦争（「豚戦争」）とボスニア併合、バルカン戦争と悪化の一途をたどるなか、ハプスブルクはセルビアを抑えるための外交、経済面の手段を失い、最後の局面で軍事力に頼らざるをえなくなった。

事件を機にベルヒトルトもセルビア侵攻の決意を固めたものの、国内外に大きな懸案があった。対外的には、セルビアを支持していたロシアである。ロシアの介入を念頭におき、ハプスブルクはドイツの支持を得るために、特使としてA・ホヨシュをベルリンに派遣し、そこでドイツから全面的な支持、いわゆる「白紙小切手」を受け取った（7月5～6日）。ドイツがハプスブルクの攻撃的なバルカン政策を明確に支持したのはこの時点である。

国内的には、ハンガリー首相I・ティサの反対である。彼は、7月7日の共通閣議において、ベルヒトルトらの首脳陣がセルビアへの戦争に賛同するなか、セルビアの後ろ盾たるロシアの容喙（ようかい）がヨーロッパ戦争という「恐るべき災厄」を引き起こしかねないと警告した。ベルヒトルトはティサの説得に時間を要したため、セルビアに対する最後通牒案の合意は7月14日にずれ込んだ。さらに訪露中のフランス首脳の旅程を勘案し、最後通牒のセルビアへの手交は7月23日午後6時となった。

最後通牒の条文は、セルビアの拒否を見越して作成され、48時間の回答期限を付したうえで無条件の受諾を要求した。しかし、セルビアは国内の捜査へのハプスブルク側の参加を拒絶した以外、具体的には、セルビア国内における反ハプスブルクをうたう出版物やプロパガンダの取り締まりやこれに関わった公職者の罷免などについて、表面上はハプスブルク側の要求を受け入れる姿勢を示した。その回答はハプスブルクの外交官をして「外交的技能に関する最も卓抜な模範」と言わせしめたほどである。しかしハプスブルクは、要求の一部留保を理由に外交関係を断絶、その3日後セルビアに対して宣戦布告したのである（7月28日）。

ハプスブルク側の執念

ハプスブルク側は、暗殺へのセルビアの関与を疑っていたものの、明白な証拠をつかめなかったうえ、暗殺犯プリンツィプらを支援した「黒手組」を同じくセルビアの「民族防衛団」と誤認していた。ハプスブルクがセルビアに抱いた疑いは「世界史における最大級の誤り」（M・シュナイダー）といえよう。ただし、ハプスブルクに対するプロパガンダやテロ活動はセルビア政府の黙認、あるいは支援のもとで行われたうえ、最後通牒で名指しされた共犯者の存在、暗殺犯に対する銃器や資金の提供、不法越境の幇助への「黒手組」の関与は明白である。さらにセルビア政府は共犯者を隠匿し、ハプスブルクが求めた捜査協力を拒絶した。この点に鑑みると、セルビアを単純にハプスブルクによる侵略戦争の「被害者」とはみなせないように思われる。

以上に明らかなように、ハプスブルク側は暗殺直後からセルビアとの交渉という選択肢をあらかじめ排除した。つまり、セルビアとの戦争は――かつてF・フィッシャーが『世界強国への道』で主張した内容とは異なり――ドイツに強いられたのではなく、ハプスブルクが自ら決断した帰結だった。近年、C・クラークはヨーロッパ列強の首脳が「夢遊病者」のように第一次大戦に突き進んだと論じたが、ハプスブルクの政府首脳たちは、他国に比べると十分に思案する時間を持ち、セルビア国家を粉砕するという明確な意図をもって戦争を始めた。フランツ・ヨーゼフ皇帝、ベルヒトルト共通外務相、コンラート参謀総長らはいずれも「夢遊病者ではなかった」（C・カニス）といえるだろう。

（村上　亮）

54 フランツ・フェルディナント

——サライェヴォ事件の犠牲者の実像

「サライェヴォ事件」（1914年6月28日）。たいていの人はどこかで耳にしたことがあるだろう。世界史や歴史総合の教科書には必ず書かれている、第一次世界大戦の直接的な契機とされる出来事である。ところが「その犠牲者は誰か?」と問われると、答えに窮する人は少なくなかろう。日本ではいまだに「皇太子」と誤って紹介されることも多いその人物は、ハプスブルク家の皇位継承者フランツ・フェルディナント大公である。彼は、1893年夏に1か月にわたり日本に滞在するとともに、勲章の交換を通じて日本とハプスブルクの関係強化に貢献したように、わが国ともけっして無縁の人物ではない。

「無名の大物」の素顔

「歴史上の無名の大物」（A・ハニヒ）と書かれるように、彼の実像は、長年にわたり明らかにされてこなかった。大公を語る際には「プライベート」に属する内容、すなわち妻ゾフィー・ホテクとの「貴賤結婚」、伯父にあたる君主フランツ・ヨーゼフ（在位1848～1916）との不仲が注目されるとともに、頑固で起伏の激しい性格、狩猟への熱狂、美術品や骨董品収集への傾倒などが書かれてきた。フランツ・フェルディナントの否定的なイメージを考えるうえで、1つの手がかりになるのは同時代を生きたオーストリアの作家シュテファン・ツヴァイク『昨日の世界』の一節であろう。「フランツ・フェルディナントには、オーストリアにおいては真の大衆の人気にとって測り知れぬほど重要であるところのものが、まさに欠けていた。すなわち、個人的な愛嬌、人間的な魅力、外見上の親しみやすさである」と。このような消極的な見方が、今日まで市民権を得ているように思われる。

また、彼に関する辞書的な説明でしばしば言及されるのは、ハプスブルク帝国内のクロアチア人を中心とする南スラヴ民族に自治権を与え、ハプスブルク独自の国制、オーストリアとハンガリーから構成される二重制を、南スラヴを加えたうえでの三重制に転換する改革案である。この点は、サライェヴォ事件で大公を殺害したガヴリロ・プリンツィプが言及しただけではない。かのアドルフ・ヒトラーも『わが闘争』において、ハプスブルクの「スラヴ化」を図った人物として大公を指弾する。もっとも、皇位継承者たるフランツ・フェルディナントの政治的な役割は、この三重制を含めて詳細には検討されていない事実に注意しておきたい。

ベルヴェデーレ・サークル

ここで、フランツ・フェルディナントの生い立ちに話を進めてみよう。彼は、皇帝フランツ・ヨーゼフの弟カール・ルートヴィヒの長男として生誕した（1863）。ハプスブルク家における彼の立場を大きく変えたのは、フランツ・ヨーゼフの息子である皇太子ルドルフの自殺だった（1889）。その後、父カール・ルートヴィヒの病死にともなって正式な皇位継承者となった（1896）。2年後には軍の最高司令部における皇帝の代理となるとともに、ウィーンでの大公の居所であるベルヴェデーレ宮殿に大公専属の軍官房が置かれた。

当初、これは小規模な部局にすぎなかったが、この官房長へのA・ブローシュ（在職1906〜1911）の就任が状況を一変させた。彼は、大公の官房に帝国の各機関からの文書を収集する制度を作りあげるとともに、官房の周辺には文民から軍人までを含めた緩やかな人的ネットワーク、いわゆる「ベルヴェデーレ・サークル」の形成に努めた。つまりハプスブルクの国制における大公の官房は、その位置づけが法的に規定されていなかった反面、無視しえない政治的な影響力を有していたとみて大過ない。歴史家S・ウィリアムソンの言葉を借りると、大臣たちは、フランツ・ヨーゼフ（シェーンブルン）とフランツ・フェルディナント（ベルヴェデーレ）のあいだで「細心の注意を要するエッグダンス」を強いられた。とくにフランツ・ヨーゼフが年齢を重ねるにつれ、その次を見据え

フランツ・フェルディナント
Carl Pietzner / Wikimedia Commons

た人々が大公に接近したとみてよいだろう。

大公の対外政策

次に、大公の対外政策を概観しておきたい。外交政策については、ハプスブルクとドイツ、ロシアの協調を通じたバルカンの安定を図る、かつての三帝協約に近いものだった。本来、大公は外交に直接介入する手段を有していなかったが、共通外務相L・ベルヒトルト（在職1912～1915）の時代には定期的な情勢報告や書簡の交換を通じて、影響力を増したと考えられる。大公とベルヒトルトは平和外交という点では一致をみており、バルカン戦争の際にもセルビアへの武力行使には、ほぼ一貫して反対した。

軍事政策については、世紀転換期頃からハプスブルク軍の参謀総長と共通国防相のどちらかは大公の意にそくした人物が任命された。大公の意向によって就任した人物の1人が、ハプスブルクきってのタカ派として知られた参謀総長F・コンラート・フォン・ヘッツェンドルフである。大公がタカ派と誤解された一因は、コンラートとの「親密さ」と考えられるが、この点には注意を要する。たしかに、軍の近代化の推進と二重制のなかで独立志向を強めるハンガリーの抑制という点では一致していたものの、海軍を重視する大公と陸軍に重きをおくコンラートには見解の齟齬があった。さらにコンラートは、しばしばイタリアやセルビアに対する予防戦争を上奏し、フランツ・ヨーゼフやフランツ・フェルディナントを困惑させたという。大公が全軍監察長官に任命された（1913）後も大公とコンラートの溝は埋まらず、サライェヴォ事件がなければコンラートは解任された可能性も指摘される。

フランツ・フェルディナントにまつわる幻想

それでは、前述の「三重制」はどうだろうか。たしかにフランツ・フェルディナントは、国制改革の一案として、クロアチア人をはじめとする南スラヴ民族に一定の自治権を与える構想を有していた。

サライェヴォ事件の現場にある記念碑の案内（筆者撮影）

しかしその計画は、二重制における特権的地位に固執するハンガリーを抑えるための道具にすぎなかったと考えられる。大公が、男子普通選挙権の導入（オーストリア）に反対した事実――大公はこれを実現した、かつて家庭教師だったベック内閣を倒壊させた――をふまえると、クロアチアへの自治権の付与、あるいはハプスブルク帝国の連邦化を真剣に考えていたとは思えない。むしろ、彼が即位後に「フランツ2世」を名乗ることを予定した点に鑑みれば、改革志向というよりもむしろ、保守的な政治思想を抱いていた、すなわち中央集権的な政体をめざしていたとみなした方がよかろう。

もっとも、サライェヴォ事件のインパクトの強さに比べると、今日におけるフランツ・フェルディナントの存在感は薄いと言わざるをえない。1914年の暗殺から3年後、サライェヴォには大公夫妻の記念碑が建立されたものの、そのおよそ1年後にはハプスブルクの敗戦とともに撤去された。現在は、暗殺現場の橋のたもとにかつての記念碑の存在を教えてくれるガラス板が残るにすぎない。またオーストリア国内にフランツ・フェルディナントにちなむ広場や公園はなく、彼の居所アルトシュテッテンの路地にその名が冠されるにとどまるのである。

（村上　亮）

55 ハプスブルクと第一次世界大戦

――国家としての実体を失った帝国

1914年6月28日の「サライェヴォ事件」が第一次世界大戦の直接的原因であることはよく知られている。しかし、1918年11月11日のドイツの休戦協定によって、ドイツを中心とした中欧同盟側が敗北する形で世界大戦が終結するまでの約4年間のハプスブルク帝国の状況について、すぐに説明できる人は多くはないだろう。その原因の1つには、世界大戦がドイツを中心に論じられてきたことがある。

3方面での戦い

ドイツ、オスマン帝国（1914年10月参戦）、ブルガリア（1915年10月参戦）とともにいわゆる中欧同盟側の一員であったハプスブルク帝国は、セルビアやルーマニアなどとのバルカン戦線、ロシアとの東部戦線、そして、1915年5月に三国同盟を破棄しハプスブルク帝国に宣戦布告したイタリアとのイタリア戦線という3方面で戦った。開戦当初のセルビア攻略は困難を極めたうえに、ロシアのガリチア侵攻により苦境に陥った。その後、ドイツの軍事支援もあり、ガリチア奪還に成功し、さらに中欧同盟軍はロシア領ポーランドまで進軍した。バルカン戦線では、ブルガリア参戦もあり、中欧同盟側は1915年10月にセルビアの首都ベオグラードを占領し、同年中に全土を占領できた。同盟側はさらにモンテネグロとアルバニアまで軍を進めた。1916年8月には、ルーマニアがハプスブルク帝国に宣戦布告してきた。ハプスブルク帝国は同盟諸国の支援もあり、ルーマニアの攻撃をはねかえした。反撃に転じた同盟側は、ルーマニアのほとんどを占領した。トリエステの北西25キロメートルの沿岸地帯から標高の高い山々が連なるスイス国境までの墺伊国境をはさんで形成されたイタリア戦線では、終戦までイゾンツォ河周辺で戦闘があった。しかし、大きく戦線は動かず、一進一退の状況であった。

1918年3月3日、中欧同盟側は、ロシアで権力を掌握したレーニン率いるボリシェヴィキ勢力とブレスト・リトフスク講和条約を締結した。こうして、東部戦線は消滅した。また、同年5月にはルーマニアとも講和条約を締結した。これによって、ハプスブルク帝国はイタリア戦線に戦力を集中させることができた。しかし、同帝国は軍事的経済的に戦争を遂行できる「体力」を持ってはいなかった。ドイツの支援がなければ、ハプスブルク帝国の成功は不可能であった。また、経済的にはいわゆる総力戦体制を遂行できるだけの力を同帝国は持っていなかった。徐々に同帝国とドイツとの関係は対等な関係ではなくなっていった。

ハプスブルク帝国に宣戦布告したイタリアやルーマニアの目的は、帝国内の同胞民族居住地域の獲得であった。英仏は両国を参戦させるために、彼らの希望を条約の形で認めていたのである。また、国土を中欧同盟に占領されたセルビア政府は、英仏の保護下で亡命政府をつくり、自国の戦争目的をハプスブルク帝国の支配下にいるセルビア人、クロアチア人、スロヴェニア人ら南スラヴ人の「解

現在のポーランドの南東に位置するプシェミシルを訪れたオーストリア＝ハンガリー陸軍の最高司令官フリードリヒ大公
撮影者不詳、1915　Wikimedia Commons

放」だと宣言した。

カール1世の即位と諸民族集団

ハプスブルク帝国では、1916年11月に1848年から君主の地位にあったフランツ・ヨーゼフが86歳で死去する出来事が起きた。新皇帝には、当時29歳の彼の甥の息子がカール1世（在位1916～1918）として即位した。カール1世は、帝国には戦争継続能力はもはやないと判断し、早期講和を考えた。しかし、同帝国に大きな影響力を持っていたドイツは、これに反対の姿勢であった。

国内の状況は少しずつ変化していった。帝国のオーストリア側では、ドイツ人諸政党がドイツ化を進めることに対して、とくにチェコ系政党が一致団結してそれを阻止しようとした。しかし、チェコ人などの民族集団が帝国からの分離・独立を当時主唱していたわけではなかった。また、ハンガリー側では政府によるマジャール化政策が推し進められて

カール1世
撮影者不詳、1915　Wikimedia Commons

いった。もちろん、チェコ人政治家トマーシュ・マサリクのような亡命政治家による国外からの帝国解体の主張などはあったが、亡命政治家と国内の政治家との関係はそれほど密なものではなかった。1917年5月、皇帝カール1世は国内の一致団結を目指して、閉会状態のオーストリア側の議会を4年ぶりに招集した。チェコ系議員と南スラヴ系議員が議場で主張したことは、帝国解体ではなく、帝国の再編であった。

1918年になると、以前から深刻であった食糧不足の状態はより悪化した。都市部ではストライキが発生し、そこでは民族的自由を求めるスローガンも見られた。人々は食糧を供給できない政府を徐々に支持しなくなっていったのである。このころから、亡命政治家が国内の民族諸政党に大きな影響力を与えるようになっていった。

ウィルソンの「14か条」と終戦

1918年1月、前年12月にハプスブルク帝国に宣戦布告していたアメリカの大統領W・ウィルソンが「14か条」を発表した。その第10項は、同帝国に住む諸民族の「自発的発展」(autonomous development）を求めるものであった。そこには民族の「自決」（self-determination）という文字はなかった。皇帝カールは「14か条」を講和への第1歩だと考えたものの、ハプスブルク帝国はすぐに「14か条」を使った講和交渉に出なかった。他方で、民族諸政党はこのあと第10項を独立するための根拠の1つに利用していく。

1918年春から夏の西部戦線でのドイツ軍大攻勢が失敗すると、ハプスブルク帝国もドイツも「14か条」を使った終戦工作を行うようになった。しかし、1918年夏の段階で、アメリカは「14か条」による講和の方針を放棄していた。同国はすでに6月、マサリクなどが宣言したチェコスロヴァキア国家がハプスブルク帝国から独立したことと、同国が同帝国と交戦状態にあることを認めていた。この段階で、アメリカはハプスブルク帝国解体を決意したのである。

9月のブルガリアの降伏によって、バルカン戦線は事実上崩壊した。イタリア戦線はまだ持ちこたえていた。10月17日、皇帝カールは帝国の連邦化を宣言することで事態の収拾を図ろうとした。しかし、宣言がなされたときには、各民族集団は帝国からの分離と自分たちの独自の政府の樹立を宣言していた。また、ハンガリー王国政府は、連邦化計画を知って、アウスグライヒの解消を宣言していた。10月24日、イタリア軍が攻勢をしかけてきた。もはや戦線を維持できないと判断したハプスブルク帝国は、現地の司令官に休戦要請をおこなうように命令し、11月3日に休戦協定が成立した。しかしながら、すでに国家としてのハプスブルク帝国はその実態をもはや持っていなかった。ハプスブルク帝国の第一次世界大戦は、このようにして終結した。

（馬場　優）

56 巡洋艦「カイゼリン・エリーザベト」と日本

――青島の戦いと捕虜になったオーストリア＝ハンガリー兵

皇妃の名を冠した巡洋艦

皇妃エリーザベト（1837～1898）の名を冠したオーストリア＝ハンガリー帝国の巡洋艦「カイゼリン・エリーザベト」（排水量4千トン）は、日本となじみの深い船であり、その乗組員とともに数奇な運命を辿った。1892年に防護巡洋艦として完成したが、当時の急速な軍事・造船技術の発達によりこの艦種は短期間で時代遅れのものとなった。この艦と同様青島（チンタオ）の戦いに参加する日本の「高千穂」も同じ艦種として就役し、日清戦争（1894～1895）では主力艦の1つだったが、20年後のこの戦いでは機雷運搬の特務艦となり、ドイツ水雷艇S90の雷撃を受け爆沈している。

「カイゼリン・エリーザベト」は1892年から翌年にかけて、後にサライエヴォで暗殺されるフランツ・フェルディナント大公とともに世界周航を行い、その途中初めて日本に立ち寄っている。1899年からは同型艦「フランツ・ヨーゼフ1世」と交代で幾度か東アジア常駐艦となって日墺の親善に寄与し、海軍士官候補生のための練習艦の役割も果たした。1900年から翌年の義和団事件に際しては、中国に派遣されている。

1910年の「カイゼリン・エリーザベト」
Rot-Weiß-Rot auf Gelbem Meer.Tsingtau 1914. Wien 1996, S.12.

最後の航海と青島での戦闘

1913年8月19日、アドリア海の母港ポーラから最後の航海に出て、ポートサイド、コロンボ、シンガポール、香港、芝罘（チーフー）を経て11月5日に長崎に到着し、半ば母港のようなこの地に40日間滞在している。ある乗組員下士官のここでの日記には、「日本風ティーハウス」〔茶屋〕、「芸者」などの語が幾度も出てくる。長崎の造船所での巡洋戦艦「霧島」の進水式にも居合わせている。その後上海、香港などを経て翌年3月9日には再び長崎に入港、ついで別府、三津浜（松山近郊）、宮島、小豆島、神戸、横浜、四日市、鳥羽、鹿児島（5月10日まで）に寄港し、別府、松山では多数の日本人が艦内を見学している。その間海上で数度の射撃訓練を交えながら、日米中、欧州各国の軍艦と行き合えば旗信号や礼砲による挨拶を交わしたり、イギリス海軍巡洋艦「ヤーマス」の乗組員とサッカーの試合をしたりと、平和な日々を過ごしている。

その後また中国に向かい、第一次世界大戦勃発時の7月28日にはドイツの租借地青島にあったが、対日戦を避けるべく8月24日に非武装化命令が発令され、艦長マコヴィッツ大佐と少数の警備兵を除く乗員394人は鉄道で天津に向かう。しかし26日には事

「カイゼリン・エリーザベト」艦上の日本人少年
1908年、日本寄港中の写真（フライブルク連邦軍事文書館所蔵）

態が急転、日本とオーストリアは戦争状態に入る。１８５９年に国交を結んだ両国は友好関係にあったが、大きな歴史の渦に巻き込まれて戦火を交えることになり、オーストリア側ではこの小さな船とその乗組員だけがその役割を担ったのである。ドイツ軍とともに戦うべしとの命令が下達され、天津に着いたばかりの乗組員たちは青島への帰還をめざした。国際法の中立国規定に従って彼らの参戦を防ごうとする中国官憲の目を欺くため、偽装し小さなグループに分かれて出発するが、約３００人が青島に到達できた。このとき北京と天津のオーストリア公使館守備兵も参加したようである。

「カイゼリン・エリーザベト」は低速のため外海に逃れるのは困難とみなされ、青島ドイツ軍の指揮下に入り、一部の砲を揚陸して、陸戦隊50人とともに日本軍に備えた。後にこの砲の1つが直撃弾を受けたこともあり、10人の乗組員が戦死している。青島は日英艦隊に封鎖され、「カイゼリン・エリーザベト」はドイツの砲艦「ヤーグアル」と協力して、進攻する日本軍に膠州湾の内側から艦砲射撃を行った。毎日のように飛来する少数の日本軍機の爆撃や地上からの砲撃を受けるが、まだ原初的な飛行機ということもあり命中弾はなかった。艦は砲弾を撃ち尽くした後、敵に利用されることを避けて11月2日に湾内で自沈し、青島は11月7日に陥落した。

収容所の日々と帰国

その後、総数約4700人の捕虜たちは日本に輸送されたが、うちオーストリア＝ハンガリー兵の捕虜は307人であった。彼らは船を失い、約半年前とはまったく異なる境遇で再び日本に来ることになった。収容所となったのは、初期には12の都市にあった寺院や公会堂など公共的用途の比較的大きな建物だったが、その後戦争が長期化し、狭隘であるなどの問題があったため、郊外のバラック型後期収容所6か所に統合された。収容所により多少の差異はあったが、当時の日本は諸外国の目を意識して国際法を遵守したため、捕虜待遇は比較的良好だった。

収容所のなかでオーストリア＝ハンガリー兵捕虜が最も多かったのは、姫路収容所とその後身の青野原収容所（兵庫県）で、青野原では捕虜総数の44％に当たる226人だった。彼らの先任将校フォン・ドラッヘンタール少佐が両収容所で捕虜代表となった。姫路ではお城への遠足や収容所に充てられた寺院でのクリスマス祝祭がなされた。

日本は連合国側の方針に従って、かつてフランス領だったアルザス・ロレーヌ地方出身の捕虜やオーストリア＝ハンガリー帝国内の少数民族（ポーランド、チェコ、スロヴァキア、クロアチア、イタリア系など）の捕虜については、抑留国とその同盟国に敵対行動をしないという誓約を前提とする「宣誓解

捕虜となった「カイゼリン・エリーザベト」の水兵たち
青野原収容所で撮影された写真。水兵たちの帽子の艦名“KAISERIN ELISABETH”が判読でき、前の板には「第15砲台の生き残り」と書かれている。（鳴門市ドイツ館所蔵）

放」を募っていた。「カイゼリン・エリーザベト」の捕虜299名も多民族国家オーストリア＝ハンガリー帝国の縮図のようであり、右のような状況下で特に姫路・青野原の収容所でもともとあった民族間の軋轢が増大し、捕虜の間で暴力事件が発生した。戦前は同盟国の一員だったイタリアが1915年5月に連合国側で参戦したことを発端に、同年6月に姫路ではイタリア系捕虜8人が集団暴行を受け、1918年7月には青野原でもドイツ系捕虜がクロアチア系捕虜を襲うという事件があった。九州では当初、熊本収容所に44人のオーストリア＝ハンガリー兵捕虜がいて、しばらく後に久留米収容所に移されたが、クロアチア系の専任将校が融和に努めたため表立った民族間の問題は生じず、彼らの一部は音楽や演劇などの活動を行った。

解放と帰国については、イタリア系の捕虜13人は青野原から丸亀、板東（徳島県）の収容所を経て、1917年6月にイタリア大使に引き渡された。チェコ系、スロヴァキア系の捕虜については、解放に際して当時シベリアにいた連合軍側のチェコ・スロヴァキア軍団への入隊を条件づけられ、1919年4月以降敦賀港よりウラジオストックに向かった。クロアチア人など南スラヴ系の捕虜に対しても同様の勧誘があったが、その多くはこれに応じず無条件帰国を望んだ。ポーランド系については、1919年6月以降に敦賀で代表者ミテル大尉に引き渡された。それ以外のオーストリア＝ハンガリー兵捕虜（すなわちドイツ系、ハンガリー系）は、ドイツ兵捕虜とともに「喜福丸」にて1919年12月27日に神戸を出港し、ドイツを経て、解体された帝国から生まれたオーストリアとハンガリーに帰国した。

（井戸慶治）

サンジェルマン条約、トリアノン条約
――戦勝国に押しつけられた平和秩序

第一次世界大戦は、ハプスブルク帝国、ドイツ、オスマン帝国、ブルガリアのいわゆる中欧同盟陣営の敗北で終結した。このなかで、ハプスブルク帝国だけが講和条約を締結しなかった。それは、パリ講和会議が始まった１９１９年1月の時点で、すでに同帝国は解体し、その地には民族の名を国名につけた多くの「継承国家」が誕生していたからである。戦勝国は、ドイツ系住民のドイツ・オーストリア共和国とマジャール系住民のハンガリー共和国を交渉相手、つまり敗戦国と位置づけ、前者とは１９１９年9月にサンジェルマン条約、また後者とは１９２０年6月にトリアノン条約を締結した。

ドイツ・オーストリアとハンガリー

大戦末期の１９１８年10月、帝国を構成する一方のハンガリー王国がアウスグライヒ無効化を宣言した。オーストリア側ではドイツ系以外の民族集団が帝国からの分離・独立を宣言した。10月21日、他の民族集団に遅れる形で、帝国議会のドイツ系議員らがウィーンで自分たちの議会を開催し、同月末には挙国一致政権をつくった。彼らはドイツ人居住地域を自分たちの領域だと主張した。１９１９年2月に議会選挙が実施され、選挙の結果誕生した新政権は、戦勝国との交渉のためにパリに代表団を派遣した。

アウスグライヒ解消宣言後のハンガリー王国では、共和主義的革命が起き、旧王国領の維持を掲げる革命政権が独立宣言を出した。国内の非マジャール系住民はハンガリーからの分離・独立を主張した。革命政府は彼らを説得できなかった。1919年3月、共産主義者クン・ベラが権力を掌握し、ハンガリー・ソヴィエト共和国の誕生が宣言された。パリ講和会議の主要国は、ボリシェヴィキ革命の東欧への拡大を恐れ、クン体制の打倒を目指した。クン体制に対して、国内では保守派の貴族層が抵抗し、対外関係的には旧王国領の一部の獲得を目指すルーマニア軍とチェコ軍が侵攻した。8月、ルーマニア軍のブダペスト入城を受けて、クン体制は崩壊した。パリ講和会議の主要国は、保守派のホルティ・ミクローシュに期待をかけた。その後選挙が行われ、新議会はホルティを摂政に選出した。この前後に、ハンガリーはようやく戦勝国との講和交渉を開始することができたのである。

押しつけられた大戦の責任

ドイツ・オーストリアとハンガリーは、戦勝国から「敵国」、「敗戦国」と位置づけられ、戦勝国が作成した条約草案を一方的に受諾せざるを得なかった。両国には、文書での主張や反論は認められたものの、それらは戦勝国によって一蹴された。こうして成立した2つの条約に、戦勝国側の一員としてチェコスロヴァキア、ポーランド、ユーゴスラヴィア、ルーマニアなどの名前が見られることは注目すべき点である。

2つの条約を通じて、ドイツ・オーストリア両国は第一次世界大戦の責任がすべて自分たちにあることを認めることになった。軍備に関しては、徴兵制の廃止、陸軍の兵力の上限の設定、航空兵器所有の禁止などの義務を負った。また、ドイツ・オーストリアは戦勝国から、「オーストリア共和国」への国名変更と、彼らが求めていたヴェルサイユ条約を締結したドイツ共和国との合邦の不承認を言い渡された。ドイツ・オーストリアは、チェコスロヴァキアやポーランドに民族自決権を認める一方で、自分たちドイツ系住人には認めないという戦勝国の矛盾した態度を批判した。

オーストリアとハンガリーの領土

オーストリアとハンガリーは、帝国時代の旧ハンガリー王国領と旧オーストリア領の大半を失った。オーストリアの場合、自決権をもとにドイツ人居住地域を自国領にすべきと主張していたため、彼らの関心は現在のオーストリアとその周辺地域に限定された。ドイツ系住民が多数いたにもかかわらず、戦勝国によって他国の領土にされたものが2つある。帝国時代のドイツ・ボヘミアとドイツ・モラビアが含まれるズデーテンラントがチェコスロヴァキア領、また、ドイツ系住民とイタリア系住民がいた南チロルがイタリア領になった。他方、戦勝国は、ドイツ系住民とスロヴェニア系住民が住むケルンテン南部地域と、ドイツ系住民とハンガリー系住民が住む旧ハンガリー王国領の西部地域については、住民投票を実施した。ユーゴスラヴィアは、ケルンテン南部の領有権を主張していたが、１９２0年1月の住民投票の結果、人口約5万人の約70パーセントがスロヴェニア系住民だったにもかかわらず、投票者の60パーセントがオーストリアへの帰属を支持し、同地域はオーストリア領となった。ハンガリー西部地域は、１９２１年12月の住民投票の結果、ドイツ系住民が多くいた地域がオーストリア領となった（現在のブルゲンラント州）。

ハンガリーは旧王国領全域の維持を主張していた。これに対して、前述のような各地の非マジャール系民族の独立の動きがあった。さらに、パリ講和会議の領土委員会では、旧王国領の獲得をめざしていたチェコスロヴァキア、ルーマニア、ユーゴスラヴィアがハンガリー国境案を作成し、同委員会によってこの案が承認された。1920年1月、ハンガリー代表団がパリに到着したときには、すでに承認されていたのである。ハンガリーは旧王国領の3分の2を失うことになった。それは、ハンガリーからすれば350万人もの同胞が「取り残される」ことを意味した。ハンガリー国内では激しい反発が起こり、「否、否、絶対に」がトリアノン条約に対するスローガンとなった。

サンジェルマン条約で決められた国境を示す境界石（オーストリア、ノイハウス・アム・クラウゼンバハ）
Funke/Wikimedia Commons, CC BY-SA 4.0

恣意的な民族自決権の適用

サンジェルマン条約とトリアノン条約は、第一次世界大戦後の中欧及び東欧の基底を形成した。安全保障の観点からは、ハンガリーの領土回復運動に周辺国は常に注視した。フランスのあと押しもあり、チェコ、ルーマニア、ユーゴスラヴィアは対ハンガリー防御同盟（小協商）を結んだ。小国になったハンガリーは住民の90パーセントがマジャール人を占める「民族国家」になった（人口の7パーセントはドイツ系住民）。他方、チェコスロヴァキアは人口の35パーセントを非チェコスロヴァキア系、ポーランドは人口の30パーセントを非ポーランド系、ルーマニアは人口の25パーセントを非ルーマニア人がそれぞれ占め、「民族国家」とはほど遠いものであった。ユーゴスラヴィアに至っては、もともとセルビア人、クロアチア人、スロヴェニア人の3民族を中心にした多民族国家であった。旧ハプスブルク帝国の地域には、民族自決権の適用が戦勝国によって恣意的またはダブルスタンダード的におこなわれた。大戦後のこの地域の秩序は、オーストリアの歴史家A・ズパンが指摘するように、「帝国主義的平和秩序」であったといえよう。

（馬場　優）

58 帝国の清算
——誰が公文書を保管するのか

ハプスブルク帝国は、1867年のアウスグライヒによって、独自の政府や行政機関を持つハンガリー王国とそれ以外の地域（＝オーストリア）からなる二重帝国になった。外交、軍事、帝国全体の財務の3分野については、共通事項としてハンガリーとオーストリアとは別の行政組織が置かれた。第一次世界大戦末期、同帝国では、各民族集団が帝国からの分離・独立を宣言した。帝国は解体し、その地に民族名を国家の名称とする多くの「継承国家」が誕生した。自分たちの国家樹立に成功した各民族の政治指導者たちは、新国家建設という華々しい課題に取り組む一方、自分たちが破壊したハプスブルク帝国の後始末、つまり、清算という課題にも取り組まねばならなかった。

後始末の代表者会議

休戦協定発効直後の1918年11月14日、ウィーンでドイツ・オーストリア、チェコスロヴァキア、ハンガリー人民共和国、ポーランド＝ガリチア清算委員会、ウクライナ＝ガリチア民族政府、ルーマニア民族政府の6つの組織の代表が参加する「代表者会議」が開催された。この背景には、その2日前のドイツ・オーストリアによる法律布告があった。同法は、旧帝国の共通官庁と旧帝国時代のオーストリア地域の官庁が「清算」、つまり解体され、それらの官庁の所管業務をドイツ・オーストリアの官庁が引き継ぐこと、他方、旧帝国から独立した継承国家にも旧帝国時代の財産を請求する権利があることを明記した。この会議は1919年12月までに25回開催された。参加組織の名称変更や、参加組織数の変更もあったが、参加した組織は、旧帝国領土を領土とする国家（国家の領土の一部が旧帝国領であれば、参加資格があった）という点は、変わらなかった（なお、最後の会議の参加組織は、オーストリア共和国、ハンガリー共和国、イタリア占領地区住民保護委員会、ユーゴスラヴィア国家、ポーランド共和国、ルーマニア清算委員会、チェコスロヴァキア共和国、西ウクライナ共和国の8組織）。

第1回会合で司会役となったドイツ・オーストリア担当者は、会議の目的を「旧オーストリア＝ハンガリー国家の『皇帝にして国王の』（k. und k.）、つまり3つの共通官庁と、『皇帝・国王の』（k. k.）、つまり二重帝国のオーストリア地域の諸官庁を清算する」こととした。これ以降、これらの諸官庁の名称はすべて「清算」という文言が入った（たとえば、清算共通外務省）。「代表者会議」では、ハプスブルク帝国の対外債務や在外公館の処分、ハプスブルク帝国軍の旧軍人の未払い給与や将来の年金の支払い方法、帝国時代の3つの共通官庁やオーストリアの中央官庁の官吏の処遇、帝国時代の公文書、さらにはハプスブルク家が収集した莫大な芸術品などの所有権をめぐって、議論が展開された。ここでは、公文書と文化財に焦点を絞っていく。

国家にとっての公文書の重要性

公文書には、旧帝国の外交文書から人々の日常生活に関係する公文書まで幅広くある。ドイツ・

オーストリア〔以下オーストリアとする〕は、自国領とは無関係の公文書については関係国の要請があれば、引き渡す用意があった。その際、公文書を管理する部署が重視したのは、文書を出所原則に基づ

オーストリア国立文書館、家門・宮廷・国立文書館とその屋根にある銘文
この建物の正面は現在は首相府の入口となっていて、文書館の入口は右奥にある。

いて扱うべきという考えであった。出所原則とは、当時のヨーロッパで一般的に受け入れられていた公文書の管理方法で、資料を作成・保管してきた組織を1つの文書群の単位とみなし、ほかの出所をもつ文書群と混合して整理・保管すべきではない、という考えである。また、オーストリアは、国内に多数存在するハプスブルク家がこれまで収集してきた文化財を可能な限り流出させないようにした。

オーストリア以外の継承国家にとって、公文書はさまざまな点で重要であった。新生国家として日々の行政業務を遂行するためにも人々の生活に関係する文書の引き渡しが必要であった。さらに、ハプスブルク家から現地の貴族に付与された土地の領有を認める16世紀や17世紀などに作成された古文書などは、国家の正統性の観点からも重要であった。さらに、新生国家に属する地域でかつて作成され、オーストリアに運び込まれた絵画や彫刻などの文化財は、自国の文化的観点から「返還」されるべきものとされた。

二国間交渉による引き渡し

1919年9月のサンジェルマン条約によって、オーストリアは割譲する地域の公文書、地図などの引き渡しが義務づけられた。同条約成立後、オーストリアは清算問題を多国間交渉型の国際問題とはせず、オーストリアの国内問題にすると発表した。オーストリア以外の代表者会議参加国はこれに強く反発した。代表者会議が1919年12月に事実上終わった理由はここにあった。これ以降、オーストリアは公文書と文化財の引き渡しの問題を二国間交渉でおこなうことにした。

オーストリアは、1920年5月のチェコスロヴァキアとの協定を皮切りに、ルーマニア（192

1年10月)、ユーゴスラヴィア(1923年6月)、ポーランド(1932年10月)と文書に関する引き渡し協定を締結した。ハンガリーと1926年10月に締結した協定では、共通官庁に関する共同管理やウィーンの文書館へのハンガリーからの派遣員の配置などが決められた。これは、ハプスブルク帝国のオーストリア側のことは、ハンガリーにとっては無関係だったことに起因する。

清算はまだ終わらない

このようにして、ハプスブルク帝国の清算問題は解決したかに見えた。しかしながら、1878年にハプスブルク帝国がオスマン帝国から行政権を獲得し、1908年に併合したボスニア＝ヘルツェゴヴィナに関する文書は第二次世界大戦後になってもきちんと清算されたとはいいがたいものだった(併合後の同地の管轄は共通財務省が担当した)。1925年にユーゴスラヴィアが一方的にウィーンの清算共通財務省からボスニア関係文書をベオグラードに移送した。第二次世界大戦時にナチス・ドイツがユーゴスラヴィアを占領すると、ボスニア文書は1942年にウィーンに送られたものの、1947年に今度は社会主義国家になったユーゴスラヴィアの都市サライェヴォに移送された。1960年代から1970年代にかけて、オーストリアの文書館は返還を要求し続けたものの、現在にいたるまで同文書はボスニアの公文書館に存在している。

戦争が終結し、ヨーロッパに平和が訪れても、戦争の後始末とでもいえる解体国家の清算事業という地味ではあるが、とても重要な課題があったことを、我々は忘れてはならないであろう。

(馬場　優)

59 ハプスブルクとEU
――諸民族の相克と統合

なぜ、ハプスブルクとEUか

ＥＣ（欧州共同体）／ＥＵ（欧州連合）を語る際、現実の統合システムというより、欧州統合理念のノスタルジーとして、ハプスブルクとＥＣ／ＥＵとの関係が引き合いに出される。

ＥＣは、公式には「独仏和解」と、ベネルクス・独仏イタリアの6か国によって、戦後成立した。しかしオーストリアや中欧の諸国家・諸民族からすれば、ＥＣ／ＥＵは、「独仏和解」というよりは、多民族性と多文化性を備えた中欧型の、連邦的な複合国家とつなげて考えがちである。すなわち近代の「国民国家」を超えた理念、あるいはそれらを包摂するより大きな枠組みとして、西欧起源ではなく中欧諸民族の多様な文化と習慣を持つ、ハプスブルク下の諸民族の共存と相克の伝統を思い起こす。19世紀後半から20世紀初頭にかけ、多民族の統合と平和と繁栄を追求し続けた理念が、戦後のＥＣ／ＥＵの歴史ときわめて奥深いところで重なっている。

統合とレジリエンス

それは、本書でも論じられているように、1つには、ハプスブルク家およびハプスブルク君主国の、きらびやかで多様、対立しつつもさまざまな形態により統合を維持し拡大し続けた歴史である。いま1つには、2度の大戦により欧州が徹底的な荒廃にいたった事実、しかしそこから立ち上がって、国民国家を超えた「和解」と「不戦共同体」の宣言により、国民国家と地域の緩やかな統合を、不死鳥のようによみがえり模索し続けた事実、ＥＣ／ＥＵの特徴が、欧州の諸民族の自負や矜持と重なっているからであろう。近世から近代にかけ、ハプスブルク家は、一貫してさまざまな紛争や戦争、さらに王朝内部での対立と相克を超えて生き延びてきた。まさに統合とレジリエンス（回復力）の権化といってもよいであろう。

しかし同時に戦後、戦争を支えた資源、「石炭鉄鋼共同体」「原子力共同体」を形成することにより「二度と欧州の地で戦争はさせない」、と誓った事実とも結びついている。

ハプスブルクの諸民族は、19世紀から20世紀にかけ、文字通り欧州の戦争を最前線で戦い、またその戦争のパワーの狭間にあっていずれも多大な被害を被った。

多民族共存・多文化共生・多宗教の讃歌

さらにハプスブルクとＥＣ／ＥＵの結びつきは、冷戦終焉後、民主主義・自由主義・市場化をめざして次々と社会主義体制を放棄して「ヨーロッパ回帰」した中東欧の、ＥＵの加盟と拡大をめざして奮闘した歴史とも結びつく。冷戦終焉後、「中欧」は、拡大するＥＵ加盟に名乗りを上げ、中立国スウェーデン、オーストリア、フィンランドが１９９５年に加盟したのに続き、２００４年から２００７年および２０１３年に中東欧の国々がこぞってＥＵに加盟していった。

そして2012年に、EU27か国は、欧州全体としてノーベル平和賞を獲得したのである。

それは21世紀初頭において1国で世界をグローバル化とアメリカ化で引っ張っていった米国の覇権主義にも対抗するものであった。その特徴は、小国・大国の違いなく1国1票を持つ対等平等な体制、境界線のマイノリティが織りなすCBC（Cross Border Cooperation、国境を越えた地方自治体の地域協力）に象徴される、多民族共存・多文化共生・多宗教の讃歌でもある。

ハプスブルクの反省と教訓——諸民族の相克と連携

ハプスブルクが多民族共存に至った歴史的背景として、19世紀後半に高まった少数民族のナショナリズムの成長、とりわけ東の多数を占めるスラヴ民族が覚醒を行うなか、帝国の国家基盤が脅かされ1848年革命と崩壊に至った教訓がある。

それはまた、境界線で、くり返し「火薬庫」たるバルカン戦争が勃発、第一次世界大戦に至り、その結果、大戦末期に諸民族の独立によって崩壊していったハプスブルクの反省と教訓の上に立った連携でもある。

その1つは、ウィーン体制後、各民族が独立を要求して立ち上がった1848年革命により、ハンガリー革命、スラヴ民族の覚醒、最終的に民族対立を利用したハプスブルクの巻き返しにより革命がつぶされていった後に考案された、「ドナウ連邦構想」に見ることができる。

それは1848年革命を最も長く戦った後、少数民族の反発やハプスブルク軍・ロシア軍の連携により崩れ去ったハンガリー革命を担ったコシュート、クラプカらにより、考案された。「ドナウ連邦」

約70年ぶりに日本を訪れたリヒャルトと、彼の2度目の妻アレクサンドラ
写真提供：柳澤紘氏

は実現こそされなかったが、第二次世界大戦後のＥＣ／ＥＵにきわめて類似した、度量衡の統一、諸民族の言語を共通語とし、首都を持ち回りにすること、財務・外交などを統一しつつ、それぞれの地域が主権を持つ連邦制とすることなどが考案された。

その後こうした連邦構想はハプスブルク君主国のなかでさまざまに形を変えて、第一次世界大戦まで続く。最終的に、それぞれの国民国家形成によりハプスブルク君主国は第一次世界大戦末期に崩壊し、国民国家に分裂した。しかしその後も、１９２０～１９３０年代には、国内に少数民族を抱えた各国民国家が互いに領土を求めて対立し、再び戦争を呼び込んだこと、さらに第二次世界大戦後にはソ連の影響下に社会主義体制に組み込まれたことなどの反省から、諸民族の共存と各国の主権維持としてのＥＣ／ＥＵへの統合が「中欧の夢」として再構築されていくのである。

ＥＵ統合理念の根幹

第二次世界大戦後の統合の直接の契機は、戦争期に軍事物資の管理に携わり活躍したジャン・モネの力が大きい。しかし戦間期に一貫して地域の統合により平和と安定を説いた、クーデンホフ・カレルギーの役割は避けて通れないほど重要であろう。

「欧州統合の父」の1人と呼ばれるリヒャルト・クーデンホーフ＝カレルギーは、ハプスブルク・ボヘミアの貴族の出身であり、父親のハインリヒが代理公使として日本に赴任中、青山ミツコを見初め結婚して、日本で次男青山栄次郎として生まれる。多民族複合国家ハプスブルクに戻り自身の出自としてもアジアの血をもったリヒャルトは早くから民族の共存と融和を希求した。戦間期にナショナリズムが吹き荒れるなか、欧州の統合と平和を求めヨーロッパ中で活動を継続し、戦後の統合の基盤を作った。

ヨーロッパ統合が西欧の統合にとどまらず、多民族・多文化を包摂した中東欧を巻き込んだ欧州拡大に発展したのは、カレルギーの理念、および中東欧が西と東の狭間で歴史的に翻弄されてきたがゆえに、地域の安定と平和、「融和と和解」を望んだことも大きい。ハプスブルクの多民族共存の理念は、欧州が西と東、北と南の対立に揺れつつも共存を模索するＥＵ統合理念の根幹の思想として息づいているといえよう。

（羽場久美子）

60 オットー・ハプスブルク
――ハプスブルク帝国最後の皇太子

流浪の皇太子

オットー・フォン・ハプスブルク＝ロートリンゲンは、1912年11月20日にカール大公とツィタの第一子として誕生した。当時、カール大公は皇位継承順位第2位であり、第1位のフランツ・フェルディナント大公が「貴賤結婚」だったためその子供たちに継承権が認められなかったことで、オットーは未来の皇帝と目されていた。第一次世界大戦中の1916年にフランツ・ヨーゼフ1世の崩御を受けて、カール大公は皇帝カール1世として即位し、オットーは皇太子となったが、わずか2年後、大戦末にオーストリア＝ハンガリー帝国は解体し、1918年11月11日、カール1世は「国事への関与を断念」する声明に署名した。翌年4月3日には旧帝国のドイツ語系住民から構成されたドイツ系オーストリアで「ハプスブルク法」が可決され、ハプスブルク家の財産没収と国外追放が決定された。

こうして神聖ローマ帝国からおよそ650年にわたるハプスブルク家の皇帝による支配は事実上終焉し、オットーは最後の皇太子となった。しかし、カール夫妻は退位を容認せず、オーストリア追放後、帝国再興を求めて彷徨と流浪の生活を送る。一家は1919年3月23日にスイスへと亡命し、ハンガリーでの2度の復位計画失敗後、大西洋にあるマデイラ島に追放された。1922年4月にカー

ブダペストでの父帝のハンガリー国王（カーロイ4世）としての戴冠式にて（1916年12月）
Heinrich Schuhmann / Wikimedia Commons

ルが病没（享年34歳）した後は、縁戚を頼りにスペイン各地、ベルギーと移動を重ね、1930年から一家はブリュッセル近郊のハム城を居と定めた。同年11月20日、皇位継承者の成人年齢を18歳としたハプスブルク家の家法に従い、オットーは家督を相続して家長となり、15世紀来の伝統ある金羊毛騎士団長の座も引き継いだ。

帝国再興の夢と蹉跌

歴史を振り返ってみれば、帝国再興の可能性は乏しく、また元皇太子の果たした政治的役割もわずかだったようにも思える。しかし当時にあっては、オットーの存在は旧帝国の後継諸国家の政治家たちにとって脅威であった一方、彼の名声に政治上の大きな効果を期待し、ヒトラーもムッソリーニも接近を試みたほどだった。オーストリア国内でも、社会党ら反ハプスブルク勢力の一方で、保守派はその動向に絶えず関心を払っており、市井においてもオットーの人気は無視できないものだった。1933年以降のカトリック保守派らを中心とする権威主義体制下ではハプスブルク法が廃止され、オットー自身もオーストリア政界へ復位の働きかけを行っていた。ナチ・ドイツの脅威によってオーストリアの独立が危機に晒されるなか、1938年2月にオーストリアへのさらなる内政干渉が明らかになると、オットーは首相シュシュニックに「王朝の正統な後継者として」首相職を譲り受ける用意のあることを伝えた。しかしシュシュニックはこの申し出を断っている。結局、3月にシュシュニックはヒトラーの圧力に屈し、オーストリアはナチ・ドイツに併合され、オットーの復位の芽も消滅した。

オーストリア併合後、オットーは弟らとともに当初はベルギーやフランスで、フランス占領後はアメリカで対独抵抗運動の組織化や、オーストリアやハンガリーなど中欧地域の再建に向けた活動に従事した。とくに中欧との関連では、ズデーテン地方（現チェコ）や東方からのドイツ系住民追放の阻止と南ティロールの自決権承認に取り組み、ドナウ連邦の建設を提唱した。これは旧オーストリア＝ハンガリー帝国の版図を基礎とし、第一次世界大戦後の諸国民国家の独立を受け入れつつ、少数民族の権利保護と「連邦政府」を求めるものだった。この「帝国復活」ともいえる考えは当初英米の支持も得ていたが、結局実を結ぶことはなかった。

汎ヨーロッパの政治家として

第二次世界大戦後、オットーは1951年に旧ザクセン＝マイニンゲン公爵家の令嬢レギーナと結婚したのち、1954年に西ドイツのバイエルン州（ペッキング）に居を定め、文筆活動や講演に従事し、政治活動を続けた。第二次世界大戦後のオーストリアへの入国をめぐってはハプスブルク法の復活により再び国外追放の身となっていたため幾度か論議を引き起こし、1961年には「ハプスブルク危機」と呼ばれる国内政治上の大問題を引き起こした。1965年にオットーの国籍証明書が発行され、翌年入国を果たすことになるが、その過程でオットーは皇位継承権の放棄を宣言し、帝政復活の道は永久に閉ざされた。

一方でオットーはヨーロッパを舞台とした政治活動を継続しており、汎ヨーロッパ運動の創始者であるリヒャルト・クーデンホーフ＝カレルギー伯の死後、1973年に国際汎ヨーロッパ連盟の会長に就任した。また1978年にはドイツ国籍を取得し、翌年からバイエルン州の地域政党であるキリスト教社会同盟（CSU）所属の欧州議会議員に選出され、欧州人民党会派の外交委員を務めた。

こうした活動のなかでも、「汎ヨーロッパ・ピクニック」の支援は、歴史の転換点となった重要な営為だといえる。これは1989年の東欧革命のさなか、西側への出国をめざすもハンガリーに留め置かれた東ドイツ市民をハンガリー・オーストリア国境から脱出させるというアイデアである。同年

8月にハンガリー国境の町ショプロンで「ピクニック」が開催され、およそ3か月後にベルリンの壁を崩壊させる呼び水となったが、この一連の動きにオットーの支援と人脈が介在していた。共産主義体制の崩壊後、多民族国家の解体と新たな国民国家の独立が生じた。オットーは1991年以降のユーゴスラヴィア解体に際しては、セルビアを批判し、旧ハプスブルク帝国領のスロヴェニア、クロアチア、ボスニア＝ヘルツェゴヴィナの自決権承認の姿勢を採った。そのほかにも、オットーはEU東方拡大など、旧東欧圏のために奔走した。

晩年のオットー・フォン・ハプスブルク（2006年）

無冠の皇帝の帰還

晩年は1999年に欧州議会議員を引退し、2004年には国際汎ヨーロッパ連盟会長も引退し、2011年7月4日にバイエルン州ペッキングで死去した（享年98歳）。亡骸はウィーンのシュテファン大聖堂へ移送され、レクイエムが執り行われた。当時のオーストリア大統領および首相や欧州議会議長、欧州の王族らも参列し、「一平民」ながら、オットーの葬儀は一国の元首といえるレベルであった。レクイエムの後、棺は歴代の君主や皇族と同様にカプツィーナー皇帝廟に運ばれ、入場の儀式が行われた。入場者を尋ねる司祭の声に、儀典長が旧来の数々の称号とともにオットーの入室を求めるが、拒絶される。しかし儀典長が、旧帝国にまつわる称号も、政治家として得た肩書もない、1人の罪深きオットーの入場を求めると廟の扉は開かれ、棺は内部に安置された。一方、その心臓は伝統にのっとり亡骸とは別に埋葬されたが、遺言により、その地はハンガリーのパンノンハルマ大修道院とされた。本修道院は、オットーが幼少期の多くを過ごしたスペイン時代に、ハンガリー語などの家庭教師を派遣したゆかりの地である。オーストリア＝ハンガリー帝国最後の皇太子は「皇帝にして国王」として君臨することのなかったオーストリアとハンガリーの両国で永遠の眠りについている。

（梶原克彦）

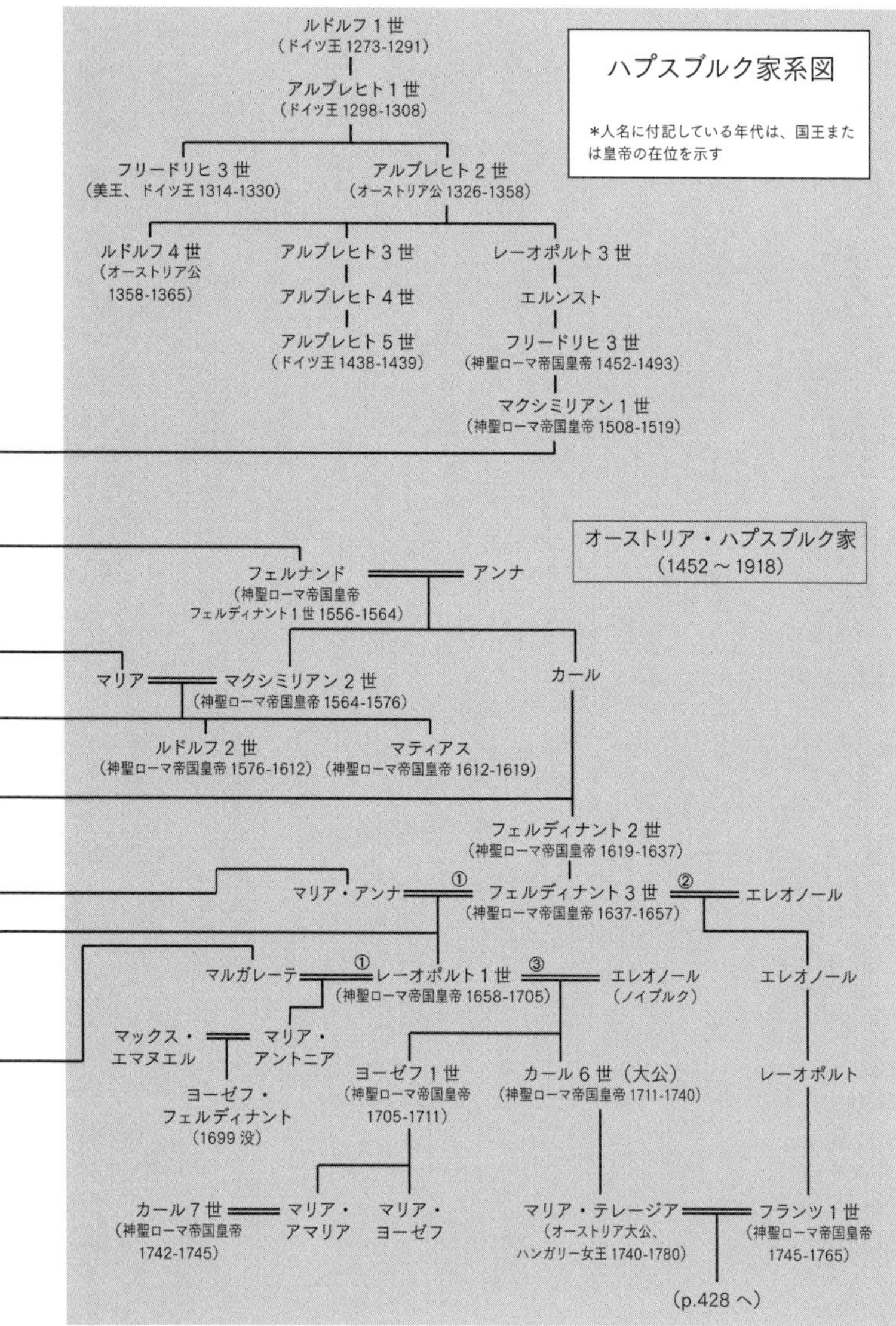
ハプスブルク家系図
*人名に付記している年代は、国王または皇帝の在位を示す
ルドルフ1世
（ドイツ王 1273-1291）
アルブレヒト1世
（ドイツ王 1298-1308）
フリードリヒ3世
（美王、ドイツ王 1314-1330）
アルブレヒト2世
（オーストリア公 1326-1358）
ルドルフ4世
（オーストリア公
1358-1365）
アルブレヒト3世
アルブレヒト4世
アルブレヒト5世
（ドイツ王 1438-1439）
レーオポルト3世
エルンスト
フリードリヒ3世
（神聖ローマ帝国皇帝 1452-1493）
マクシミリアン1世
（神聖ローマ帝国皇帝 1508-1519）
オーストリア・ハプスブルク家
（1452～1918）
フェルナンド
（神聖ローマ帝国皇帝
フェルディナント1世 1556-1564）
アンナ
マリア
マクシミリアン2世
（神聖ローマ帝国皇帝 1564-1576）
カール
ルドルフ2世
（神聖ローマ帝国皇帝 1576-1612）
マティアス
（神聖ローマ帝国皇帝 1612-1619）
フェルディナント2世
（神聖ローマ帝国皇帝 1619-1637）
マリア・アンナ
①
フェルディナント3世
（神聖ローマ帝国皇帝 1637-1657）
②
エレオノール
マルガレーテ
①
レーオポルト1世
（神聖ローマ帝国皇帝 1658-1705）
③
エレオノール
（ノイブルク）
エレオノール
マックス・
エマヌエル
マリア・
アントニア
ヨーゼフ・
フェルディナント
（1699没）
ヨーゼフ1世
（神聖ローマ帝国皇帝
1705-1711）
カール6世（大公）
（神聖ローマ帝国皇帝 1711-1740）
レーオポルト
カール7世
（神聖ローマ帝国皇帝
1742-1745）
マリア・
アマリア
マリア・
ヨーゼフ
マリア・テレージア
（オーストリア大公、
ハンガリー女王 1740-1780）
フランツ1世
（神聖ローマ帝国皇帝
1745-1765）
（p.428へ）

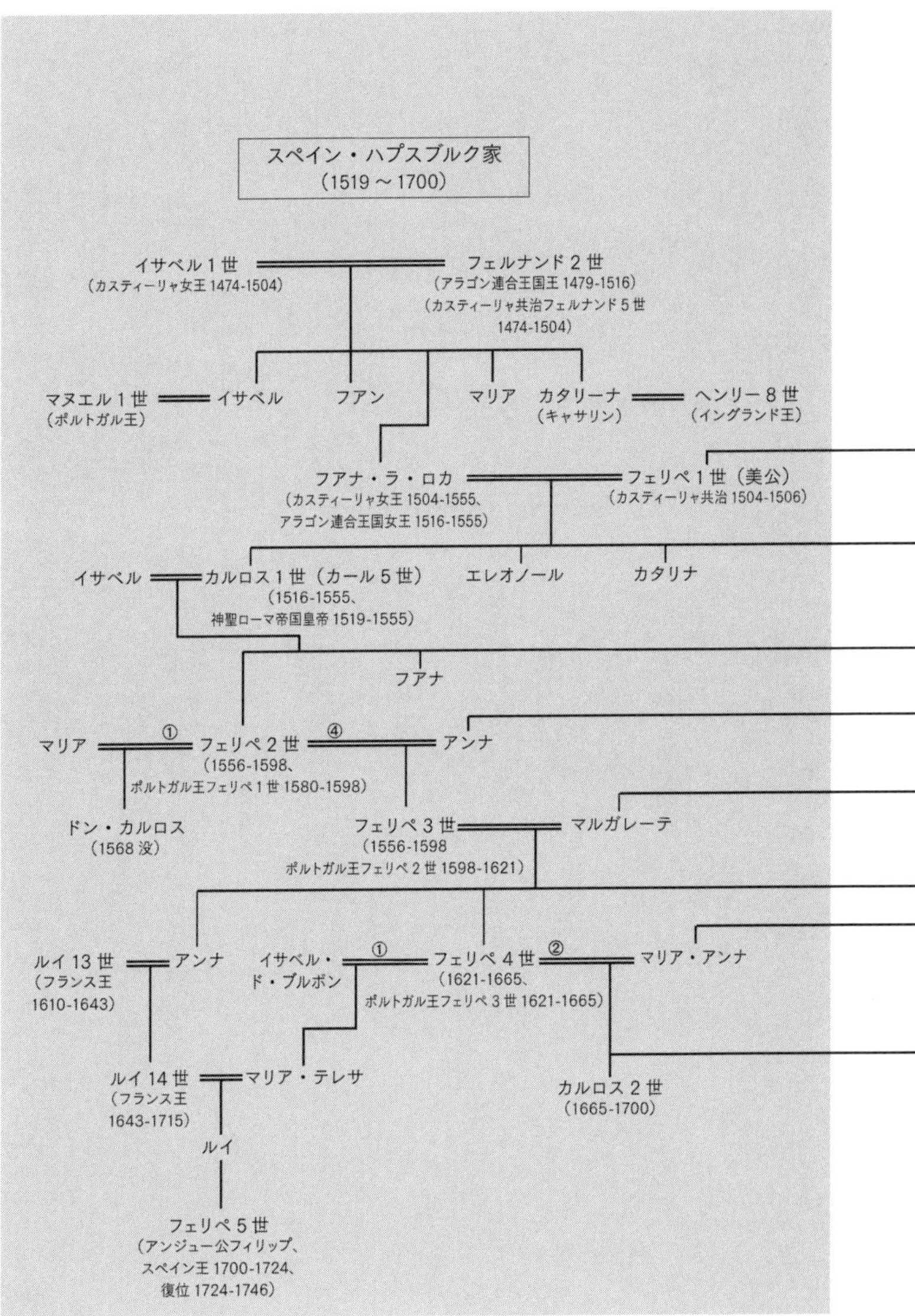
スペイン・ハプスブルク家
（1519～1700）
イサベル1世
（カスティーリャ女王 1474-1504）
フェルナンド2世
（アラゴン連合王国王 1479-1516）
（カスティーリャ共治フェルナンド5世
1474-1504）
マヌエル1世
（ポルトガル王）
イサベル
フアン
マリア
カタリーナ
（キャサリン）
ヘンリー8世
（イングランド王）
フアナ・ラ・ロカ
（カスティーリャ女王 1504-1555、
アラゴン連合王国女王 1516-1555）
フェリペ1世（美公）
（カスティーリャ共治 1504-1506）
イサベル
カルロス1世（カール5世）
（1516-1555、
神聖ローマ帝国皇帝 1519-1555）
エレオノール
カタリナ
フアナ
マリア
①
フェリペ2世
④
アンナ
（1556-1598、
ポルトガル王フェリペ1世 1580-1598）
ドン・カルロス
（1568没）
フェリペ3世
（1556-1598
ポルトガル王フェリペ2世 1598-1621）
マルガレーテ
ルイ13世
（フランス王
1610-1643）
アンナ
イサベル・
ド・ブルボン
①
フェリペ4世
②
マリア・アンナ
（1621-1665、
ポルトガル王フェリペ3世 1621-1665）
ルイ14世
（フランス王
1643-1715）
マリア・テレサ
カルロス2世
（1665-1700）
ルイ
フェリペ5世
（アンジュー公フィリップ、
スペイン王 1700-1724、
復位 1724-1746）

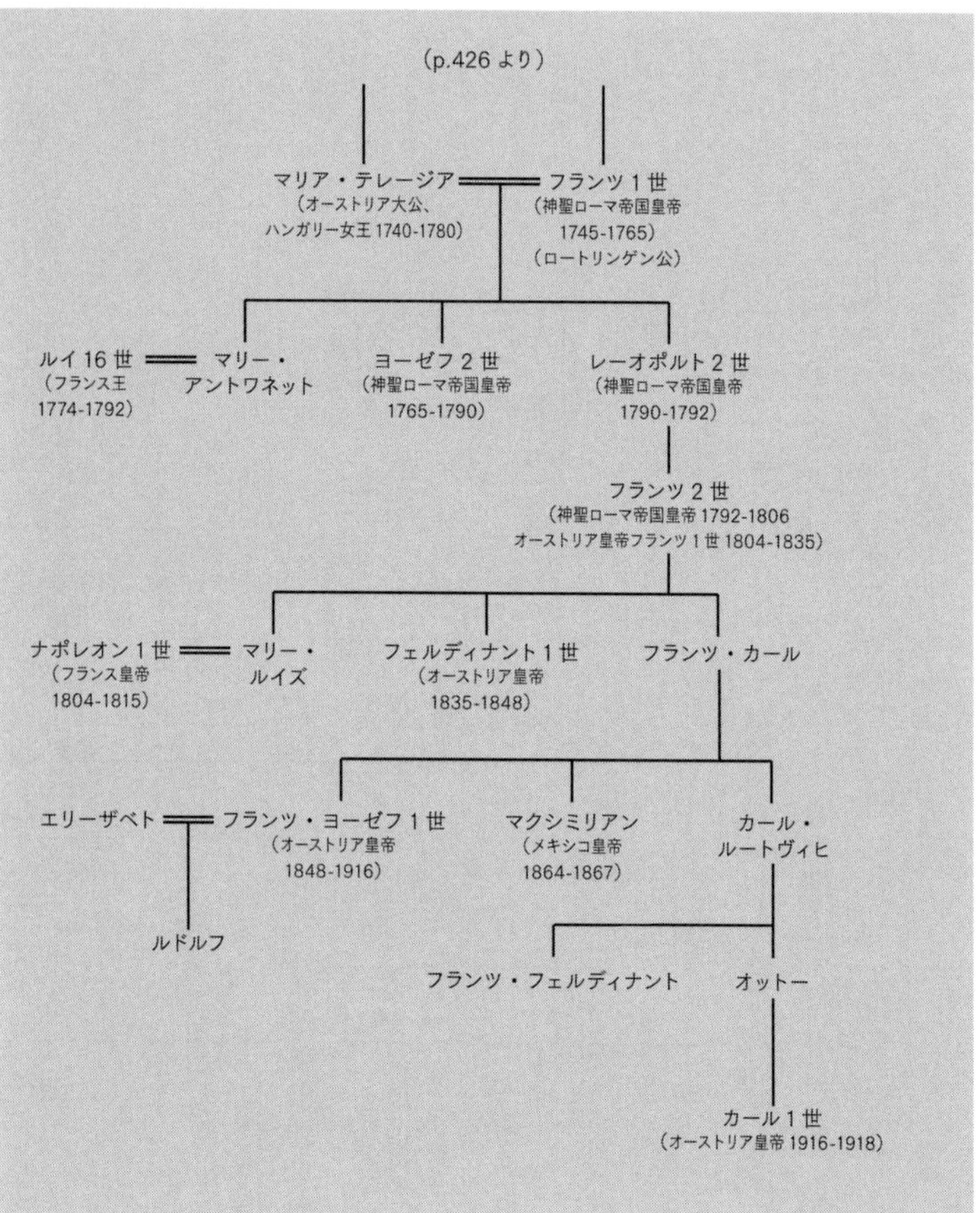
（p.426 より）
マリア・テレージア
（オーストリア大公、
ハンガリー女王 1740-1780）
フランツ 1 世
（神聖ローマ帝国皇帝
1745-1765）
（ロートリンゲン公）
ルイ 16 世
（フランス王
1774-1792）
マリー・
アントワネット
ヨーゼフ 2 世
（神聖ローマ帝国皇帝
1765-1790）
レーオポルト 2 世
（神聖ローマ帝国皇帝
1790-1792）
フランツ 2 世
（神聖ローマ帝国皇帝 1792-1806
オーストリア皇帝フランツ 1 世 1804-1835）
ナポレオン 1 世
（フランス皇帝
1804-1815）
マリー・
ルイズ
フェルディナント 1 世
（オーストリア皇帝
1835-1848）
フランツ・カール
エリーザベト
フランツ・ヨーゼフ 1 世
（オーストリア皇帝
1848-1916）
マクシミリアン
（メキシコ皇帝
1864-1867）
カール・
ルートヴィヒ
ルドルフ
フランツ・フェルディナント
オットー
カール 1 世
（オーストリア皇帝 1916-1918）

参考文献

事典

川成洋、菊池良生、佐竹謙一編『ハプスブルク事典』丸善出版、２０２３

川成洋、坂東省次編『スペイン文化事典』丸善出版、２０１１

中欧・東欧文化事典編集委員会編『中欧・東欧文化事典』丸善出版、２０２１

通史

川成洋『スペイン通史』第2版、丸善出版、２０２１

北原敦編『イタリア史』（新版世界各国史15）山川出版社、２００８

関哲行、立石博高、中塚次郎編『スペイン史1　古代～近世』（世界歴史体系）山川出版社、２００８

関哲行、立石博高、中塚次郎編『スペイン史2　近現代・地域からの視座』（世界歴史体系）山川出版社、２００８

立石博高編『スペイン・ポルトガル史』（新版世界各国史16）山川出版社、２０００

成瀬治、山田欣吾、木村靖二編『ドイツ史1　先史～１６４８年』（世界歴史体系）山川出版社、１９９７

成瀬治、山田欣吾、木村靖二編『ドイツ史2　１６４８～１８９０年』（世界歴史体系）山川出版社、１９９６

成瀬治、山田欣吾、木村靖二編『ドイツ史3　１８９０年～現代』（世界歴史体系）山川出版社、１９９７

南塚信吾編『ドナウ・ヨーロッパ史』（世界各国史19）山川出版社、１９９９

森田安一『スイス・ベネルクス史』（新版世界各国史14）山川出版社、１９９８

図説

加藤雅彦『図説　ハプスブルク帝国』（ふくろうの本）河出書房新社、２０１８

菊池良生『ハプスブルク家』（図解雑学シリーズ）ナツメ社、２００８

菊池良生『図説　神聖ローマ帝国』（ふくろうの本）河出書房新社、２００９

金七紀男『図説　ポルトガルの歴史』（ふくろうの本）河出書房新社、２０１１

指昭博『図説　イギリスの歴史』（ふくろうの本）河出書房新社、２０１５

佐藤弘幸『図説　オランダの歴史』改訂新版（ふくろうの本）河出書房新社、２０１９

増田義郎『図説　大航海時代』（ふくろうの本）河出書房新社、２００８

増谷英樹『図説　ウィーンの歴史』（ふくろうの本）河出書房新社、２０１６

南塚信吾『図説　ハンガリーの歴史』（ふくろうの本）河出書房新社、２０１２
森洋子編著『図説　ベルギー――美術と歴史の旅』（ふくろうの本）河出書房新社、２０１５

文庫・新書

新井政美『オスマンvs．ヨーロッパ――〈トルコの脅威〉とは何だったのか』（講談社学術文庫）２０２１
岩﨑周一『ハプスブルク帝国』講談社現代新書、２０１７
江村洋『ハプスブルク家』講談社現代新書、１９９０
江村洋『ハプスブルク家の女たち』講談社現代新書、１９９３
江村洋『フランツ・ヨーゼフ――ハプスブルク「最後」の皇帝』河出文庫、２０１３
江村洋『マリア・テレジア――ハプスブルク唯一の「女帝」』河出文庫、２０１３
大垣貴志郎『物語　メキシコの歴史――太陽の国の英傑たち』中公新書、２００８
菊池良生『戦うハプスブルク家――近代の序章としての三十年戦争』講談社現代新書、１９９５
菊池良生『ハプスブルクをつくった男』講談社現代新書、２００４
菊池良生『ハプスブルク帝国の情報メディア革命――近代郵便制度の誕生』集英社新書、２００８
菊池良生『ハプスブルク家の光芒』ちくま文庫、２００９
菊池良生『皇帝銃殺――ハプスブルクの悲劇　メキシコ皇帝マクシミリアン一世伝』河出文庫、２０１４
北村暁夫『イタリア史10講』岩波新書、２０１９
河野純一『ハプスブルク三都物語――ウィーン、プラハ、ブダペスト』中公新書、２００９
薩摩秀登『物語チェコの歴史――森と高原と古城の国』中公新書、２００６
シュミット村木眞寿美編『クーデンホーフ光子の手記』河出文庫、２０１０
鈴木董『オスマン帝国――イスラム世界の「柔らかい専制」』講談社現代新書、１９９２
田口晃『ウィーン――都市の近代』岩波新書、２００８
立石博高『スペイン史10講』岩波新書、２０２１
永田諒一『宗教改革の真実』講談社現代新書、２００４
中野京子『名画で読み解くハプスブルク家　12の物語』光文社新書、２００８
幅健志『帝都ウィーンと列国会議――されど進まず』講談社学術文庫、２０００
堀越孝一『ブルゴーニュ家』講談社現代新書、１９９６
松田毅一『天正遣欧使節』講談社学術文庫、１９９９
森田安一『物語　スイスの歴史――知恵ある孤高の小国』中公新書、２０００
山之内克子『物語 オーストリアの歴史――中欧「いにしえの大国」の千年』中公新書、２０１９
エヴァンズ、R・J・W『魔術の帝国――ルドルフ二世とその世界』（上・下）中野春夫訳、ちくま学芸文庫、２００６

シャート、M『皇妃エリザベートの生涯』西川賢一訳、集英社文庫、２０００
シルレル（シラー、F）『三十年戦史』（第一部・第二部）渡辺格司訳、岩波文庫、１９４３・１９４４
タックマン、B・W『八月の砲声』（上・下）山室まりや訳、ちくま学芸文庫、２００４
ツヴァイク、S『マリー・アントワネット』（上・下）中野京子訳、角川文庫、２００７
テイラー、A・J・P『ハプスブルク帝国１８０９―１９１８――オーストリア帝国とオーストリア＝ハンガリーの歴史』倉田稔訳、ちくま学芸文庫、２０２１
ハーマン、B『エリザベート――美しき皇妃の伝説』（上・下）中村康之訳、朝日文庫、２００５・２００１
フェルディナント、F『オーストリア皇太子の日本日記』安藤勉訳、講談社学術文庫、２００５

選書・叢書など

池内紀、南川三治郎『ハプスブルク物語』（とんぼの本）新潮社、１９９３
稲野強『マリア・テレジアとヨーゼフ2世――ハプスブルグ、栄光の立役者』（世界史リブレット人56）山川出版社、２０１４
大髙保二郎、久米順子、松原典子他『スペイン美術史入門――積層する美と歴史の物語』（ＮＨＫブックス）ＮＨＫ出版、２０１８
大津留厚『ハプスブルク帝国』（世界史リブレット30）山川出版社、１９９６
大津留厚『青野原俘虜収容所の世界――第一次世界大戦とオーストリア捕虜兵』（ヒストリア27）山川出版社、２００７
大原まゆみ『ハプスブルクの君主像――始祖ルードルフの聖体信仰と美術』（講談社選書メチエ27）講談社、１９９４
川成洋、下山静香編著『マドリードとカスティーリャを知るための60章』（エリア・スタディーズ）明石書店、２０１４
川成洋、坂東省次、桑原真夫『スペイン王権史』（中公選書12）中央公論新社、２０１３
川向正人『ウィーンの都市と建築――様式の回路を辿る』（建築巡礼13）丸善、１９９０
小泉徹『宗教改革とその時代』（世界史リブレット27）山川出版社、１９９６
河野淳『ハプスブルクとオスマン帝国――歴史を変えた〈政治〉の発明』（講談社選書メチエ）２０１０
佐々木徹『慶長遣欧使節――伊達政宗が夢見た国際外交』（歴史文化ライブラリー）吉川弘文館、２０２１
薩摩秀登『プラハの異端者たち――中世チェコのフス派にみる宗教改革』（叢書歴史学への招待）現代書館、１９９８
新人物往来社編『ハプスブルク恋の物語』（ビジュアル選書）新人物往来社、２０１２
関哲行編『スペイン』（世界歴史の旅）山川出版社、２００２
立石博高、内村俊太編著『スペインの歴史を知るための50

章』(エリア・スタディーズ)明石書店、2016
立石博高、奥野良知編著『カタルーニャを知るための50章』(エリア・スタディーズ)明石書店、2013
羽場久美子編著『ハンガリーを知るための60章』(エリア・スタディーズ)第2版、明石書店、2018
羽場久美子編著『EU(欧州連合)を知るための63章』(エリア・スタディーズ)明石書店、2013
前川道介『愉しいビーダーマイヤー——19世紀ドイツ文化史研究』(クラテール叢書15)図書刊行会、1993
森川安一『ルター——ヨーロッパ中世世界の破壊者』(世界史リブレット人)山川出版社、2018
屋敷二郎『フリードリヒ大王——祖国と寛容』(世界史リブレット人55)山川出版社、2016
クレマン、C『皇妃エリザベート——ハプスブルクの美神』(知の再発見双書65)塚本哲也監修、田辺希久子訳、創元社、1997
シェーファー、M『エリザベート——栄光と悲劇』(刀水歴史全書55)大津留厚監訳、永島とも子訳、刀水書房、2000
シュタットミュラー、G『ハプスブルク帝国史——中世から1918年まで』(人間科学叢書15)丹後杏一訳、刀水書房、1989
ダインダム、J『ウィーンとヴェルサイユ——ヨーロッパにおけるライバル宮廷1550～1780』(人間科学叢書46)大津留厚、小山啓子、石井大輔訳、刀水書房、2017
ベラー、S『フランツ・ヨーゼフとハプスブルク帝国』(人間科学叢書32)坂井榮八郎監訳、川瀬美保訳、刀水書房、2001
ペレ、J『カール5世とハプスブルク帝国』(知の再発見双書)塚本哲也監修、遠藤ゆかり訳、創元社、2002

一般書籍

飯田芳弘『想像のドイツ帝国——統一の時代における国民形成と連邦国家建設』東京大学出版会、2013
飯塚信雄『バロックの騎士——プリンツ・オイゲンの冒険』平凡社、1989
池谷文夫『神聖ローマ帝国——ドイツ王が支配した帝国』刀水書房、2019
池谷文夫『ドイツ中世後期の政治と政治思想——大空位時代から「金印勅書」の制定まで』刀水書房、2000
石井美樹子『薔薇の冠——イギリス王妃キャサリンの生涯』朝日新聞社、1993
岩根圀和『スペイン無敵艦隊の悲劇——イングランド遠征の果てに』彩流社、2015
江村洋『カール五世——中世ヨーロッパ最後の栄光』東京書籍、1992
大井知範『世界とつながるハプスブルク帝国——海軍・科学・植民地主義の連動』彩流社、2016
大津留厚『［増補改訂］ハプスブルクの実験——多文化共存を目指して』春風社、2007

大津留厚編『「民族自決」という幻影――ハプスブルク帝国の崩壊と新生諸国家の成立』昭和堂、２０２０
大津留厚、水野博子、河野淳、岩﨑周一編『ハプスブルク史研究入門――歴史のラビリンスへの招待』昭和堂、２０１３
菊池良生『検閲帝国ハプスブルク』河出書房新社、２０１３
菊池良生『ウィーン包囲――オスマン・トルコと神聖ローマ帝国の激闘』河出書房新社、２０１９
木村毅『クーデンホーフ光子伝』鹿島出版会、１９８２
今野元『フランス革命と神聖ローマ帝国の試練――大宰相ダールベルクの帝国愛国主』岩波書店、２０１９
篠原琢、中澤達哉編『ハプスブルク帝国政治文化史――継承される正統性』昭和堂、２０１２
瀬原義生『皇帝カール五世とその時代』文理閣、２０１３
丹後杏一『ハプスブルク帝国の近代化とヨーゼフ主義』多賀出版、１９９７
塚本哲也『メッテルニヒ』文藝春秋、２００９
月村太郎『オーストリア＝ハンガリーと少数民族問題――クロアティア人・セルビア人連合成立史』東京大学出版会、１９９４
友清理士『スペイン継承戦争――マールバラ公戦記とイギリス・ハノーヴァー朝誕生史』彩流社、２００７
仲晃『「うたかたの恋」の真実――ハプスブルク皇太子心中事件』青灯社、２００６
中澤達哉編『王のいる共和政――ジャコバン再考』岩波書店、２０２２
西川和子『スペインフェリペ二世の生涯――慎重王とヨーロッパ王家の王女たち』彩流社、２００５
羽場久美子『ヨーロッパの分断と統合：拡大ＥＵのナショナリズムと境界線――包摂か排除か』中央公論新社、２０１６
馬場優『オーストリア＝ハンガリーとバルカン戦争――第一次世界大戦への道』法政大学出版局、２００６
古谷大輔、近藤和彦編『礫岩のようなヨーロッパ』山川出版社、２０１６
水野博子『戦後オーストリアにおける犠牲者ナショナリズム――戦争とナチズムの記憶をめぐって』ミネルヴァ書房、２０２０
村上亮『ハプスブルクの「植民地」統治――ボスニア支配にみる王朝帝国の諸相』多賀出版、２０１７
矢田俊隆『ハプスブルク帝国史研究――中欧多民族国家の解体過程』岩波書店、１９７７
ヴァントルツカ、Ａ『ハプスブルク家――ヨーロッパの一王朝の歴史』江村洋訳、谷沢書房、１９８１
ウェッジウッド、Ｃ・Ｖ『ドイツ三十年戦争』瀬原義生訳、刀水書房、２００３
エリオット、Ｊ・Ｈ『スペイン帝国の興亡１４６９―１７１６』（岩波モダンクラシックス）岩波書店、２００９
オーキー、Ｒ『ハプスブルク君主国１７６５―１９１８――マリア＝テレジアから第一次世界大戦まで』山之内克子、秋山晋吾監訳、三方洋子訳、ＮＴＴ出版、２０１０
グリーン、Ｔ『異端審問――大国スペインを蝕んだ恐怖支

配』小林朋則訳、中央公論新社、２０１０

ケラルト・デル・イエロ、M・P『ヴィジュアル版スペイン王家の歴史』青砥直子、吉田恵訳、原書房、２０１６

ゲルヴァルト、R『敗北者たち――第一次世界大戦はなぜ終わり損ねたのか １９１７―１９２３』小原淳訳、みすず書房、２０１９

コンスタム、A『図説 スペイン無敵艦隊――エリザベス海軍とアルマダの戦い』大森洋子訳、原書房、２０１１

ジョンストン、W・M『ウィーン精神――ハプスブルク帝国の思想と社会１８４８―１９３８』井上修一、岩切正介、林部圭一訳、みすず書房、１９８６

ツェルナー、E『オーストリア史』リンツビヒラ裕美訳、彩流社、２０００

バウマン、R『ドイツ傭兵（ランツクネヒト）の文化史――中世末期のサブカルチャー／非国家組織の生態誌』菊池良生訳、新評論、２００２

パムレーニ、E編『ハンガリー史』（増補版、１・２）田代文雄、鹿島正裕訳、恒文社、１９９０

バラージュ・エーヴァ、H『ハプスブルクとハンガリー』渡邊昭子、岩崎周一訳、成文社、２００３

バルベーロ、A『近世ヨーロッパ軍事史――ルネサンスからナポレオンまで』西澤龍生、石黒盛久訳、論創社、２０１４

ホイジンガ、J『中世の秋』（上・下）堀越孝一訳、中央公論社、１９７６

マッケイ、D『プリンツ・オイゲン・フォン・サヴォア――興隆期ハプスブルク帝国を支えた男』瀬原義生訳、文理閣、２０１０

ライティヒ、A・T『女帝マリア・テレジア』（上・下）谷沢書房、１９８４

ラポート、M『ナポレオン戦争――十八世紀の危機から世界大戦へ』楠田悠貴訳、白水社、２０２０

ルイス、B・R『ダークヒストリー２ 図説ヨーロッパ王室史』樺山紘一監修、中村佐千江訳、原書房、２０１０

ローマックス、D・W『レコンキスタ――中世スペインの国土回復運動』林邦夫訳、刀水書房、１９９６

早津光子（はやつ・みつこ）［コラム2］
ハプスブルク史研究者。専門はハプスブルク近世史。

平井うらら（ひらい・うらら）［コラム10、11］
立命館大学非常勤講師。専門はスペイン文学、日西交流史。

藤井光葉（ふじい・こうよう）［39、40］
神奈川県立津久井浜高等学校教諭。専門はドイツ哲学・思想。

増井実子（ますい・じつこ）［18］
常葉大学外国語学部教授。専門はスペイン近世史。

松原典子（まつばら・のりこ）［16］
上智大学教授。専門は近世スペイン美術史。

村上　亮（むらかみ・りょう）［53、54］
龍谷大学法学部准教授。専門は近代ハプスブルク帝国史。

安田圭史（やすだ・けいし）［コラム9］
龍谷大学経済学部教授。専門はスペイン現代史。

山口晴美（やまぐち・はるみ）［10］
エッセイスト。専門はイギリス現代文学。

山下泰生（やました・たいせい）［29、41、42］
同志社大学グローバル地域文化学部嘱託講師。専門は18世紀ハプスブルク君主国における宮廷儀礼研究。

菊池良生（きくち・よしお）［1、2、3、5、12、24、27、35、36、コラム6、16、17、19］
明治大学名誉教授。専門はドイツ・オーストリア文化史。

疇谷憲洋（くろたに・のりひろ）［コラム13］
大分県立芸術文化短期大学教授。専門は近世ポルトガル史およびポルトガル帝国史。

桑名映子（くわな・えいこ）［50、51］
聖心女子大学現代教養学部教授。専門はハプスブルク帝国の政治・文化・外交。

坂本　宏（さかもと・ひろし）［コラム5］
中央大学経済学部准教授。専門は近世スペイン史。

薩摩秀登（さつま・ひでと）［4、6、7］
明治大学経営学部教授。専門は東欧および中欧の中・近世史。

志賀裕美（しが・ひろみ）［13、48］
元神奈川県立高等学校教諭、専門はスペインを中心としたヨーロッパ史。

篠原　琢（しのはら・たく）［26、31］
東京外国語大学総合国際学研究院教授。専門は中東欧近代史。

髙橋博幸（たかはし・ひろゆき）［14］
立命館大学経済学部授業担当講師。専門は黄金世紀スペイン演劇事情。

田中由美（たなか・ゆみ）［19］
関西外国語大学非常勤講師。専門はスペイン中世史。

友清理士（ともきよ・さとし）［21］
暗号研究家。専門は近世暗号史。

中澤達哉（なかざわ・たつや）［46］
早稲田大学文学学術院教授。専門はスロヴァキア史、ハプスブルク帝国史。

羽場久美子（はば・くみこ）［59］
青山学院大学名誉教授、京都大学客員教授。専門は国際政治史、EU（欧州統合）政治史。

馬場　優（ばば・まさる）［55、57、58］
福岡女子大学教授。専門はヨーロッパ外交史、オーストリア政治。

◉執筆者紹介（50音順、＊は編著者、［　］内は担当章）

阿久根利具（あぐね・としとも）［9、11］
評論家。専門はヨーロッパ近現代社会。

阿南　大（あなみ・だい）［45］
明治大学兼任講師。専門はハプスブルク帝国国制思想史。

石井大輔（いしい・だいすけ）［22、23、25、28、30、32、33、34、コラム15］
同志社大学グローバル地域文化学部嘱託講師。専門は近世オーストリア史。

井戸慶治（いど・けいじ）［56］
徳島大学名誉教授。専門はドイツ文学。

岩根圀和（いわね・くにかず）［15］
神奈川大学名誉教授。専門はスペイン文学。

上村敏郎（うえむら・としろう）［44］
獨協大学外国語学部教授。専門はハプスブルク近世史。

大井知範（おおい・とものり）［49、52］
清泉女子大学文学部教授。専門はドイツ・オーストリア近代史。

太田直也（おおた・なおや）［20］
高知学園大学教授。専門はイギリス文学。

太田美智子（おおた・みちこ）［43］
武蔵野美術大学非常勤講師。専門はイギリス文学。

奥野良知（おくの・よしとも）［コラム12］
愛知県立大学外国語学部教授。専門はカタルーニャ近現代史、カタルーニャ地域研究。

加来奈奈（かく・なな）［17、コラム1］
摂南大学国際学部准教授。専門はハプスブルク支配下ネーデルラントの政治・外交史。

梶原克彦（かじわら・かつひこ）［60］
愛媛大学法文学部人文社会学科教授。専門はオーストリア近現代史。

＊川成　洋（かわなり・よう）［8、11、37、38、47、コラム3、4、7、8、14、18］
奥付ページの編著者紹介を参照。

◉ 編著者紹介

川成 洋（かわなり・よう）
法政大学名誉教授、一橋大学社会学博士、アジア・ユーラシア総合研究所評議員、武道家、書評家。
事典：『スペイン文化事典』『イギリス文化事典』『日本文化事典』『ハプスブルク事典』『アメリカ教養辞典』『アイザック・アシモフの世界の年表』（以上、丸善出版）、『スパイ事典』『ヴァイキング事典』（以上、あすなろ書房）、『日本アナキズム運動人名事典』（ぱる出版）、『ケルト文化事典』（東京堂出版）、『社会学事典』（弘文堂）、『民間学事典――人名編』（三省堂）、『ドン・キホーテ事典』（行路社）、『現代朝日人名事典』（朝日新聞社）、『20世紀全記録』（講談社）、『世界武道・格闘技大百科』（東邦出版）、『スペイン・ポルトガルを知る事典』（平凡社）。
書評集：『書を持て世界が見える』（共著、創現社）、『スペイン読書ノート』（南雲堂）、『スペイン通信――自由との闘い』（三修社）、『本が語る現代』（丸善出版）、『人生を変える本もあった』（三一書房）、『書林探訪――未読、乱読、精読のすすめ』（行路社）、『書評大全』（共著、三省堂）『生涯読書のすすめ』（共著、アユ総研叢書）。
エリア・スタディーズ：『イギリスの歴史を知るための50章』『イギリス文学を旅する60章』『ロンドンを旅する60章』『食文化からイギリスを知るための55章』『スコットランドを知るための65章』『ケルトを知るための65章』『スペインのガリシアを知るための50章』『現代スペインを知るための60章』『マドリードとカスティーリャを知るための60章』（以上、明石書店）。

エリア・スタディーズ　205
〈ヒストリー〉
ハプスブルク家の歴史を知るための60章

2024年4月30日　初版第1刷発行

編著者　川成　洋
発行者　大江道雅
発行所　株式会社明石書店
〒101-0021 東京都千代田区外神田6-9-5
電話 03（5818）1171
FAX 03（5818）1174
振替　00100-7-24505
https://www.akashi.co.jp/
装丁／組版　明石書店デザイン室
印刷／製本　日経印刷株式会社

（定価はカバーに表示してあります）　ISBN978-4-7503-5771-3

エリア・スタディーズ

1 **現代アメリカ社会を知るための60章**
明石紀雄、川島浩平 編著

2 **イタリアを知るための62章【第2版】**
村上義和 編著

3 **イギリスを旅する35章**
辻野功 編著

4 **モンゴルを知るための65章【第2版】**
金岡秀郎 著

5 **パリ・フランスを知るための44章**
梅本洋一、大里俊晴、木下長宏 編著

6 **現代韓国を知るための61章【第3版】**
石坂浩一、福島みのり 編著

7 **オーストラリアを知るための58章【第3版】**
越智道雄 著

8 **現代中国を知るための54章【第7版】**
藤野彰 編著

9 **ネパールを知るための60章**
日本ネパール協会 編

10 **アメリカの歴史を知るための65章【第4版】**
富田虎男、鵜月裕典、佐藤円 編著

11 **現代フィリピンを知るための61章【第2版】**
大野拓司、寺田勇文 編著

12 **ポルトガルを知るための55章【第2版】**
村上義和、池俊介 編著

13 **北欧を知るための43章**
武田龍夫 著

14 **ブラジルを知るための56章【第2版】**
アンジェロ・イシ 著

15 **ドイツを知るための60章**
早川東三、工藤幹巳 編著

16 **ポーランドを知るための60章**
渡辺克義 編著

17 **シンガポールを知るための65章【第5版】**
田村慶子 編著

18 **現代ドイツを知るための67章【第3版】**
浜本隆志、髙橋憲 編著

19 **ウィーン・オーストリアを知るための57章【第2版】**
広瀬佳一、今井顕 編著

20 **ハンガリーを知るための60章【第2版】** ドナウの宝石
羽場久美子 編著

21 **現代ロシアを知るための60章【第2版】**
下斗米伸夫、島田博 編著

22 **21世紀アメリカ社会を知るための67章**
明石紀雄 監修　赤尾千波、大類久恵、小塩和人、
落合明子、川島浩平、高野泰 編

23 **スペインを知るための60章**
野々山真輝帆 著

24 **キューバを知るための52章**
後藤政子、樋口聡 編著

25 **カナダを知るための60章**
綾部恒雄、飯野正子 編著

26 **中央アジアを知るための60章【第2版】**
宇山智彦 編著

27 **チェコとスロヴァキアを知るための56章【第2版】**
薩摩秀登 編著

28 **現代ドイツの社会・文化を知るための48章**
田村光彰、村上和光、岩淵正明 編著

29 **インドを知るための50章**
重松伸司、三田昌彦 編著

30 **タイを知るための72章【第2版】**
綾部真雄 編著

31 **パキスタンを知るための60章**
広瀬崇子、山根聡、小田尚也 編著

32 **バングラデシュを知るための66章【第3版】**
大橋正明、村山真弓、日下部尚徳、安達淳哉 編著

33 **イギリスを知るための65章【第2版】**
近藤久雄、細川祐子、阿部美春 編著

34 **現代台湾を知るための60章【第2版】**
亜洲奈みづほ 著

35 **ペルーを知るための66章【第2版】**
細谷広美 編著

36 **マラウィを知るための45章【第2版】**
栗田和明 著

37 **コスタリカを知るための60章【第2版】**
国本伊代 編著

38 **チベットを知るための50章**
石濱裕美子 編著

39 **現代ベトナムを知るための63章【第3版】**
岩井美佐紀 編著

40 **インドネシアを知るための50章**
村井吉敬、佐伯奈津子 編著

41 **エルサルバドル、ホンジュラス、ニカラグアを知るための45章**
田中高 編著

エリア・スタディーズ

42 **パナマを知るための70章【第2版】** 国本伊代 編著

43 **イランを知るための65章** 岡田恵美子、北原圭一、鈴木珠里 編著

44 **アイルランドを知るための70章【第3版】** 海老島均、山下理恵子 編著

45 **メキシコを知るための60章** 吉田栄人 編著

46 **中国の暮らしと文化を知るための40章** 東洋文化研究会 編

47 **現代ブータンを知るための60章【第2版】** 平山修一 著

48 **バルカンを知るための66章【第2版】** 柴宜弘 編著

49 **現代イタリアを知るための44章** 村上義和 編著

50 **アルゼンチンを知るための54章** アルベルト松本 著

51 **ミクロネシアを知るための60章【第2版】** 印東道子 編著

52 **アメリカのヒスパニック＝ラティーノ社会を知るための55章** 大泉光一、牛島万 編著

53 **北朝鮮を知るための55章【第2版】** 石坂浩一 編著

54 **ボリビアを知るための73章【第2版】** 真鍋周三 編著

55 **コーカサスを知るための60章** 北川誠一、前田弘毅、廣瀬陽子、吉村貴之 編著

56 **カンボジアを知るための60章【第3版】** 上田広美、岡田知子、福富友子 編著

57 **エクアドルを知るための60章【第2版】** 新木秀和 編著

58 **タンザニアを知るための60章【第2版】** 栗田和明、根本利通 編著

59 **リビアを知るための60章【第2版】** 塩尻和子 編著

60 **東ティモールを知るための50章** 山田満 編著

61 **グアテマラを知るための67章【第2版】** 桜井三枝子 編著

62 **オランダを知るための60章** 長坂寿久 著

63 **モロッコを知るための65章** 私市正年、佐藤健太郎 編著

64 **サウジアラビアを知るための63章【第2版】** 中村覚 編著

65 **韓国の歴史を知るための66章** 金両基 編著

66 **ルーマニアを知るための60章** 六鹿茂夫 編著

67 **現代インドを知るための60章** 広瀬崇子、近藤正規、井上恭子、南埜猛 編著

68 **エチオピアを知るための50章** 岡倉登志 編著

69 **フィンランドを知るための44章** 百瀬宏、石野裕子 編著

70 **ニュージーランドを知るための63章** 青柳まちこ 編著

71 **ベルギーを知るための52章** 小川秀樹 編著

72 **ケベックを知るための56章【第2版】** 日本ケベック学会 編

73 **アルジェリアを知るための62章** 私市正年 編著

74 **アルメニアを知るための65章** 中島偉晴、メラニア・バグダサリヤン 編著

75 **スウェーデンを知るための60章** 村井誠人 編著

76 **デンマークを知るための70章【第2版】** 村井誠人 編著

77 **最新ドイツ事情を知るための50章** 浜本隆志、柳原初樹 著

78 **セネガルとカーボベルデを知るための60章** 小川了 編著

79 **南アフリカを知るための60章** 峯陽一 編著

80 **エルサルバドルを知るための55章** 細野昭雄、田中高 編著

81 **チュニジアを知るための60章** 鷹木恵子 編著

82 **南太平洋を知るための58章** メラネシア ポリネシア 吉岡政德、石森大知 編著

83 **現代カナダを知るための60章【第2版】** 飯野正子、竹中豊 総監修 日本カナダ学会 編

エリア・スタディーズ

84 **現代フランス社会を知るための62章**
三浦信孝、西山教行 編著

85 **ラオスを知るための60章**
菊池陽子、鈴木玲子、阿部健一 編著

86 **パラグアイを知るための50章**
田島久歳、武田和久 編著

87 **中国の歴史を知るための60章**
並木頼壽、杉山文彦 編著

88 **スペインのガリシアを知るための50章**
坂東省次、桑原真夫、浅香武和 編著

89 **アラブ首長国連邦（UAE）を知るための60章**
細井長 編著

90 **コロンビアを知るための60章**
二村久則 編著

91 **現代メキシコを知るための70章**【第2版】
国本伊代 編著

92 **ガーナを知るための47章**
高根務、山田肖子 編著

93 **ウガンダを知るための53章**
吉田昌夫、白石壮一郎 編著

94 **ケルトを旅する52章** イギリス・アイルランド
永田喜文 著

95 **トルコを知るための53章**
大村幸弘、永田雄三、内藤正典 編著

96 **イタリアを旅する24章**
内田俊秀 編著

97 **大統領選からアメリカを知るための57章**
越智道雄 著

98 **現代バスクを知るための60章**【第2版】
萩尾生、吉田浩美 編著

99 **ボツワナを知るための52章**
池谷和信 編著

100 **ロンドンを旅する60章**
川成洋、石原孝哉 編著

101 **ケニアを知るための55章**
松田素二、津田みわ 編著

102 **ニューヨークからアメリカを知るための76章**
越智道雄 著

103 **カリフォルニアからアメリカを知るための54章**
越智道雄 著

104 **イスラエルを知るための62章**【第2版】
立山良司 編著

105 **グアム・サイパン・マリアナ諸島を知るための54章**
中山京子 編著

106 **中国のムスリムを知るための60章**
中国ムスリム研究会 編

107 **現代エジプトを知るための60章**
鈴木恵美 編著

108 **カーストから現代インドを知るための30章**
金基淑 編著

109 **カナダを旅する37章**
飯野正子、竹中豊 編著

110 **アンダルシアを知るための53章**
立石博高、塩見千加子 編著

111 **エストニアを知るための59章**
小森宏美 編著

112 **韓国の暮らしと文化を知るための70章**
舘野晳 編著

113 **現代インドネシアを知るための60章**
村井吉敬、佐伯奈津子、間瀬朋子 編著

114 **ハワイを知るための60章**
山本真鳥、山田亨 編著

115 **現代イラクを知るための60章**
酒井啓子、吉岡明子、山尾大 編著

116 **現代スペインを知るための60章**
坂東省次 編著

117 **スリランカを知るための58章**
杉本良男、高桑史子、鈴木晋介 編著

118 **マダガスカルを知るための62章**
飯田卓、深澤秀夫、森山工 編著

119 **新時代アメリカ社会を知るための60章**
明石紀雄 監修 大類久恵、落合明子、赤尾千波 編著

120 **現代アラブを知るための56章**
松本弘 編著

121 **クロアチアを知るための60章**
柴宜弘、石田信一 編著

122 **ドミニカ共和国を知るための60章**
国本伊代 編著

123 **シリア・レバノンを知るための64章**
黒木英充 編著

124 **EU（欧州連合）を知るための63章**
羽場久美子 編著

125 **ミャンマーを知るための60章**
田村克己、松田正彦 編著

エリア・スタディーズ

126 **カタルーニャを知るための50章**
立石博高、奥野良知 編著

127 **ホンジュラスを知るための60章**
桜井三枝子、中原篤史 編著

128 **スイスを知るための60章**
スイス文学研究会 編

129 **東南アジアを知るための50章**
今井昭夫 編集代表　東京外国語大学東南アジア課程 編

130 **メソアメリカを知るための58章**
井上幸孝 編著

131 **マドリードとカスティーリャを知るための60章**
川成洋、下山静香 編著

132 **ノルウェーを知るための60章**
大島美穂、岡本健志 編著

133 **現代モンゴルを知るための50章**
小長谷有紀、前川愛 編著

134 **カザフスタンを知るための60章**
宇山智彦、藤本透子 編著

135 **内モンゴルを知るための60章**
ボルジギン・ブレンサイン 編著　赤坂恒明 編集協力

136 **スコットランドを知るための65章**
木村正俊 編著

137 **セルビアを知るための60章**
柴宜弘、山崎信一 編著

138 **マリを知るための58章**
竹沢尚一郎 編著

139 **ASEANを知るための50章**
黒柳米司、金子芳樹、吉野文雄 編著

140 **アイスランド・グリーンランド・北極を知るための65章**
小澤実、中丸禎子、高橋美野梨 編著

141 **ナミビアを知るための53章**
水野一晴、永原陽子 編著

142 **香港を知るための60章**
吉川雅之、倉田徹 編著

143 **タスマニアを旅する60章**
宮本忠 著

144 **パレスチナを知るための60章**
臼杵陽、鈴木啓之 編著

145 **ラトヴィアを知るための47章**
志摩園子 編著

146 **ニカラグアを知るための55章**
田中高 編著

147 **台湾を知るための72章**【第2版】
赤松美和子、若松大祐 編著

148 **テュルクを知るための61章**
小松久男 編著

149 **アメリカ先住民を知るための62章**
阿部珠理 編著

150 **イギリスの歴史を知るための50章**
川成洋 編著

151 **ドイツの歴史を知るための50章**
森井裕一 編著

152 **ロシアの歴史を知るための50章**
下斗米伸夫 編著

153 **スペインの歴史を知るための50章**
立石博高、内村俊太 編著

154 **フィリピンを知るための64章**
大野拓司、鈴木伸隆、日下渉 編著

155 **バルト海を旅する40章**　7つの島の物語
小柏葉子 著

156 **カナダの歴史を知るための50章**
細川道久 編著

157 **カリブ海世界を知るための70章**
国本伊代 編著

158 **ベラルーシを知るための50章**
服部倫卓、越野剛 編著

159 **スロヴェニアを知るための60章**
柴宜弘、アンドレイ・ベケシュ、山崎信一 編著

160 **北京を知るための52章**
櫻井澄夫、人見豊、森田憲司 編著

161 **イタリアの歴史を知るための50章**
高橋進、村上義和 編著

162 **ケルトを知るための65章**
木村正俊 編著

163 **オマーンを知るための55章**
松尾昌樹 編著

164 **ウズベキスタンを知るための60章**
帯谷知可 編著

165 **アゼルバイジャンを知るための67章**
廣瀬陽子 編著

166 **済州島を知るための55章**
梁聖宗、金良淑、伊地知紀子 編著

167 **イギリス文学を旅する60章**
石原孝哉、市川仁 編著

エリア・スタディーズ

168 **フランス文学を旅する60章** 野崎歓 編著

169 **ウクライナを知るための65章** 服部倫卓、原田義也 編著

170 **クルド人を知るための55章** 山口昭彦 編著

171 **ルクセンブルクを知るための50章** 田原憲和、木戸紗織 編著

172 **地中海を旅する62章** 歴史と文化の都市探訪 松原康介 編著

173 **ボスニア・ヘルツェゴヴィナを知るための60章** 柴宜弘、山崎信一 編著

174 **チリを知るための60章** 細野昭雄、工藤章、桑山幹夫 編著

175 **ウェールズを知るための60章** 吉賀憲夫 編著

176 **太平洋諸島の歴史を知るための60章** 日本とのかかわり 石森大知、丹羽典生 編著

177 **リトアニアを知るための60章** 櫻井映子 編著

178 **現代ネパールを知るための60章** 公益社団法人 日本ネパール協会 編

179 **フランスの歴史を知るための50章** 中野隆生、加藤玄 編著

180 **ザンビアを知るための55章** 島田周平、大山修一 編著

181 **ポーランドの歴史を知るための55章** 渡辺克義 編著

182 **韓国文学を旅する60章** 波田野節子、斎藤真理子、きむ ふな 編著

183 **インドを旅する55章** 宮本久義、小西公大 編著

184 **現代アメリカ社会を知るための63章【2020年代】** 明石紀雄 監修 大類久恵、落合明子、赤尾千波 編著

185 **アフガニスタンを知るための70章** 前田耕作、山内和也 編著

186 **モルディブを知るための35章** 荒井悦代、今泉慎也 編著

187 **ブラジルの歴史を知るための50章** 伊藤秋仁、岸和田仁 編著

188 **現代ホンジュラスを知るための55章** 中原篤史 編著

189 **ウルグアイを知るための60章** 山口恵美子 編著

190 **ベルギーの歴史を知るための50章** 松尾秀哉 編著

191 **食文化からイギリスを知るための55章** 石原孝哉、市川仁、宇野毅 編著

192 **東南アジアのイスラームを知るための64章** 久志本裕子、野中葉 編著

193 **宗教からアメリカ社会を知るための48章** 上坂昇 著

194 **ベルリンを知るための52章** 浜本隆志、希代真理子 著

195 **NATO（北大西洋条約機構）を知るための71章** 広瀬佳一 編著

196 **華僑・華人を知るための52章** 山下清海 著

197 **カリブ海の旧イギリス領を知るための60章** 川分圭子、堀内真由美 編著

198 **ニュージーランドを旅する46章** 宮本忠、宮本由紀子 著

199 **マレーシアを知るための58章** 鳥居高 編著

200 **ラダックを知るための60章** 煎本孝、山田孝子 著

201 **スロヴァキアを知るための64章** 長與進、神原ゆうこ 編著

202 **チェコを知るための60章** 薩摩秀登、阿部賢一 編著

203 **ロシア極東・シベリアを知るための70章** 服部倫卓、吉田睦 編著

204 **スペインの歴史都市を旅する48章** 立石博高 監修・著 小倉真理子 著

205 **ハプスブルク家の歴史を知るための60章** 川成洋 編著

——以下続刊

◎各巻2000円（一部1800円）

〈価格は本体価格です〉

アラゴン連合王国の歴史

中世後期ヨーロッパの一政治モデル

フロセル・サバテ 著
阿部俊大 監訳

■四六判／上製／368頁 ◎5800円 【世界歴史叢書】

中世後期に地中海を席巻した海上王国・アラゴン連合王国に関する研究論集。スペイン・リェイダ大学のフロセル・サバテ教授の論文から選んだ。いまだ日本語での専門書が少ない分野であり、今後の南欧史研究の必読書となることは必至である。

●内容構成●